明治大学社会科学研究所叢書

企業のサステナビリティ戦略とビジネス・クォリティ

山下洋史　諸上茂登
［編著］

同文舘出版

〔執筆担当〕

第1部

- 1章　山下洋史
- 2章　出見世信之
- 3章　鄭年皓・金子勝一
- 4章　山下洋史

第2部

- 5章　鄭年皓・村山賢哉
- 6章　山下洋史・齋藤典晃
- 7章　山下洋史・金子勝一
- 8章　山下洋史
- 9章　金子勝一・山下洋史
- 10章　山下洋史・鄭年皓

第3部

- 11章　諸上茂登
- 12章　臼井哲也
- 13章　深澤琢也
- 14章　文載皓
- 結章　山下洋史

はしがき

　現在の企業環境は，急速に変化しており，とりわけ情報化の進展と国際化の進展は，日本企業にさまざまな変化や変革をもたらしている。たとえば，情報化の進展により，日本企業はIT（Information Technology；情報技術）を積極的に活用して業務の効率化を図るとともに，新たなビジネスを生み出している。さらに，インターネットやLAN（Local Area Network）などの情報通信ネットワークとコンピュータ技術が融合したICT（Information & Communication Technology；情報通信技術）の発達が，海外とのコミュニケーションや取引を容易にし，企業活動の国際化を支えている。また，このような国際化の進展が，日本企業を積極的なICT活用の方向へと導いている。すなわち，日本企業における情報化と国際化の進展は，互いに強化し合う「正のスパイラル」の構造を生み出しているのである。

　一方で，これまで世界から「品質が高い」という評価を受けてきた日本製品の品質事故や，日本企業の不祥事が，数多く報告されている。こうした品質事故や不祥事は，日本製品・日本企業への信頼を揺るがしかねない。そういった意味で，日本企業にCSR（Corporate Social Responsibility；企業の社会的責任）が求められているのである。戦後の間もないころは，「安かろう，悪かろう」といわれていた日本製品の品質が，きめの細かい品質管理（QC；Quality Control）によって飛躍的に向上し，世界からの信頼を獲得してきたのであるが，上記のような品質事故や不祥事によって，その信頼が崩れ落ちてしまうかもしれない。そこで，日本企業は製品や部品といったモノのクォリティ（品質）はもちろんのこと，それに加えて経営そのもののクォリティ，すなわち「経営品質」を高めていかなければならないのである。

　上記のような「経営品質」の問題を多面的に論じるとともに，高い経営品質によって生み出される企業活動の「サステナビリティ」を論じることが，本書の目的である。その際，こうした「経営品質」と「サステナビリティ」の問題

を，文理融合型アプローチにより論じるところに，本書の特徴がある。これまで工学（とくに，経営工学）の領域で主としてモノのクォリティを論じてきた品質管理と，社会科学（とくに，商学や経営学）の領域で，モノに限定されない経営活動全般のクォリティやサステナビリティを論じてきた「経営品質」を有機的に結びつけることにより，文理融合型の新たな研究領域（経営品質科学）を開拓しようとするのである。

本書は，明治大学社会科学研究所の2012年度〜2014年度総合研究「企業のサステナビリティ戦略とビジネス・クォリティ」（下図を参照）の研究成果を，「明治大学社会科学研究所叢書」として公表するものであり，商学・経営学と工学の両面から，企業活動のクォリティ（経営品質）とサステナビリティの問題にアプローチしている。したがって，商学・経営学・経営工学・経営情報学など，幅広い分野の研究者・大学院生・実務家の方々を読者の対象としている。

本書は，第1部の「経営品質」編（1章〜4章），第2部の「サステナビリ

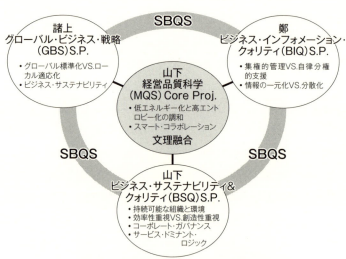

当該「総合研究」の組織図
研究拠点：グローバルフロント「経営品質科学研究所」

注：S.P.：Sub Project
SBQS：Sustainable Business Quality Science

ティ戦略」編（5章～8章と補論の9章・10章），第3部の「国際ビジネス」編（11章～14章），および結章の構成となっており，全体をとおして文理融合型の学際的テーマについて論じている。

　第1部は，1章（企業活動のクォリティとサステナビリティ），2章（企業活動のサステナビリティとCSR），3章（柔らかい組織のサステナビリティ），4章（企業活動の低エネルギー化と高エントロピー化の調和によるサステナビリティ）の構成となっており，本書全体の基礎となる研究課題，とりわけ「経営品質」「サステナビリティ」「CSR」「柔らかい組織」といった社会科学的研究課題と，「品質管理」「エネルギー」「エントロピー」といった工学的・自然科学的研究課題を整理している。

　第2部は，5章（地球環境のサステナビリティに焦点を当てた資源循環の概念モデルと3R），6章（店舗における顧客の高温度適温・低温度適温とサステナビリティ戦略），7章（組織の集権性・分権性とアメーバ組織のサステナビリティ），8章（情報の非対称性に注目した競争優位のサステナビリティと情報引力モデル）に，「補論」として9章（ローカル鉄道路線のサステナビリティとBRT化のジレンマ）と10章（日本の「湖内居住島」における産業と居住のサステナビリティ要因）を加えた計6章の構成となっている。これにより，「高温度適温」「低温度適温」「情報引力モデル」「資源循環の概念モデル」など，筆者らが独自に提示した概念やモデルを紹介し，企業のサステナビリティのみならず，地域・社会や地球のサステナビリティの問題についても論じている。ここで，第2部の「補論」として9章と10章を加えているのは，日本のローカル鉄道や湖内居住島は非常に存続が厳しい状況におかれており，このような状況下でローカル鉄道や湖内居住島が存続する要因を明らかにすることは，一般企業のサステナビリティに対しても豊富な示唆を与えるであろうという筆者らの考え方に基づいている。

　第3部では，企業活動の国際化を踏まえ，11章（多国籍企業のサステナビリティ），12章（CSV（共有価値の創造）の理論的基礎の開発），13章（多国籍小売企業のサステナビリティ），14章（韓国多国籍企業における経営品質とサステナビリティ）といった多国籍企業におけるサステナビリティの問題を，多面

的に論じている。**11章**と**12章**では，多国籍企業がいかにして社会価値と企業価値を同時に達成するかについて，戦略的CSRやCSVの理論を中心的に考察し，**13章**と**14章**では，小売企業と韓国多国籍企業におけるCSR活動の事例を紹介している。

最後に，**結章**では本書の**第1部**〜**第3部**の研究成果を整理することにより，文理融合型研究，とりわけ「経営品質科学」研究における本書の役割を明らかにしている。

本書は，明治大学内外の多くの方々からのご指導とご協力なしにはありえなかった。とりわけ，明治大学社会科学研究所・研究知財事務室と商学研究所の方々から多大なるご協力をいただいたことに対して，深く感謝の意を表したい。また，明治大学商学部 中村瑞穂名誉教授・風間信隆教授・村田潔教授・井上崇通教授と，早稲田大学理工学部 尾関守名誉教授・大野高裕教授からは，多くの貴重なご指導をいただき，こうしたご指導が本書に大きく反映している。それに加えて，風間教授・村田教授・井上教授には，2002年度〜2006年度の文部科学省学術フロンティア推進事業と，2007年度〜2011年度の文部科学省オープンリサーチセンター整備事業の共同研究者としても，多大なるご助言とご尽力をいただいた。改めて，これまでの温かいご指導に心からの謝意を表す次第である。

一方，本書には，明治大学 橋本雅隆教授，愛知淑徳大学 上原衛教授，駒澤大学 松田健教授，関西大学 馬場一教授，青山学院大学 臧巍助教，ANAシステムズ（株）村山誠氏，明治大学大学院 博士後期課程 権善喜氏（日本学術振興会特別研究員）との共同研究の成果が大きく反映されており，こうした共同研究活動における上記の先生方の多大なるご協力に深く感謝したい。とくに，本書における**6章**の議論は権善喜氏との共同研究を，**7章**の議論は村山誠氏との共同研究を，それぞれ基礎としており，両氏には心よりの謝意を表したい。

最後に，今回の出版に当たって多大なるご助力をいただいた同文舘出版の市川良之取締役出版部長と大関温子氏に深く感謝の意を表す次第である。

2017年2月

編著者　山下 洋史・諸上 茂登

企業のサステナビリティ戦略とビジネス・クォリティ◎目次

第1部 「経営品質」編

第1章　企業活動のクォリティとサステナビリティ ……… 3

1.1　品質管理（QC）から経営品質（MQ）へ　3
1.2　日本におけるTQC（Total Quality Control）とQCサークル　6
1.3　ラインでのQCと日本の組織特性・雇用システム　7
1.4　企業活動のサステナビリティと「経営品質科学」　9
1.5　企業活動のサステナビリティと
　　　Plan－Do－Seeの「管理サイクル」　10
1.6　日本の組織におけるPDCAサイクルの「弱適合性」　12
1.7　ライン＆スタッフによるQCと
　　　スタッフのみのQCの評価モデル　14
1.8　物理的クォリティから環境志向型クォリティへ　17

第2章　企業活動のサステナビリティとCSR ……………… 21

2.1　ゴーイング・コンサーンとサステナビリティ　21
2.2　CSR概念の変遷　25
2.3　CSRと企業のサステナビリティ　33
2.4　企業のサステナビリティの実際　36

第3章　柔らかい組織(loosely coupled system)の
　　　　　サステナビリティ ……………………………………… 41

3.1　目的の非先与性と予期せぬ成功　41

v

3.2 問題と解の柔らかい結合　43

3.3 日本の組織における「水平構造と垂直構造の同居」　45

3.4 形式論的ネットワークと意味論的ネットワーク　46

3.5 Tree（ヒエラルキー）とネットワーク　48

3.6 ネットワーク型組織と柔らかい結合　50

3.7 多様性・創造性重視の水平的コーディネーション　52

第4章　企業活動の低エネルギー化と高エントロピー化の調和によるサステナビリティ……55

4.1 不確実性・複雑性と情報エントロピー　55

4.2 企業活動における低エネルギー化と高エントロピー化のトレードオフ　57

4.3 低エネルギーと高エントロピーの調和による企業活動のサステナビリティ　60

4.4 最大エントロピー原理と拡大推論　62

4.5 低エネルギーと高エントロピーの調和問題における基本モデル　64

4.6 低エネルギーと高エントロピーの調和モデルにおける温度とエネルギーの考察　66

第2部　「サステナビリティ戦略」編

第5章　地球環境のサステナビリティに焦点を当てた資源循環モデルと3R……73

5.1 環境志向型クォリティと地球環境のサステナビリティ　73

5.2 資源循環の概念モデル　74

5.3 資源循環における領域推移の分析モデル　76

- 5.4　環境の内部化と3R　77
- 5.5　3R行列を用いた資源循環の領域推移確率モデル　78
- 5.6　豊島と直島における環境志向型行動の二面性　79
- 5.7　環境志向型行動と地球環境のサステナビリティ　82

第6章　店舗における顧客の高温度適温・低温度適温とサステナビリティ戦略　87

- 6.1　組織におけるメンバーの体感温度と退出行動（スピンアウトとドロップアウト）　87
- 6.2　店舗における顧客の高温度適温・低温度適温　89
- 6.3　グッズ・ドミナント・ロジックからサービス・ドミナント・ロジックへ　91
- 6.4　「店舗のシステム温」と「顧客の体温」の分析モデル　95
- 6.5　店舗における顧客の体感温度とサステナビリティ戦略　105

第7章　組織の集権性・分権性とアメーバ組織のサステナビリティ　109

- 7.1　アメーバ組織における「独立採算」と「半権限委譲―半コントロール」　109
- 7.2　米国型のMRPシステムと日本型のJITシステム　111
- 7.3　BPRのめざす組織特性と「代替的双対モデル」　116
- 7.4　アメーバ組織に焦点を当てた「代替的2段階双対性フレームワーク」　119
- 7.5　日本の系列企業群における「大規模アメーバ組織」の視点　121
- 7.6　組織の柔軟性とメンバーの自律性・創造性によるサステナビリティ　123

第8章 情報の非対称性に注目した競争優位の サステナビリティと情報引力モデル ……………127

- 8.1 情報の非競合性と情報共有　127
- 8.2 情報の非対称性によって生じる優位性・劣位性と見返りの大きさ　129
- 8.3 情報の非対称性における「利己的行動モデル」と「利他的行動モデル」　131
- 8.4 情報の非対称性における「情報引力モデル」　134
- 8.5 学習の時間的経過を考慮した情報引力モデル　137

第9章 ローカル鉄道路線のサステナビリティと BRT化のジレンマ（第2部の補論Ⅰ） ……………143

- 9.1 自動車交通に対する鉄道交通の優位性　143
- 9.2 関東地方におけるローカル鉄道路線の存廃状況　146
- 9.3 ローカル鉄道路線の存続要因とマイレール意識　149
- 9.4 銚子電鉄とわたらせ渓谷鉄道のサステナビリティ　150
- 9.5 富山県における路面電車のサステナビリティ　153
- 9.6 長野新幹線の開業にともなうJR信越本線の第三セクター化（しなの鉄道）　155
- 9.7 秩父鉄道と西武鉄道秩父線の棲み分けと協調　157
- 9.8 バス高速輸送システム（BRT；Bus Rapid Transit）の利点　160
- 9.9 東北地方の被災地におけるローカル鉄道路線BRT化のジレンマ　161

第10章 日本の「湖内居住島」における産業と居住の サステナビリティ要因（第2部の補論Ⅱ）……165

- 10.1 日本における湖と島の社会科学的研究　165
- 10.2 日本の湖と湖内島　167

- 10.3 世界の湖内居住島と日本の湖内居住島　168
- 10.4 琵琶湖の居住島（沖島）　169
- 10.5 中海の居住島（大根島と江島）　171
- 10.6 沖島の産業　174
- 10.7 大根島と江島の産業　175
- 10.8 日本の湖内居住島における「居住のサステナビリティ要因」　177
- 10.9 湖内居住島における生活の利便性と自然環境の保全との間のトレードオフ　180

第3部　「国際ビジネス」編

第11章　多国籍企業のサステナビリティ　187

- 11.1 グローバリゼーションと多国籍企業　187
- 11.2 多国籍企業のサステナビリティ　188
- 11.3 多国籍企業の戦略的CSR　194

第12章　CSV（共有価値の創造）の理論的基礎の開発 ―多国籍製造業を対象として―　205

- 12.1 CSV研究の問題　205
- 12.2 CSRからCSVへ　205
- 12.3 戦略的CSRと立地（競争コンテクスト）の関係　207
- 12.4 社会的価値と経済的価値の因果関係　210
- 12.5 理論的基礎の揺らぎ：CSV分析における新しい成果変数の導入　215
- 12.6 CSVと競争優位の関係分析　218

第13章　多国籍小売企業のサステナビリティ
―CSR活動を中心に― ……………………… 223

13.1　小売企業の「国際展開」研究　223
13.2　小売企業にとってのサステナビリティ　224
13.3　小売企業のCSR活動に関する企業事例　227
13.4　今後の研究の方向性　230

第14章　韓国多国籍企業における経営品質とサステナビリティ ……………………… 233

14.1　韓国多国籍企業の台頭　233
14.2　グローバル化とCSR　234
14.3　多国籍企業のCSRパースペクティブ　236
14.4　韓国多国籍企業における経営品質とサステナビリティ　238

結章　本書のまとめ ……………………… 245

第1部

「経営品質」編

第1章 企業活動のクォリティとサステナビリティ

1.1 品質管理（QC）から経営品質（MQ）へ

　日本企業は，きめの細かい品質管理（QC；Quality Control）により製品の品質を高め，こうした品質が世界から高く評価されていることは，周知のとおりである。日本企業における品質管理の特徴は，品質管理部門あるいは品質保証部門の専門スタッフによる品質管理のみならず，現場のライン（たとえば，QCサークル）による品質管理が浸透しているところにあり，スタッフとラインが一体となって，製品のクォリティ（品質）を保証するための活発な取り組みが展開されている。とくに，後者のラインによる品質管理は，米国でのスタッフによる品質管理との対比において特徴的であり，これにより品質面での日本製品の優位性を生み出してきた（明治大学経営品質科学研究所 2011）。

　一方で，近年は上記のようなモノ（製品・部品）のクォリティ（品質）のみならず，ヒト・カネ・情報を含めたすべてのクォリティが求められるようになりつつある。これこそが本書で論じる「経営品質」であり，企業活動全般を対象としたクォリティという，より広い範囲でのクォリティ（すなわち「経営品質」）が求められるようになったのである。

　しかしながら，これまで企業活動におけるクォリティの問題は，モノのクォリティに焦点が当てられ，主に「品質管理」という工学（とくに，経営工学）的テーマとして論じられてきた。これに対して，筆者ら（明治大学経営品質科学研究所 2011）は，経営品質をモノのクォリティのみならず，ヒト・カネ・情報やサービスのクォリティ，さらには環境対応や社会貢献など，マネジメント自体のクォリティを含んだ広い概念として捉え，品質・クォリティと経営品質との関係を**図1.1**のように位置づけている。

経営品質 ｛ 企業活動におけるモノ（製品・部品）のクォリティ：品質
企業活動におけるモノ以外のクォリティ：ヒト・カネ・情報やサービス・マネジメントなどの広い概念としてのクォリティ

図1.1　品質と経営品質の概念
出所：明治大学経営品質研究所(2011)

　図1.1において，モノ（製品・部品）のクォリティのみを「品質」として位置づけ，モノ以外のクォリティについては「品質」として位置づけていないことを強調したい。それは，日本語の「品質」が，文字どおり「品の質」を意味し，モノのクォリティを指すことが多いからである。しかしながら，英語の"quality"はモノに限定されず，モノ以外に対しても用いられる概念である。そういった意味で，本書ではクォリティと品質を異なる概念として捉え，企業活動のクォリティ全体を「経営品質」として位置づけることにする。ただし，日本語で単に「品質」といったときと，「経営品質」といったときの「品質」では，「品質」の意味が異なることに注意を要する。「経営品質」といったときの「品質」は，「品の質」ではなく，上記の「クォリティ」を意味するのである。こうした「経営品質」の位置づけは，モノに限定される傾向にあった従来の品質や品質管理の概念を拡張し，企業活動のあらゆる側面のクォリティを論じようとする「経営品質科学」（明治大学経営品質科学研究所 2011）の基本的考え方に根ざしている。

　上記の「経営品質」という概念は，比較的新しい概念である。このことは，日本企業において「品質管理」の概念が高度成長期にはすでに根づき，日本品質管理学会も1970年に設立されていたのに対し，日本経営品質学会が設立されたのは2001年であることからもわかる。後者の「日本経営品質学会」が公開しているウェブサイト（http://www.jape.jp/）によれば，「経営品質とは，顧客の視点から見た組織マネジメント全体の品質」とされ，その「組織マネジメント全体の品質」こそが本書の「企業活動全般を対象としたクォリティ」に相当する。ここで，日本経営品質学会が「顧客の視点」を強調していることは注目すべき点であり，これは顧客満足（CS；Customer Satisfaction）を重視する

姿勢の表れであろう。さらに，日本経営品質学会の上記ホームページには「自然科学・社会科学の領域にとらわれず，文・理双方を含むすべての分野の研究者・経営者・実務家らの学際的連携」をめざすことが述べられており，このことも本書における「文理融合」の立場と一致している。

寺本ら(2003)は，上記のような「企業活動全般を対象としたクォリティ」について，「個々の要素に注目した部分最適ではなく，要素間の関係を含めた全体最適を目的とする」ことを指摘している。さらに，「ある時点での最適化をめざすだけでなく時間の経過の中での関係者の努力と工夫によって，継続的，持続的な経営の質の向上を図るという意味で未来最適を志向するものである」と述べており，その「未来最適」こそが，本書で焦点を当てる「サステナビリティ」の源泉なのである。それは，企業が常に「未来最適」の行動をとっていれば，その企業は持続し，成長・発展すると考えられるからである。そういった意味で，「全体最適」と「未来最適」は，経営品質の柱となる概念である。

一方で，筆者ら（明治大学経営品質科学研究所 2011）は，上記の「全体最適」と「未来最適」に加えて「社会最適」の視点が，企業の経営品質に求められることを指摘している。それは，「全体最適」や「未来最適」のみでは，企業あるいは系列企業群（たとえば，サプライチェーン；供給連鎖）の経営品質に，社会全体の最適性が十分に組み込まれず，「部分最適」の行動をとってしまうかもしれないからである。とりわけ，本書の2章（CSR）と5章（地球環境問題），さらには9章（ローカル鉄道）では，こうした「社会最適」の視点が重要な役割を果たす。もし，企業に「社会最適」の視点が不足していると，利益最大化の行動のみに走ってしまい，企業の社会的責任（CSR）を果たせなくなってしまうかもしれない。そこで，本書では上記の「全体最適」「未来最適」「社会最適」を，経営品質科学における3本の柱として位置づけ，これらの最適性を追求するためのマネジメントを多面的に検討していくことにする。

1.2 日本におけるTQC（Total Quality Control）とQCサークル

　日本企業におけるきめの細かい品質管理から生み出される製品の品質が，世界から高く評価されていることは，前節で述べたとおりであるが，こうした高い品質を生み出す1つの要因が，日本企業におけるTQC（Total Quality Control；総合的品質管理）の浸透であろう。これは，品質管理部門のスタッフのみならず，広く経営活動全般が関与する総合的な品質管理を意味する。そういった点で，本書で論じる「経営品質」や「経営品質科学」の考え方に近い品質管理（QC）なのである。TQCは，米国のファイゲンバウム（Feigenbaum, A.V.）が提唱した概念であるが，当時は技術スタッフ中心の品質管理（波形ら 1996）であった。それが，日本に導入されると，品質管理部門のスタッフのみならず，ライン部門や事務部門のスタッフ，さらには経営者や管理者まで含めた品質管理として，日本独自の様式で発展していくこととなった。

　このようなタイプのTQCには，職務を細分化して個人や部門の責任を明確化するという米国の組織特性よりも，個々の責任が多少は不明確になっても機能や情報を共有して全員で問題に取り組もうとする日本の組織特性が適合する。また，TQCが日本に導入されたとき，日本では下記のQCサークルが活発な活動を展開しており，このQCサークルとTQCが相乗効果を生んだことも，日本におけるTQCの発展の大きな要因となっている（山下・金子 2001）。

　一方，QCサークルは，職場内の品質管理を自発的に行うための小集団活動（日本機械工学会 1996）であり，そこでは「QC7つ道具」を積極的に活用しながら，現場での品質管理や業務改善が展開されている。こうしたQCサークル活動の利点を，山下・金子（2001）は，次のように整理している。

①品質管理の重要性が理解され，QC手法の活用が進む。
②自己啓発・経営参加の意識の高揚につながる。
③大量生産のライン部門では，単純作業のみの仕事から解放される。

①は，QCサークルの目的を踏まえると当然の利点であるが，②と③が，品質管理の枠を超えた，人的資源管理や経営管理としての利点を生み出すところに，TQCの特徴がある。③により単純作業の労働疎外感からラインの従業員を解放し，自ら「品質を作り込む」という意識を生み出すことが，結果として②の利点となり，従業員のモチベーションを向上させるのである。

以上のような日本独自のTQCやQCサークルの発展は，支援基礎論研究会（2000）のいう「管理から支援へ」の流れに相当する。すなわち，品質管理マニュアルや作業マニュアルを徹底し，それによって従業員をコントロールするという考え方から，TQCやQCサークルの活動を通じて従業員の自律性・創造性を高め，従業員を自己実現へと導くように支援するという考え方へのシフトを生み出したのである（臧・山下ら 2013）。ただし，従業員がTQCやQCサークルの活動に必要な知識とスキルを身につけるためには，多くの時間と高い労働意欲が必要となるため，次節ではこのことを可能にする日本の組織特性と雇用システムについて検討していくことにする。

1.3 ラインでのQCと日本の組織特性・雇用システム

日本企業では，品質管理部門のスタッフのみならず，すべての従業員（とくに，ラインの従業員）が品質管理の知識とスキルを身につけ，独自のTQCを展開してきた。これにより，現場のラインでは実質的に全数検査に近い品質管理が展開され，こうした品質管理が，日本製品の高い品質を生み出してきたのである。

しかしながら，前節でも述べたように，ラインの従業員が品質管理の知識とスキルを身につけるためには，多くの時間と高い労働意欲を必要とする。なぜなら，品質管理に関する専門教育を受けていないラインの従業員が本来の業務（たとえば，組み立て作業）のための学習とは異なる学習（品質管理の学習）を行うことは，本来の業務に対する労働時間を奪ってしまうことになり，短期

的な効率性を低下させるからである。さらに，ラインの従業員が，「品質管理は自身の本来業務に求められるスキルとは異なり，自身の職務ではない」と考えたとすれば，ラインでの品質管理は崩壊してしまう（臧・山下ら 2013）。それでは，こうした問題点を，日本企業がいかにして克服し，ラインの従業員による品質管理を実現してきたのであろうか？

　その要因は，日本の雇用システムと，そこから生み出される組織特性にあるものと思われる。日本では，一般に「終身雇用」と呼ばれる，長期的（長期雇用・長期勤続）な雇用システムが，長年にわたって広く定着してきた。こうした長期的な雇用システムが，ラインの従業員が本来業務とは異なる学習を展開するための「時間的余裕」を生み出し，本来業務とは異なる学習からもたらされる短期的な効率性の低下よりも，長期的な効果（実質的な全数検査による品質の向上）を優先することを可能にしてきたのである。さらに，上記のような雇用システムは，従業員の「企業に対する高い帰属意識と貢献意欲」を醸成するとともに，この帰属意識と貢献意欲がモチベーションとなり，QCサークルによって自発的に品質管理の知識とスキルを身につけるための学習を積極的に展開しようとする姿勢を生み出してきた（臧・山下ら 2013）。

　以上のように，日本の品質管理は，直接的には米国と同様，モノ（製品・部品）を対象としているが，間接的には従業員のモチベーションや改善活動・多能工化といった，モノに限定されないクォリティ（経営品質）を高める独自のメカニズムを内包しており，このことが日本のTQCを支える基盤となっている。すなわち，長期雇用・長期勤続の生み出す，時間的余裕と高い帰属意識・貢献意欲によって，ラインの従業員が自身の本来業務のみならず，品質管理の知識とスキルについても身につけ，自発的・積極的なラインでの品質管理を実現してきたのである。これにより，品質管理部門のスタッフのみならず，ラインの従業員を含めた品質管理を展開し，日本独自のQC（TQC）を発展させてきたと考えることができる。こうした考え方に基づき，本章の**1.6節**と**1.7節**では，日本型QCのコストを米国型QCと比較するための評価モデル（臧・山下ら 2013）と，簡単な数値例によるその分析結果を紹介していくことにする。

1.4 企業活動のサステナビリティと「経営品質科学」

　本書は，これまで工学中心であったQCの範囲を，マネジメント全般へと拡張した文理融合型の新たな研究領域，すなわち「経営品質科学」(明治大学経営品質科学研究所 2011) に対して，新たに「サステナビリティ」の視点を導入しようとするものであり，その際の中心となる思想が，前節で述べた「全体最適」「未来最適」「社会最適」である。これに関して，筆者ら (山下・鄭 2008) は，従来の一般的なマネジメントと「経営品質科学」のめざすマネジメントの違いを，それぞれ(1.1)式と(1.2)式のように対比させている。

従来の一般的なマネジメント：

$$\pi = (\boldsymbol{p}-\boldsymbol{c})\cdot\boldsymbol{x} - \lambda(\boldsymbol{q}\cdot\boldsymbol{x}-Q) \to \max. \tag{1.1}$$

経営品質科学のめざすマネジメント：

$$Q = \boldsymbol{q}\cdot\boldsymbol{x} - \lambda\{(\boldsymbol{p}-\boldsymbol{c})\cdot\boldsymbol{x}-\pi\} \to \max. \tag{1.2}$$

　　　ただし，π：利益，$\boldsymbol{p}$：価格ベクトル，$\boldsymbol{c}$：コスト・ベクトル
　　　　　　$\boldsymbol{x}$：数量ベクトル，λ：ラグランジュ乗数，
　　　　　　$\boldsymbol{q}$：クォリティ・ベクトル，Q：トータル・クォリティ

　(1.1)式は，従来の一般的なマネジメントがトータル・クォリティを一定の水準Qに保ったもとで，利益πを最大化するマネジメントであったことを示している。これに対し，経営品質科学のめざすマネジメントは，(1.2)式のように，利益を一定の水準πに保ったもとでトータル・クォリティQを最大化するマネジメントを意味する (山下・鄭 2008)。こうした(1.2)式のマネジメントにより，企業活動が「全体最適」と「未来最適」のみならず「社会最適」の方向へと導かれるのである。

　ここで，上記の「未来最適」と「社会最適」は，「全体最適」の範囲を，現在のみならず未来へ (未来最適)，また企業や系列企業群のみならず社会へ (社会最適) と拡張させる役割を果たす。そういった意味で，これらを「未来全体

最適」と「社会全体最適」として位置づけることができる。すなわち，本書で論じる「全体最適」「未来最適」「社会最適」は，実は「現在全体最適」「未来全体最適」「社会全体最適」なのである。ただし，後者の呼称（現在全体最適，未来全体最適，社会全体最適）は長くてその趣旨がぼやけてしまうため，本書では前者の呼称（全体最適，未来最適，社会最適）を用いることにする。

　一方で，筆者ら（明治大学経営品質科学研究所 2011）の提唱する「経営品質科学」では，従来のQCにおける工学的研究視座を，前述のように，トータル・マネジメント・クォリティ（TMQ；Total Management Quality）の文理融合型研究視座へと拡張している。これにより，「モノ」の質（品質）のみに焦点が当てられていた従来のQCに対して反省を促し，ヒト・カネ・モノ・情報（Man, Money, Material, Information；3M＋I）といったすべての経営資源のクォリティを「経営品質科学」の研究対象として位置づけたのである。

　上記のような，経営品質科学における「モノ」のクォリティから3M＋Iのクォリティへの拡張は，経営品質科学の「文理融合型」研究アプローチを必要とする。それは，従来の品質管理が「工学」に属しているため，その主眼が工業製品の質に向けられてきたのに対して，経営品質科学は一般に商学や経営学で論じられる3M＋Iの「経営品質」全体を研究対象としているからである。そこで，本書では「経営品質」に関する社会科学的文脈に，QCの工学的なアプローチ（統計的アプローチや数理的アプローチ）を組み込むことにより，3M＋Iの質（クォリティ）を対象とした文理融合型研究を展開していくことにする。

1.5　企業活動のサステナビリティとPlan−Do−Seeの「管理サイクル」

　企業活動のサステナビリティを高めるためには，しっかりとした計画（Plan），その計画の確実な実行（Do），実行結果の適切な評価・反省（See）といった3つのステップが不可欠である。さらに，こうしたPlan→Do→Seeのステップのみならず，実行結果の適切な評価・反省を次の計画に反映させるフ

ィードバックが必要である。すなわち，Plan→Do→See→Plan→Do→…のサイクルを回していくのである。これは，Plan－Do－See（PDS）の「管理サイクル」を意味する。

　ここで，上記の管理サイクルを，現在の企業や公共機関・学校に定着している「Plan－Do－Check－Action」（PDCA）ではなく，あえて「Plan－Do－See」（PDS）としていることに注意を要する。これは，①簡潔で，②説明可能性の高い知識（ここでは「管理サイクル」に相当する）が，価値の高い「良い知識」であるとする筆者（山下 2004, 2005, 2007）の枠組みに基づいた管理サイクルの位置づけ（明治大学経営品質科学研究所 2011）を意味する。「管理サイクル」という知識の場合，PDCAよりもPDSの方が，知識として①簡潔であることは明らかであり，かつ②説明可能性についても，下記のように，PDSよりPDCAの方が高いとは言い切れない。

　そこで，PDCAとPDSの②説明可能性について考えてみよう。まずPDCAとPDSのステップに注目すると，当然のことながら，両者の違いはCAとSのステップにある。PDSの場合，Do（実行）の結果をSee（評価）して，それを次のPlan（計画）に活かそうとするが，PDCAの場合は，Doの結果をCheckしたならば，それをすぐにActionに結びつけようとし，Checkの結果に対する迅速なActionを重視している。しかしながら，この点にこそ，下記のような，PDCAの問題点（明治大学経営品質科学研究所 2011）が潜んでいる。

　PDCAの管理サイクルでは，Actionの次のステップがPlanになるため，Actionの結果をすぐにCheckすることにはならない。現実には，Actionの結果をCheckするはずであるが，そうであるとすれば「PDCAC」となってしまう。さらに，PDCAの重視する「Checkの結果に対する迅速なAction」の考え方に従えば「PDCACA」となり，最後のActionの結果をCheckするとすれば「PDCACAC」となり，「CACACA…」という無限ループに入ってしまう。そういった意味で，PDCAの説明可能性の方が必ずしも高いとはいえず，PDSの管理サイクルを迅速に回すという考え方をする方が合理的なのである（明治大学経営品質科学研究所 2011）。

　これより，PDCAとPDSの②説明可能性についてはそれぞれ一長一短があり，

①簡潔さについてはPDSの方が明らかに優越していることがわかる。

　一方で，従来のQCは，PDSの「管理サイクル」のなかでも，クォリティをSee（評価）する問題，言い換えれば企業活動のクォリティを高めるために，そのクォリティをSeeする問題に焦点を当ててきた。すなわち，クォリティをSeeする問題に偏りすぎていたのである。これに対して，「経営品質科学」では，クォリティを高めるためのPlan－Do－Seeすべての問題を研究対象としており（SeeをSeeする問題も含まれる点に注意を要する），本書もこれと同様のアプローチをとることにする。すなわち，従来のQCがクォリティを高めるためのSeeに偏りすぎていたがゆえに，PDSの管理サイクル全体を網羅し切れていなかったという反省のもとに，本書ではクォリティを高めるためのSeeのみならず，クォリティを高めるためのPlanやDoの問題についても論じていくのである。

　とりわけ，国際ビジネスのクォリティを高めるための戦略（Plan）に関する**第2部（第5章～第8章）**の議論や，店舗・組織・情報・環境・ローカル鉄道・湖内居住島のサステナビリティ（DoとSee）に関する**第3部（第9章～第13章）**の議論は，「経営品質科学」において本書のめざすクォリティとサステナビリティの特徴を端的に表している。本書では，こうした企業活動のクォリティとサステナビリティに焦点を当てながら，上記のような管理サイクルをタイムリーに回していくための議論を展開していくことにする。

1.6　日本の組織におけるPDCAサイクルの「弱適合性」

　PDSサイクルに対して，PDCAサイクルが「知識」として劣位であることは，前節で述べたとおりであるが，筆者ら（山下ら 2014）は日本の組織特性，とりわけ現場への権限委譲と改善（**1.3節**を参照）が，PDCAサイクルの劣位性を弱める役割を果たしているという考え方に基づき，下記のような「日本におけるPDCAサイクルの弱適合性」の視点を提示している。

　日本の組織では，センター部門が作成する「全体最適のための計画」（Plan）

は大枠を示すにすぎず，詳細のPlanは現場の実行部門へと権限委譲（たとえば，JITシステムの「かんばん」）されているため，問題に直面する現場がCheckの後，Planの手順を踏まず（Planを修正せず）にActionを取っても，大枠のPlanとActionとの不整合が生じにくい。すなわち，現場で自律的に展開されたAction（とくに，改善）が大枠のPlanにあまり拘束されないため，ある程度の期間にわたってActionをまとめてから，それをセンターの計画（Plan）に反映させるようにしても，Planとの顕著な不整合が生じることなく，PDCAサイクルを回すことができるのである。これにより，現場（たとえば，QCサークル）での自律的な「改善」を繰り返すことが可能になる。

　上記のような日本の自律分権的組織特性により，PDCAサイクルは，その劣位性が弱められ，大局的には日本の組織に，「弱い意味」で適合することになる。これが，山下ら(2014)の提示する「日本におけるPDCAサイクルの弱適合性」の視点である。ここで，強い意味ではなく「弱い意味」としているのは，PDSサイクルに対するPDCAサイクルの劣位性は，日本の組織であっても揺るがないが，その劣位性が弱められ，適合した状態に少し近づくからである。それに加えて，山下ら(2014)は下記のような視点から「弱い意味」とすべきことを指摘している。

　まず第一に，上でPlanとActionとの間で顕著な不整合は生じないとしたPlanは，あくまでもセンターのPlanであり，現場での詳細のPlan（たとえば「かんばん」）には，やはりActionをしっかりとCheckした結果を反映させなければならないとする視点である。その際，ActionをCheckした結果から，迅速なActionを取ろうとすると，そのActionをCheckする必要があるため，現場の実行部門では前節で述べたような「CACA…」の無限ループ（明治大学経営品質科学研究所 2011）に陥ってしまうことになり，こうした点が「弱い意味」での適合性となるのである。

　第二に，DoとActionには「迅速性」あるいは「適時性」の違いがあるだけで，日本の組織に舞台を限定したとしても，やはり両者の本質的な違いを見いだすことはできないという視点である。すなわち，DoやActionの舞台が日本の組織に限定されたとしても，両者の本質が実行・実施にあることには変わり

がないのである。こうした点でも，上記の適合性は「弱い意味」での適合性にすぎないと考える方が現実的である。

これらのこと（劣位性が弱まること，現場での詳細のPlanには評価・点検した結果を反映させるべきこと，DoとActionの間に本質的な違いを見いだすことはできないこと）を踏まえると，日本におけるPDCAサイクルの「適合性」ではなく，上記のように「弱適合性」とすべきことが理解されよう。それでも，センター部門が作成する大枠のPlanと現場のActionとの間に，「弱い意味」であったとしても，大局的には不整合が生じにくいことは，日本の組織において注目すべき特性である。こうした特性が，迅速なActionを優先した組織全体でのPDCAサイクルを可能にしていると考えることができるからである。

そのうえで，山下ら(2014)は，日本の組織において二重の管理サイクルが回っているとする「二重ループ」の視点を提示している。この「二重ループ」は，組織全体としてのPDCAサイクルと，現場でのPDSサイクルが併存していることを意味する。こうした「二重ループ」こそが，現場での迅速なAction（改善）と，QCサークルに象徴される現場での自律的な管理サイクル（PDS）による品質管理の同時達成を可能にしているのである。

1.7 ライン&スタッフによるQCとスタッフのみのQCの評価モデル

日本の品質管理と米国の品質管理との間の違いが端的に表れた事例は，米国で発生した狂牛病問題であろう。この問題によって，2003年から2005年の間，日本は米国からの牛肉の輸入を禁止することになってしまった。それは，狂牛病問題に対して，日本は全数検査を要求し，米国は抜き取り検査を主張したからである。この事例には，「効率性」を重視する米国の品質管理（以下「米国型QC」）と，効率性のみならず，それ以上に「安全性」を重視する日本の品質管理（以下「日本型QC」）との違いが明確に表れている。

全数検査は，必然的に多くの人手とコストを必要とする。しかしながら，米

国型QCでは，基本的に少人数の専門スタッフのみで全製品の品質保証を行うため，全頭を検査すること（すなわち，全数検査）は事実上不可能であり，抜き取り検査に頼らざるを得ない（臧・山下ら 2013）。

これに対して，日本ではQCの専門スタッフによる品質保証のみならず，ラインでの「品質の作り込み」による品質保証の考え方が浸透し，ライン→専門スタッフという2段階の品質保証が展開されているため，場合によっては全数検査も不可能ではない。それは，QCの専門スタッフのみならず，ラインの従業員全員が前述のTQCやQCサークルを通じてQCの知識とスキルを日ごろより身につけているからである。とりわけ，狂牛病問題のように厳格な品質保証が求められる場合には，こうした安全性重視の日本型QCと効率性重視の米国型QCとの間の違いが明確に表れる。

臧・山下ら(2013)は，ラインによるQC→専門スタッフによるQCという2段階のQC（日本型QC，以下「様式1」）と，専門スタッフのみによるQC（米国型QC，以下「様式2」）との間の優位性・劣位性を比較するために，以下のような評価モデルを提示している。すなわち，両者の優位性・劣位性を比較すべく，それらのコストを簡潔な形式でモデル化したのである。

まず，臧・山下ら(2013)は，ラインでのQCにかかるコストをC_1，スタッフのQCにかかるコストをC_2，良品を不良品と判定した場合と不良品を良品と判定した場合の1個当たりの損失をそれぞれUとV，生産数をNとしたうえで，ラインでのQCによって不良品と判定されたものは，その時点で処分され，スタッフによるQCの対象とはならないという仮定をおくことにより，様式1（ラインとスタッフによるQC）での合計コストT_1（QCにかかるコストと良品・不良品の誤判定による損失の和）と，様式2（スタッフのみによるQC）での合計コストT_2を，下記のように定式化している。ただし，p_{11}とp_{12}はラインにおいて，それぞれ良品を良品と判定する確率（正判定確率）と，不良品を不良品と判定する正判定確率，p_{21}とp_{22}はスタッフにおいて，それぞれ良品を良品と判定する正判定確率と，不良品を不良品と判定する正判定確率であり，Pは実際の良品確率である。

$$T_1 = C_1 + \{P \cdot p_{11} + (1-P) \cdot (1-p_{12})\} \cdot C_2 + \{P \cdot p_{11} \cdot (1-p_{21})$$
$$+ P \cdot (1-p_{11})\} \cdot U \cdot N + (1-P) \cdot (1-p_{12}) \cdot (1-p_{22}) \cdot V \cdot N \quad (1.3)$$

$$T_2 = C_2 + P \cdot (1-p_{21}) \cdot U \cdot N + (1-P) \cdot (1-p_{22}) \cdot V \cdot N \quad (1.4)$$

このとき,様式1に対する様式2の劣位性($T_2 - T_1$),すなわち様式2に対する様式1の優位性は,(1.5)式のように表される(臧・山下ら 2013)。

$$T_2 - T_1 = -C_1 + \{1 - P \cdot p_{11} - (1-P) \cdot (1-p_{12})\} \cdot C_2 + \{P \cdot (1-p_{11}) \cdot (1-p_{21})$$
$$- P \cdot (1-p_{11})\} \cdot U \cdot N + (1-P) \cdot p_{12} \cdot (1-p_{22}) \cdot V \cdot N \quad (1.5)$$

ここで,簡単のために,$p_{11} = p_{12} = p_{21} = p_{22} = p$で,$V = 5U$の場合(基本例)を考えると,

$$T_2 - T_1 = -C_1 + \{1 - P \cdot p - (1-P) \cdot (1-p)\} \cdot C_2 + \{P \cdot (1-p)^2$$
$$- P \cdot (1-p)\} \cdot U \cdot N + (1-P) \cdot p \cdot (1-p) \cdot 5U \cdot N$$
$$= -C_1 + (P + p - 2P \cdot p) \cdot C_2 + (5 - 6P) \cdot p \cdot (1-p) \cdot U \cdot N \quad (1.6)$$

が得られる。したがって,様式1と様式2の優位性が等しくなる($T_1 = T_2$となる)ようなコストC_1は,(1.7)式のように表される。

$$C_1 = (P + p - 2P \cdot p) \cdot C_2 + (5 - 6P) \cdot p \cdot (1-p) \cdot U \cdot N \quad (1.7)$$

次に,$V = a \cdot U$として(1.7)式を一般化すれば,(1.8)式のように書き換えられる。通常のQCでは$a < 1$となり,安全性を重視すればするほど,aの値は大きくなる。

$$C_1 = (P + p - 2P \cdot p) \cdot C_2 + \{a - (a+1) \cdot P\} \cdot p \cdot (1-p) \cdot U \cdot N \quad (1.8)$$

さらに，臧・山下ら(2013)は，こうした日本型QCと米国型QCの評価モデルに対して，さまざまな数値例による分析を行った結果，下記の①～③を確認している。

①日本型QCと米国型QCの優位性・劣位性は，良品を良品と判定する正判定確率に対する，不良品を不良品と判定する正判定確率の大きさに大きく依存する。
②日本型QCは，ラインでのQCに費やされるコストが非常に小さい値でなければ，米国型QCに対して劣位になる。このことから，米国（日本以外）では日本型QCが困難であること，そして日本企業ではQCサークルや自己啓発的なQCにより，あまりコストをかけずにラインでのQCが展開されていることが示唆される。
③不良品を良品と誤判定してしまうことによる損失が大きければ大きいほど（より安全性を重視すべき状況であればあるほど），日本型QCの有効性が高まるが，その場合でもラインでのQCのコストが非常に小さい値であることが必須条件となる。

以上のような評価モデル（臧・山下ら，2013）により，ラインと専門スタッフによる2段階のQC（日本型QC）と，専門スタッフのみによるQC（米国型QC）の優位性・劣位性を，コストの面から比較することができるのである。

1.8 物理的クォリティから環境志向型クォリティへ

近年，「品質」や「クォリティ」の考え方が変化しつつある。従来のような「モノ」のクォリティから，「サービス」や「マネジメント」のクォリティ，とりわけ「地球環境保護」や「社会貢献」（前述の「社会最適」）といったクォリティを包含した多面的な考え方へとシフトしているのである。それは，企業の社会的責任（CSR；Corporate Social Responsibility）がクローズアップされる

とともに，より多面的なクォリティが求められるようになったからである。

こうした変化を端的に表している事件が，2008年に相次いで明るみになった製紙業界各社の「古紙含有率」偽装事件であろう。これは，従来の「品質」の概念を変える特徴的な事件であった。古紙含有率偽装事件を引き起こした企業では，本来ならば，郵便年賀はがきの古紙含有率を40～50％にしなければならないにもかかわらず，わずか1～5％しか古紙を含ませていなかった。その後，郵便年賀はがきのみならず，他の再生紙でも偽装を繰り返していたことが発覚し，製紙業界に対する社会的信頼を大きく低下させることになってしまった。このような偽装の背景には，新紙よりも古紙を利用する方が高コストになってしまい，新紙と同コストで高い品質を維持することはむずかしいという要因があったことは否めない。しかしながら，日本の技術水準からすれば，企業努力によって十分に対応可能なはずであり，ここからも環境問題への対応の不十分さと，企業の社会的責任（CSR）に対する認識の甘さ（明治大学経営品質科学研究所 2011）を指摘することができるのである。

ここで，注目すべき点は，紙を生産する際に「新紙により高い品質を維持しようとすること」が，結果的に反社会的な企業行動となってしまったことである。すなわち，従来の「品質」の概念とはまったく異なる事件なのである。従来であれば，古紙でなく「新紙」を使用して高品質の紙を製造することは，社会的に好ましい企業行動であったはずであるが，それと正反対の反社会的な企業行動として位置づけられるようになったことは，非常に興味深い。

こうした「品質」概念に対する正反対の価値観を生み出す要因として，筆者ら（明治大学経営品質科学研究所 2011）は，社会における環境問題への意識の高揚という要因を指摘している。従来の品質は，紙の滑らかさや色の統一性，強度など，「物理的」なクォリティであったが，環境問題がクローズアップされる現在のクォリティには，これらに加えて「環境に対する優しさ」が求められるようになったのである。このように「環境に対する優しさ」を重視したクォリティを，山下ら（2008）は「環境志向型クォリティ」として位置づけている。これら（物理的クォリティと環境志向型クォリティ）がトレードオフの関係（対立する構図）になり，残念ながら物理的クォリティを優先してしまった典型的

な事例が，製紙業界における古紙偽装事件なのである。このように，現在の企業は物理的クォリティと環境志向型クォリティの両立という非常にむずかしい課題に直面している。

　品質に対する，上記のような考え方の変化は，まさしく大きな社会的パラダイム・シフトであり，本章ではこれを筆者らの先行研究（山下ら 2008）と同様に，「物理的クォリティから環境志向型クォリティへのパラダイム・シフト」として位置づけることにする。こうした観点から，古紙含有率の偽装事件を引き起こした製紙業界各社の行動を捉えると，物理的クォリティを優先する従来のパラダイムから脱却しきれていなかったことがわかる。従来のパラダイムが，（物理的）クォリティを優先してきたので，前述の「新紙」が環境志向型クォリティを満たしていなくても許されるであろうという甘えにつながり，環境問題に対する社会的パラダイム（物理的クォリティと環境志向型クォリティの両立）と，製紙業界における物理的クォリティのみのパラダイムとの間に明らかな「ズレ」を生じさせる結果となってしまった。

　現在は，品質に関してまさにパラダイム・シフトの過渡期にあり，環境問題を重視したクォリティの社会的コンセンサスが形成されつつあるにもかかわらず，それを認識していない企業が少なからず存在することは，製紙業界の古紙含有率偽装事件からも推察される。そこで，社会（とりわけ，消費者と行政）がこうしたパラダイム・シフトを鮮明にし，従来の品質（物理的クォリティ）と新たに求められるクォリティ（物理的クォリティと環境志向型クォリティの両立；山下ら 2008）との間の違いと変化を企業にしっかりと認識させることが求められるのである。一方で，企業は積極的に物理的クォリティと環境志向型クォリティの両立（社会最適化）を図り，自社がこれらを両立させていることを積極的に情報発信していくべきである。そして，こうした物理的クォリティと環境志向型クォリティの両立，およびそれに関する情報発信が，今後の企業において「サステナビリティ」を高めるための重要な要素となるのである。

第1部　「経営品質」編

〈参考文献〉

臧巍・山下洋史・村山賢哉・山下遥(2013),「品質管理における効率性と安全性のトレードオフ問題」,『日本経営システム学会誌』, Vol.30, No.1, pp.7-14

支援基礎論研究会編(2000),『支援学』, 東方出版

寺本義也・岡本正耿・原田保・水尾順一(2003),『経営品質の理論──実践との相互進化を求めて』, 生産性出版

波形克彦ほか編(1996),『中小企業診断士試験〈工鉱業科目〉合格完全対策』, 経林書房

日本機械工学会編(1996),『機械工学便覧』, 丸善

明治大学経営品質科学研究所編(2011),『経営品質科学の研究』, 中央経済社

山下洋史(2004),「組織における知識共有と知識の価値」,『明大商学論叢』, Vol.86, No.2, pp.29-41

山下洋史(2005),『情報・知識共有を基礎としたマネジメント・モデル』, 東京経済情報出版

山下洋史(2007),「「自己知識化」に関する研究」,『第38回日本経営システム学会全国研究発表大会講演論文集』, pp.164-167

山下洋史・金子勝一(2001),『情報化時代の経営システム』, 東京経済情報出版

山下洋史・鄭年皓(2008),「「経営品質科学」の構築に向けて」,『明大商学論叢』, Vol.91, 特別号, pp.1-16

山下洋史・村山賢哉・鄭年皓(2008),「「環境志向型クォリティ」に基づく企業行動の分析モデル」『明大商学論叢』, Vol.91, No.2, pp.13-22

山下洋史・村山誠・金子勝一(2014),「PDSサイクルに対するPDCAサイクルの劣位性と日本における弱適合性」,『第53回日本経営システム学会全国研究発表大会講演論文集』, pp.264-267

第2章 企業活動のサステナビリティとCSR

2.1 ゴーイング・コンサーンとサステナビリティ

　1980年代,「会社の寿命は30年」という言葉が話題になったことがある。しかしながら,日本には,金剛組のように奈良時代から活動している企業や,丸善のように明治時代に日本で最初の株式会社として設立された企業として評価されるところもある。30年を超えて企業が存続しているのである。企業は,事業活動を行う組織体であるが,その設立目的を達成したら,解散するというようなものではない。また,その目的自体も,「利益の最大化」「株主価値の最大化」「すべての利害関係者のための価値創造」「本業を通じた社会貢献」など,さまざまであるが,その達成までの期限が定められているわけではない。

　経済学や経営学においては,企業は個人企業から株式会社形態へ移行することにより,ゴーイング・コンサーン（going concern；「継続事業体」や「事業の継続性」と訳される）に転化するとされる。新古典派経済学者のマーシャル（Marshall, A.）は,"*Principles of Economics*"（『経済学原理』）のなかで,「木と森のアナロジー」で企業と産業との関係を捉え,森のなかで木が絶えず生まれ変わるとしながらも,"*Industry and Trade*"（『産業と商業』）においてアメリカの巨大株式会社を考察し,企業のなかでも巨大株式会社には「木と森のアナロジー」が当てはまらないことを認めている。「ゴーイング・コンサーン」という用語は,制度経済学者のコモンズ（Commons, R.）が"*Institutional Economics: Its Place in Political Economy*"（『制度経済学-その政治経済学における位置』）において用いたものである。それは,企業など,自発的な意識をもった個人により構成される集団行動が,過去から未来へつながる取引を前提としていることを表すものである。

第1部 「経営品質」編

　経営学,とくに企業形態論においては,株式制度,全社員有限責任制度,会社機関制度を特徴とする株式会社の下で,「所有と経営の分離」が可能になり,事業や会社財産が所有者個人から切り離されることによって,企業が永続性を獲得すると見なしている。個人企業であれば,所有者個人が死亡すると,経営や企業財産の所有などが多大な影響を受けることになる。しかし,株式会社の下では,出資者たる所有者は必ずしも経営を担っているわけでも会社財産を所有しているわけでもなく,経営は,取締役会などの会社機関により行われるため,制度上,所有者の個人の影響は個人企業ほど大きくなることはない。また,株式が株式市場で広く取引されるようになると,上場企業には事業の継続性が求められるようになり,企業会計の「継続企業の公準」の下での期間損益計算が行われることになる。1990年代以降のコーポレート・ガバナンス改革においても,事業の継続性に関して監査人が意見を表明することが求められるようになっている。

　このように経済学や経営学の一部の領域においては,株式会社の特質として,事業の継続性を意味するゴーイング・コンサーンが捉えられるとともに,それを前提に経営計画や予算が策定され,事業活動にかかわる取引が継続されることになる。

　「サステナビリティ」という用語は,1987年の「環境と開発に関する世界委員会」(WCED＝World Commission on Environment and Development; ブルントラント委員会とも呼ばれる)の報告で,現在世代の必要を満たしながら,将来世代のそうした必要を満たす能力を危険にさらさないことであると定義されている。「持続可能性」と訳されることも少なくないが,先の定義からも明らかなように,ゴーイング・コンサーンと比べると,個別企業の存続のみにかかわるものではなく,またその時間軸も長いため,個別の投資対象を評価する投資家や資本市場は,「現在世代」「将来世代」などと示される時間軸があまりに長いものなるために,サステナビリティをあまり考慮して来なかったとも考えられる。さらに,ホーケンは,1994年に"*The Ecology of Commerce: a Declaration of Sustainability*"(『商業のエコロジー――サステナビリティ宣言』)のなかで,企業活動による自然破壊を詳述し,環境を保護する方策を主張して,

企業が自然環境への影響を考慮し，廃棄段階を考慮して生産を行うなどのサステナブルな事業活動を提唱している。本書を読んで，インターフェース・カーペットの前CEOであるアンダーソン氏は，環境のサステナビリティでチャンピオンになることをめざしたとされる（Carroll et al. 2011, p.201）。

しかしながら，2000年の米国では，世界的なブランドで評価される企業がサステナビリティに関する基本方針を有していなかったとされている（Vogel 2005, p.53）。その後，米国の調査会社による米国企業のサステナビリティ慣行に関する調査から，倫理，統治，経済・環境・社会のトリプルボトムラインにかかわるリスクを無視すると，企業は困難に陥ることが指摘されている（Vogel 2005, p.67）。この背景には，1997年に英国のサステナビリティ社のエルキントンによって提唱されたトリプルボトムラインの影響がある。環境的なサステナビリティのみならず，経済的，社会的サステナビリティを包括することにより，サステナビリティが企業の責任や企業の目標の一部と見なされるようになったのである（Carroll et al. 2012, p.377）。同じころ，ナイキやウォルマートなどのサプライチェーンにおける児童労働が国際的なNGOにより暴露される。そうした企業に対する不買運動が起こり，企業の業績を脅かす事態が生じることになる。また，サステナビリティのための活動にとって，従業員が重要であることも指摘されている（Carroll et al. 2011, p.520）。そのため，今日では，サステナビリティという用語は，責任ある環境と労働の管理という狭い意味から，貧困の撲滅や公正で透明なガバナンスの実現などの多様な一連の目標を意味することもあり，人類の存続から生活の質の改善まで階層的に捉えることもできるようになっている（Marshall et al. 2005, p.673）。

企業と社会の理論の研究者である，キャロルらは，サステナビリティの重要性を認識し，その版を重ねている"*Business and Society*"（『企業と社会』）の副題を変更している。2008年に出版された第7版までは，"*Business and Society: Ethics and Stakeholder Management*"（『企業と社会―倫理と利害関係者管理』）であったが，2011年出版の第8版以降は，"*Business and Society: Ethics, Sustainability, and Stakeholder Management*"（『企業と社会―倫理，サステナビリティ，利害関係者管理』）に変更したのである。各章に「サステ

ナビリティに注目」というコラムを設け，そのなかには，さまざまな意味で捉えられている「サステナビリティ」という用語について，紹介しているものもある。たとえば，米国のデュポン社では，サステナビリティについて，株主と社会の価値を創造しながら，事業を行うバリューチェーンにある環境へのCO_2排出量を削減することであるとし，また，サステナビリティは，経済，社会，自然環境という相互に依存し，共進化する3つの次元を有するという考えなどが紹介されている（Carroll et al. 2011, p.24）。さらに，企業のサステナビリティは，経済，環境，社会の発展から生じるリスクを管理し，機会を利用して長期的な株主の価値を創造する事業上のアプローチであるとの見方も示されている。

　エクルズらは，企業戦略と企業にその活動のための免許証を与える社会との関係と，企業戦略の点からサステナビリティを定義している（Eccles et al. 2013, p.8）。そこで，サステナブル戦略は，会社に株主のための価値を創造することを可能にすると同時に，サステナブルな社会に貢献するものとされ，サステナブル社会は，将来世代のニーズを犠牲にすることなしに現代世代のニーズを満たせる社会である。これを実現するためには，天然資源と人的資本に対する責任ある管理が重要になる。こうしたことから，サステナブル戦略は，生産性や価値創造の低下をもたらすことなく，会社の業務・活動の環境や，地域社会への負の影響を最小限にするものである。

　サステナビリティ戦略のように，企業の活動と関連させてサステナビリティを捉える見方もあるが，キャロルはサステナビリティに対する企業の誤解を「神話」とし，それに対して反論する見方を紹介している（Carroll et al. 2011, p.24）。こうした誤解は企業がサステナブルな発展を求める際の障壁となりうるものであり，企業がサステナビリティに積極的に取り組むにはその誤解を解く必要があるからである。まず，サステナビリティは，企業が負担することのできないコストであるが，サステナビリティに取り組む「良き企業市民であること」は会社を倒産から防ぐという経営者の意見を紹介する。次に，サステナビリティから生まれる経済的利益はないとする見方に対しては，ジョンソン・エンド・ジョンソン社が2005年以来，80のサステナビリティ・プロジェクトに

従事し，1億8,700億ドルを節約し，ROIが19％向上していることを紹介する。

さらに，サステナビリティは大企業の問題であるとの見方に対しては，小規模企業の競争力には無駄がなく，必要な資源を有し，機敏であることに依存するので，サステナビリティが可能となり，小規模企業の方が大企業よりもサステナビリティに取り組むには有利であるとする反論を紹介している。また，サステナビリティを追求すると，環境によいことをしている振りをして利益を得ていると非難されるとの意見に対しては，サステナビリティのような意義のある目標を設定し達成している企業は，その成功を公表する権利を有するとの反論を示している。最後に，一部の企業が自社は何も問題のあることをしていないので，サプライチェーンについて心配していないということに対しては，ウォルマートのような企業が，何千ものサプライヤーが企業に販売する際に生じる炭素の影響を測定するためのサプライヤー指標を開発しているという反論を紹介している。

こうした反論からもわかるように，企業がサステナビリティに取り組むことは，企業の業績に結びつくと考えられているので，「サステナビリティ戦略」というような言葉が実務においても用いられることになる。一方で，株式会社の重大な特質とみなされるゴーイング・コンサーンについては，それが最低限の要件として株式会社形態をとった個別の大企業に求められるものであり，「ゴーイング・コンサーン戦略」のようにいわれることはないのである。

2.2 CSR概念の変遷

ローレンスらは，"Business and Society: Stakeholders, Ethics, Public Policy"(『企業と社会—利害関係者，倫理，公共政策』)において，米国におけるCSRの歴史的変遷を整理している（Lawrence et al. 2011, p.53)。それは，CSRを表2.1のように分類して，時系列により，その特徴を示しているものである。まず，1950年代から1960年代にかけての企業の社会的受託責任

(Corporate Social Stewardship) と呼ばれるものであり，経営者が株主のみならず社会の受託者として活動することを意味する。20世紀初頭において，「資本主義の聖人」と評されたカーネギーのように，事業活動で蓄えた資産は「社会からの預かりもの」であるとして，そのほとんどを社会貢献活動に捧げることも行われている。これは，経営者の社会的責任とも呼ばれるものでもあり，英国のラウントリー社のシェルドンが1924年の "Philosophy of Management"（『経営の哲学』）のなかで提唱しているものである。日本においても，1949年に山城章が『経済評論』に「経営者の社会的責任」と題する論文を書き，1956年に経済同友会が「企業は社会の公器」であるという考えから「経営者の社会的責任の自覚と実践」を提唱している。

　これが，1960年代に反戦運動，環境保護運動，公民権運動などの社会運動が興隆すると，米国においては，こうした社会的変化に対して，戦略的に対応する，企業の社会的即応性（Corporate Social Responsiveness）が提唱されることになる。企業実践においては，1970年代以降，一部の企業で社会監査の実施，広報機能の強化に加えて，社外取締役の導入などのコーポレート・ガバナンス改革が行われるようになる。具体的には，1970年に米国の大学生により「GMに責任ある行動を求める運動」（キャンペーンGM）が行われ，それを受けて，GMは，公共政策委員会を設置するとともに，アフリカ系米国人を社外取締役として任命し，女性管理職の登用を始める。さらに，ペンセントラル鉄道の経営破綻を同社の取締役会が防げなかったとして，米国では1970年代より企業統治改革が行われることになる。

　また，1971年には，経営者と研究者により構成されるCED（経済開発委員会）が経済的機能を効率的に果たすこと，社会的価値や優先順位の変化に対し注意を払うこと，社会環境の改善に積極的に関与することを内容とする，企業の社会的責任に関する考えを公表している。これに対して，ノーベル経済学賞の受賞者でもある，フリードマンは，株式会社の経営者の社会的責任は，法律や社会規範を守ったうえで株主の利益を最大にすることであるとの考えを表明し，米国においては，CSRを巡る論争が行われることになる。日本においては，1960年代の公害問題の深刻化と1970年代初頭の買占めや売惜しみなどの大企業

表2.1　CSRの進展過程

	特徴	推進力	政策
CSR₁ 1950s-1960s	**企業の社会的受託責任** Corporate Social Stewardship 企業の社会貢献活動 公的存在の経営者 社会的圧力の均衡	経営者の良心 会社の名声	慈善財団 公衆関係
CSR₂ 1960s-1970s	**企業の社会的即応性** Corporate Social Responsiveness 社会的影響分析 社会的応答のための戦略 組織再設計と応答のための研修	社会的抗議 頻発する不祥事 公的規制 利害関係者の圧力 シンクタンクの報告書	利害関係者戦略 規制の遵守 社会監査 広報機能 統治改革
CSR₃ 1980s-1990s	**企業倫理** Corporate/Business Ethics 倫理的企業文化の醸成 倫理的組織風土の確立 共通の倫理原則の認識	宗教上の信条 技術主導の価値変革 人権の圧力 倫理綱領，倫理研修等 利害関係者との交渉	ミッション／ビジョン／ 価値理念等の表明 CEOの倫理的リーダーシップ
CSR₄ 1990s-2000s	**企業市民** Corporate/Global Citizenship 利害関係者の参加 財務・社会・環境業績の統合 企業と社会のサステナビリティ	取引・投資のグローバル化 コミュニケーションの変化 地政学的変化 環境表彰 NGOの圧力	政府間の指針 グローバルな監査基準 NGOとの対話 サステナビリティ監査／報告

出所：Lawrence et al.(2011, p.53)を参照し，筆者作成

の問題行動により，企業の社会的責任に対する関心が高まり，国会における商法改正の議論においても「会社の社会的責任」が取り上げられている。

　1980年代以降になると，米国においては防衛産業や金融業界のスキャンダルが相次いだことを受け，企業倫理（Corporate Ethics /Business Ethics）が提唱され，公的規制が強化される一方で，倫理的企業文化の醸成や倫理的組織風土の確立のために，多くの大企業で企業倫理の制度化が始められることになる。そうした取り組みの例として1982年に起きたタイレノール事件への対応がある。これは，ジョンソン・エンド・ジョンソンの鎮痛剤タイレノールに何者かが青酸カリを混入させ，それを服用した7人が死亡した事件であるが，同社のCEOは，同社の顧客に対する責任を重視する「我が信条」と呼ばれる経営理念の下，原因不明の段階で，製品の即時回収を指示し，関係会社からも人を動

員し2,250名の体制で大口顧客を回らせるとともに、FDA（食品医薬品局）に対しては、製造工程の検査を依頼し、検査過程をマスコミに公開させる。その結果、75個の毒物が混入された薬が発見され、以後の被害を防止したのである。

こうした経営者の倫理的リーダーシップが発揮される事例がある一方で、1986年には、米国政府は不正請求告発法を制定し、一部の企業の従業員に政府への不正請求の内部告発を奨励する。これに対して、防衛産業に属する企業は、倫理綱領の制定、倫理教育、開かれた風土、連邦調達法の遵守、他者への遵守の促進、社会への説明責任を内容とする防衛産業イニシアチブの取り組みを始めている。1980年代以降、日米貿易摩擦の深刻化を背景に、日本企業の米国進出が活発になると、米国社会より進出した日本企業に対して社会貢献活動が求められた。そうした取り組みは、米国のみならず、1980年代後半から1990年代初頭にかけて、日本国内おいても行われ、当時の経団連1％クラブのように、利益の1％を社会貢献活動に用いることを表明する企業も見られるようになる。

1990年代になると、企業市民（Corporate/Global Citizenship）として企業が行動することが求められるようになる。企業の決定に利害関係者が参加することや、1997年に英国のサステナビリティ社のエルキントン氏によって提唱されたトリプルボトムラインのように、財務・社会・環境に関する業績を統合することが求められるようになり、企業には、自らのサステナビリティを高めるばかりでなく、社会のサステナビリティを高めることが求められるようになる。こうした取り組みは、企業の自発的取り組みにより進められただけでなく、政府やNGOなどの活動を通じてなされている。

1991年には、米国連邦量刑ガイドラインと呼ばれる、連邦法上の犯罪に対する裁判での量刑を判断する指針が示される。具体的には、犯罪を予防するための基準と手続きを設けているか、コンプライアンス・倫理プログラムのための管理体制を設けているかなどにより、罰金や損害賠償金額を決めるというものである。これにより、米国企業の多くがコンプライアンス・倫理プログラムに取り組むことになる。一方で、1993年には、NGOによりバングラデシュの委託工場が児童労働を認めていることを暴露されると、ウォルマートはこれを理由に児童労働を認めている委託工場との取引を停止し、バングラデシュでは同

様の事態が相次ぐことになる。1996年には，ナイキの委託先のベトナム工場での児童労働の実態をメディアが報道し，全米で不買運動が起き，世界銀行の実態調査によりナイキに対する改善勧告が出され，ナイキは改善に取り組むことになる。

　ローレンスらは，米国で20世紀初頭に現れたCSRの考えから，カーネギーなどの大富豪が図書館を寄付したり，教育機関に資金を寄付したりしたように，企業が自発的に援助活動を行う，慈善原理の考えを示している（Lawrence et al. 2011, p.51）。さらに，今日の経営者の多くが自らを公衆の利益のために活動する受託者と考えていると指摘している（Lawrence et al. 2011, p.52）。これは，受託原理といわれるもので，経営者が社会の受託者として行動するというものであり，企業の社会的受託責任の原理である。そうした経営者は，企業と社会との相互依存性を認識し，啓発的自己利益や長期的利益の最適化を求めるというのである。また，CSRは，企業が社会の要請に応答することなので，企業と社会の相互関係を示すものと見ることができる。

　しかしながら，フリーマンらは，「社会」という言葉には曖昧さがあり，誰に対する責任かが曖昧になるために，CSRを企業の社会的責任ではなく，企業の利害関係者に対する責任と捉えている（Freeman et al. 2007, p.99）。フリーマンらによれば，CSRは，企業がとった方針を社会的背景のなかでモニタリングするうえで有用であり，企業の関心を社会貢献活動以外の事柄に向ける点でも有用である。フリーマンらは，「分離の誤謬」として，事業活動に関する意思決定と倫理に関する意思決定とを区別することによって生じる問題を指摘している（Freeman et al. 2010, p.6）。事業活動と倫理は，現実の社会において不可分ものであり，倫理と無関係な事業活動は社会において成立しないのである。個々の利害関係者の要請も必ずしも経済的なもののみではなく，企業に対して法令や倫理規範を遵守したうえでより効率的な事業活動を求めることになる。

　これらの点を考慮して，CSRの考えを示したものが図2.1である。社会には，さまざまな利害関係者が存在し，そうした個々の利害関係者が企業に対してさまざまな要請をすることになる。一部の特定の利害関係者のみがうちに秘めた

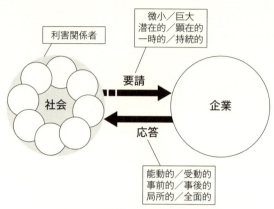

図2.1 企業と社会の相互関係
出所：筆者作成

る願望のように企業に要請するものもあれば，企業とかかわるほとんどすべての利害関係者が強く企業に求めるものもある。それに対して，企業もさまざまな対応をすることになる。個々の利害関係者の期待に敏感に反応することもあれば，社会の要請の下で法律が制定され，これを遵守するよう求められて事後的に対応することもある。

社会の要請とその内容から，CSRを示したものが**図2.2**である。これは，キャロルによって整理されたもので，CSRの4つの定義からなるCSRピラミッドといわれている。経済的責任は，4つの責任のなかで，最初のものであり，経済的制度としての企業に求められる。社会が求める財貨・サービスを生産し適正な価格で販売し，その存続と発展により投資家に十分な利益を提供するものである（Carroll et al. 2011, p.34）。法的責任は，法律で社会の「成文化された倫理」であるとの見方を反映したものであり，法律を守ることが企業の社会に対する責任となる（Carroll et al. 2011, p.34）。しかしながら，法的責任は，法律がすべての問題に対応できるものではなく，適切な行動をとらせるには時間がかかり，政治家などの個人的関心を反映するという限界もあるので，倫理的責任が求められることになる。

倫理的責任は，法律が不十分なことから求められるものであり，たとえ法律

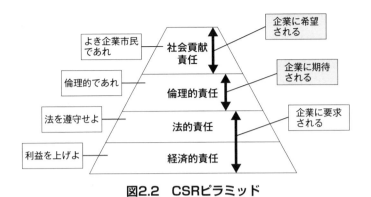

図2.2　CSRピラミッド

出所：以下を参照して，筆者作成
Carroll and Buchholtz (2003), p.40

として成文化されていないものであっても，社会の期待することを含んでいる。法律が制定されるよりも早く社会の価値観や企業への期待の変化に対応することである。また，それは，問題のある行動を回避することであり，法の文言ばかりでなくその精神に応答するものである（Carroll et al. 2011, p.37）。社会貢献責任は，企業の自発的で，かつ裁量に基づくものであるが，現在の公衆による企業に対する期待を反映して行われるものである。具体的には，公衆は企業に対して，寄付やボランティア活動，地方政府などとの協力などの還元を行うことを期待し，これに応えることで，企業は「良き企業市民」であることを示すことになる（Carroll et al. 2011, p.36）。

　ここまで見てきたように，CSRの概念は，経営学の企業と社会の領域においては，単なる社会貢献活動を意味するばかりでなく，事業活動を効率的に構成に行うことも含むようになっている。これに対して，経済学の領域においては，フリードマンのように，株主のために経済的利益を最大化することが株式会社の経営者の社会的責任とされることもある。また，伝統的なミクロ経済学では，企業の目的を利益の最大化であると捉えている。しかしながら，こうした捉え方に対して，行動経済学では，人間の行動は自らの経済合理性を追求する市場規範に従うばかりでなく，社会規範にも影響されることが検証されている（Ariely et al. 2007, p.145）。

CSRは，企業が社会の要請に応答することであり，その内容には，経済的責任から社会貢献責任までが含まれる。そこから，事業活動を通じた社会貢献としてCSRを捉えることもできる。また，CSRは，社会の要請に応答するものであることから，社会がサステナブルな社会をめざし，法律や制度などを整備していけば，企業もこれに応えて，サステナブルな企業になることをめざすことになる。しかしながら，企業に対する社会の要請は，必ずしも既存の企業の能力では応答できないものもありうる。CSRは，社会問題解決のための万能薬のように見なされ，グローバルな貧困ギャップ，社会的排除，環境破壊などを解決するものと見なされることもあるが，多くの企業においては経営のさまざまな領域のなかの特定の領域の観点からCSRが捉えられている（Marrewijk 2003, p.96）。CSRは，企業がその能力に応じて，社会の要請に応えるだけにすぎない。さらに，CSRは，個別の企業による自主的な取り組みであることから，すべての企業が取り組むものではなく，CSRに取り組んでいる企業に対してであっても，公的規制と異なり，利益が得られなくともその行動を強制することはできないのである。

　そのため，市民社会を強化する企業の責任と，すべての企業により責任ある行動を義務づける政府の能力とを含める形でCSRを再定義すべきであるとの主張が行われている（Vogel 2005, p.172）。企業と社会の相互依存性について考えると，企業に経済的ではないさまざまな要請を行うNGOなどの市民団体が活発に活動する社会は，そうした要請に応えて責任ある行動をする企業を支持することになり，また，すべての企業に責任ある行動をとらせるような政府による公的規制が自主的に取り組まない企業に対して向けられるのであれば，CSRに取り組んでいる企業を支援することにもなる。CSRの問題は，個別の企業の問題のみならず，社会や政府とも密接なかかわりを有している。

2.3 CSRと企業のサステナビリティ

　前節で確認したように，CSRは，社会貢献活動のような事業活動とは別に行われるものではなくなっている。また，個別企業の自発的取り組みとしてのCSRの限界が指摘され，政府の関与も求められている。実際，欧州連合は，2001年7月に『グリーンペーパー―CSRのための欧州枠組みの推進』を発行し，欧州地域の経済発展と競争力向上のために地域としてCSRに取り組むことの必要性を説き，翌年7月，『CSR―サステナブルな発展に向けた産業の貢献』を発行して，各利害関係者間のCSRの理解を促進するために，欧州マルチ・ステークホルダー・フォーラムの設置を表明している。政府，企業，NGOなどがこれに参加し，CSRのツールである，行動規範やCSR報告書，社会的責任投資などの透明性や統一性を高めることを目的として議論が行われることとなる。2004年，欧州マルチ・ステークホルダー・フォーラムは，最終報告書を公表し，欧州のサステナブルな発展のためにCSRのメインストリーム化を提唱している。メインストリーム化とは，企業経営においてCSRを主要業務にし，将来の経営者に対する大学教育のカリキュラムにおいてCSRとそれに関連した話題を含めることを意味している。

　日本では，2002年に環境省が「環境会計システムの確立に向けて」を公表し，その後，社会的責任（持続可能な環境と経済）に関する研究会を設置して，2005年に報告書を公表し，サステナブルな環境と経済のあるべき姿などを提言している。厚生労働省では，労働におけるCSRのあり方に関する研究会が設置され，2004年の中間報告では，社会情勢の変化に応じた従業員への考慮や労働に関するCSR推進における国の役割などを提言している。その後，労働に関するCSR推進研究会が，2008年に労働CSRの推進方策の1つとして，自主点検チェック項目を作成し，情報開示のあり方を整理している。経済産業省では，2004年に「企業の社会的責任と新たな資金の流れに関する調査研究―社会的責任投資の活性化に向けて」という文書を公表して，社会的責任投資を日本で実

現するための方策を提言している。さらに，企業の社会的責任（CSR）に関する懇談会がCSRの基本的な考え方，企業価値の向上に資するCSRへの企業の取り組み，ISO（国際標準化機構）における議論への対応などの検討結果を公表している。

また，内閣府は，安全・安心で持続可能な未来のための社会的責任に関する研究会を設置し，2008年の報告書において，円卓会議のあり方や市場環境整備策についての論点をまとめている。後述するように，ISOが社会的責任に関する規格を発行したことを受け，社会的責任に関する円卓会議を設置することにした。それは，事業者団体，消費者団体，労働組合，NPO・NGO，政府などの代表が対等な立場で参加し，協働して取り組むための枠組みである。2011年3月に，それぞれの組織の社会的責任を果たしながら，安全・安心でサステナブルな経済社会を実現していくための協働戦略を策定している。

欧州や日本などの個別の地域や国によるCSRへの対応のみならず，2002年には，ISOがCSRの規格化の検討を開始する。2004年には，スウェーデンのストックホルムで，消費者，政府，産業界，労働者，NGOなどの利害関係者による会議が開催され，企業のみならず，すべての組織を対象としてISO 26000を策定することを確認している。その後，国際委員会の下で，6年あまりの歳月をかけて，2010年に，社会的責任に関するガイダンス規格として，ISO26000が発行される。これは，説明責任，透明性，倫理的行動，利害関係者の利害の尊重，法の支配の尊重，国際行動規範の尊重，人権の尊重を原則とするものである。日本においては，2012年3月に，ISO26000がJIS化されている。

こうして，現在では，CSRの意味するものは，単に個別企業の自主的な取り組みではなく，サステナブルな経済社会の発展のために，国際機関や政府などにおいても推進されるものとなっている。また，企業と社会の理論や企業倫理の領域ばかりでなく，マーケティングや競争戦略の領域においても，CSRが取り上げられるようになっている。たとえば，マーケティングの大家であるコトラーは，共著"Corporate Social Responsibility"（『企業の社会的責任』）において，ソーシャル・マーケティングを重視し，社会的な主張と事業の成功が両立するとしている。また，競争的文脈を調査し，事業活動などとの整合性を

検証し，価値の側面からも検証を行い，共同的な取り組みの可能性を追求することが戦略的社会貢献となるとしている。さらには，社会貢献の結果を記録し，取り組みについて監視することが求められることになる。

競争戦略論のポーターは，'Strategy and Society'（「戦略と社会」）という『ハーバード・ビジネス・レビュー』に掲載された論文において，戦略的CSRを提唱し，競争優位と社会性の両立の可能性を指摘している。そこにおいて，ポーターは企業の社会的責任が1960年代以降の社会的圧力により取り組まれ，その後，企業イメージの改善や「良き企業市民」のために行われるようになったが，企業が日常の事業活動を通じて，社会に影響を及ぼし，社会状況が企業に影響することを確認し，企業の競争環境の1つとして社会状況を重視するような戦略的CSRを提唱するのである。さらに，ポーターは，'Creating Shared Value'（「共通価値の創造」）という『ハーバード・ビジネス・レビュー』に掲載された論文において，CSV（共通価値の創造）の考えを示している。これは，CSRを企業とコミュニティを統合するものと捉えると，経済的目的と社会的目的との相乗効果を生み出し，社会的課題事項の解決が企業の競争優位につながるとするものである。経済性と社会性とはトレードオフの関係ではなく，雇用差別をすれば，よい従業員を雇用できなくなり，環境規制は新たな競争優位獲得の機会となるのである。

こうして，経営の実践の領域ばかりでなく，研究領域においても，CSRのメインストリーム化が進展している。そこでは，経済的利益か社会的利益かというようなトレードオフの関係ではなく，社会性と事業の成功や競争優位は両立するものと捉えられている。企業が社会的な課題に取り組むことは，事業活動として成功することを意味するというのである。企業倫理の領域においては，企業のサステナビリティの議論と結びつけて捉えることも試みられている。たとえば，クレーンらは，プラグマティズムの観点から，企業のサステナビリティは，利害関係者への情報開示や正義のような伝統的な倫理の分類から始まるというよりは，経済，環境，社会の3次元で始まるとする（Kleine et al. 2009, pp.519-520）。CSRは，企業とその利害関係者との結びついた機能を達成することであり，サステナビリティの枠組みは，より公正な世界とより人間的な未

来を達成するための活動を促進するものである。クレーンらによれば，CSR概念は，実効的な「サステナブルな開発のビジネス・ケース」の基礎となり，企業概念が戦略的にアプローチされるのであれば，より社会的，環境的問題の解決にも貢献することができるという。問題は，CSRがある種の哲学のような用語のままであるかどうかであり，あるいはCSRが企業の経済的，社会的，環境的利害と一致するかどうかである。

　この点から見ると，コトラーやポーターの議論は，CSRが哲学的，あるいは理念的な概念ではなく，また企業の利益か環境保護かというようトレードオフの関係に捉えずに「分離の誤謬」を回避し，実践的戦略アプローチとして，他の企業が社会への積極的貢献や環境保護のようなことに取り組まなかったとしても，そうしたことに取り組むことが，SRI（社会的責任投資；socially responsible investment）やグリーン調達などにおいて競争優位となり，他社に対して経済的にも有利になることから，企業の経済的，社会的，環境的利益を一致させるものとなる。それゆえ，サステナブルな企業は危機の時代には強いとの評価もなされている（Carroll et al. 2011, p.163）。同様に，企業のサステナビリティは，経済，環境，社会の3次元で始まるものと捉えることにより，近年のサステナビリティそれ自体の議論ともよく適合することになる。

2.4　企業のサステナビリティの実際

　日本では，1960年代の公害問題が深刻であったこともあり，1980年代より環境に配慮する経営が行われていたが，1998年には，宝酒造が『緑字企業報告書』を発行し，2005年より環境報告書からCSR報告書へ内容を拡充して発行している。英国においても，1998年にBPが『サステナビリティ報告書』を発行しているが，BPは，2008年より『サステナビリティ・レビュー』に名称を変更し発行している。同じ動きは，Shellにも見られ，2005年より『年次報告書』とは別に『サステナビリティ報告書』を発行するようになっている。これは，機

関投資家が国連の責任投資原則に署名することにより，こうした機関投資家の投資対象となりうる企業を中心に，環境，社会，ガバナンスに関するESG情報の開示を積極的に行うことが見られるようになり，そうした状況のなかで，企業がこれまでの『環境報告書』や『CSR報告書』などという名称を『サステナビリティ報告書』に変更しているのである。

日本においても，2002年に，三菱商事がそれまでの『環境レポート』を『サステナビリティレポート』と名称を変更して発行し，2011年よりそれを『アニュアルレポート』に統合している。そのウェブサイトで，サステナブル・マネジメントとして事業活動を通じた社会価値・環境価値の創出をめざすことを明らかにしている。また，キヤノンは，2003年より，それまでの『環境報告書』を『サステナビリティ報告書』に名称を変更して発行しているが，そのなかで，キヤノンは，サステナブル（持続可能）経営を推進していくことが急務であると考え，それはキヤノングループを持続的に発展させると同時に，地球環境・社会の持続的発展のために積極的な貢献を行う考えを表明している。こうした『環境報告書』などから『サステナビリティ報告書』などへ，日本企業が変更する動きを整理したものが，表2.2と表2.3である。

ウォルマートの取り組みは，経営関係の書籍でしばしば紹介されている。そこでは，ウォルマートが2005年以来，CO_2排出量を10％削減し，また中国や米国における納入業者のCO_2排出の削減を支援するとともに，包装資材の削減やリサイクルに取り組み34億ドルを削減していることが記されている（Mackey et al. 2014, p.149）。また，ウォルマートは，「サステナビリティ360」に取り組み，納入業者の支援ばかりでなく，従業員，コミュニティ，顧客のサステナビリティの取り組みを支援している（Carroll et al. 2011, p.84）。納入業者の再生不能エネルギーの削減の新しい方法の開発を支援し，環境NGOとも連携している。日本でも，三菱ケミカルホールディングスは，資本効率を重視するMBA（Master of Business Administration）指標，イノベーション創出にかかわるMOT（Management of Technology）指標と並んで，MOS（Management of Sustainability）指標を用いて，企業価値を高めることを通じて，時を越え，世代を超え，人と社会，そして地球が心地よい状態である

第1部 「経営品質」編

表2.2　報告書の名称変更①

変更年	企業	変更前の名称	変更後の名称
2002	三菱商事	環境レポート	サステナビリティレポート
2003	キヤノン	環境報告書	サステナビリティ報告書
2003	セイコーエプソン	環境報告書	サステナビリティレポート
2004	富士ゼロックス	社会・環境報告書	サステナビリティレポート
2005	ウシオ電機	環境報告書	サステナビリティレポート
2005	積水ハウス	エコワークス	サステナビリティレポート
2005	日産自動車	環境報告書	サステナビリティレポート
2006	トヨタ自動車	環境・社会報告書	サステナビリティレポート
2007	電源開発	環境経営レポート	サステナビリティレポート
2009	マツダ	社会・環境報告書	サステナビリティレポート
2010	カシオ	コーポレート・レポート	サステナビリティレポート
2010	パナソニック	社会・環境報告書	サステナビリティレポート

出所：経済産業省の環境報告書プラザ（https://www.ecosearch.jp/ja/），各社ウェブサイトを参照し，筆者作成

表2.3　報告書の名称変更②

変更年	企業	変更前の名称	変更後の名称
2011	キリングループ	CSRレポート	サステナビリティレポート
2011	花王	CSR/サステナビリティレポート	サステナビリティレポート
2011	東京海上ホールディングス	CSR報告書	サステナビリティ報告書
2011	日立グループ	CSR報告書	サステナビリティレポート
2012	味の素	CSRレポート	サステナビリティレポート
2012	国際石油開発帝石	CSRレポート	サステナビリティレポート
2012	シャープ	環境・社会報告書	サステナビリティレポート
2012	竹中工務店	esレポート	サステナビリティレポート
2012	古河電工グループ	CSR報告書	サステナビリティレポート
2012	リコー	社会的責任報告書	サステナビリティレポート
2013	カゴメ	CSRレポート	サステナビリティレポート
2013	サラヤ	環境報告書	持続可能性報告書
2013	東洋製罐	社会・環境報告書	サステナビリティレポート

出所：経済産業省の環境報告書プラザ（https://www.ecosearch.jp/ja/），各社ウェブサイトを参照し，筆者作成

「KAITEKI」をめざしている。同社では，2007年より"Sustainability"という用語を「グループモットー」のなかで用いて「環境対応」に取り組むとしている（小林 2011, p.14）。現在，同社のウェブサイトには，MOSが「人や社会，そして地球のサステナビリティの向上をめざした新しい経営」であることが明記されている。環境に関する側面だけではなく，人や社会の側面にも拡大している。

今後は，サステナビリティに取り組むだけでなく，サステナビリティ監査が企業において一般的になるとの指摘もなされている（Carroll et al. 2011, p.261）。具体的には，組織におけるサステナビリティの課題事項を特定し，サステナビリティの業績を測定して，必要なサステナビリティに向けた経営過程の変革を行うことである。

キャロルが指摘するように，環境，社会，経済，企業など，すべてものは，つながっている（Carroll et al. 2011, p.550）。たとえば，職場の安全が，企業のサステナビリティの議論で言及されることはあまりないとしても，安全でない職場を有する企業のサステナビリティは乏しいものとなり，社会や環境へも負の影響を与える危険性が高くなる。サステナビリティの取り組みは，環境，社会，経済に関する考慮を含み，安全はそれら3つをつなげるものなのである。それゆえ，企業には，経済・社会・環境に関するサステナビリティの向上が求められることになり，結果として，ビジネス・クォリティが向上することになる。

〈参考文献〉

Ariely, D. and Amir, O.(2007), "Decisions by Rules: The Case of Unwillingness to Pay for Beneficial Delays", *Journal of Marketing Research*, Vol.44, No.1, pp.142-152

Carroll, A.B. and Buchholtz, A.K. (2003), *Business and Society,* 5 ed. Thomson

Carroll, A.B., Lipartito, K.J., Post, J.E., Werhane, P.H., and Goodpaster, K.E.(2012), *Corporate Responsibility: the American Experience,* Cambridge University Press

Carroll, A.B. and Buchholtz, A.K.(2011), *Business and Society: Ethics, Sustainability, and Stakeholder Management,* South-Western

Eccles, R.G. and Serafein, G.(2013), "A Tale of Two Stories: Sustainability and the Quarterly Earning Call", *Journal of Applied Corporate Finance*, Vol.25, No.3, pp.8-19

Freeman, R.E., Harrison, J.S., Wick, A.C., Parmar, B.L., and Colle, S.D.(2010), *Stakeholder Theory: the State of the Art*, Cambridge University Press

Freeman, R.E., Harrison, J.S., and Wick, A.C.(2007), *Managing for Stakeholders: Survival, Reputation, and Success*, Yale University Press（中村瑞穂訳（2010）『利害関係者志向の経営―存続・世評・成功』白桃書房）

Hawken, P.(1994), *The Ecology of Commerce: a Declaration of Sustainability*, Harper Business

Kleine, A. and von Hauff, M.(2009), "Sustainability-Driven Implementation of Corporate Social Responsibility: Application of the Integrative Sustainability Triangle", *Journal of Business Ethics*, Vol.85, pp.517-533

Kotler, P. and Lee, N.(2004), *Corporate Social Responsibility: Doing the Most Good for Your Company and Your Cause*, Wiley（恩藏直人監訳，早稲田大学大学院恩藏研究室訳（2007）『社会的責任のマーケティング』東洋経済新報社）

Lawrence, A. and Weber, J.(2011), *Business and Society: Stakeholders, Ethics, Public Policy*, McGraw-Hill/Irwin

Mackey, J. and Sisodia, R.(2014), *Conscious Capitalism: Liberating the Heroic Spirit of Business*, Harvard Business School Press（鈴木立哉訳『世界でいちばん大切にしたい会社：コンシャス・カンパニー』翔泳社，2014年）

van Marrewijk, M.(2003), "Concepts and Definitions of CSR and Corporate Sustainability: Between Agency and Communion", *Journal of Business Ethics*, Vol. 44, pp.95-105

Marshall, J. and Toffel, M.(2005), "Framing the elusive concept of sustainability: a sustainability hierarchy", *Environmental Science and Technology*, Vol.39, No.3, pp.673-82

Porter, M.E., and M.R. Kramer(2011), "Creating Shared Value", *Harvard Business Review*, Jan.-Feb., pp.1-17.

Porter, M.E., and M.R. Kramer(2006), "Strategy and Society: The Link between Competitive Advantage and Corporate Social Responsibility", *Harvard Business Review*, pp.1-13

Vogel, D.(2005), *The Market for Virtue: The Potential and Limits of Corporate Social Responsibility*, Brookings Institution Press（小松由紀子・村上美智子・田村勝省訳（2007）『企業の社会的責任（CSR）の徹底研究―利益の追求と美徳のバランス―その事例による検証』オーム社）

小林喜光（2011），『地球と共存する経営：MOS改革宣言』，日本経済新聞出版社

三菱ケミカルホールディングスウェブサイト，http://www.mitsubishichem-hd.co.jp/kaiteki_management/kaiteki/〔2015年1月20日最終アクセス〕

第3章 柔らかい組織(loosely coupled system)のサステナビリティ

3.1 目的の非先与性と予期せぬ成功

　日本企業は，欧米企業をキャッチ・アップする時代の終焉により，自ら改善やイノベーションを生み出し，世界に先駆けた製品やサービスを提供しなければならない状況にある。すなわち，これからの企業は，既存の製品の低価格による過当競争を避け（尾関 1993），付加価値の高い新製品の開発や独自のサービスで創意工夫に満ちた個性的な製品開発に競争の場を移すべきなのである。その意味から，現在の日本企業にとって，顧客のニーズを的確に捉えるためのマーケティングと，魅力ある新製品づくりを可能にするための研究開発（R&D；Research & Development）の両面から技術革新を起こすことが求められる（山下 1996）。そこで，日本では，産業界のみならず，官公庁や研究・教育機関において，イノベーション・技術革新の創出・促進の重要性が叫ばれている。このように，イノベーションに対する関心は非常に高いが，現実には，イノベーションの創出は容易ではない。それゆえ，産学官が相互に協調して推進しようとしている。

　一方，こうした技術革新の過程を始動させる要因に関して，それは「ディマンド・プル」であるとする見解と「テクノロジー・プッシュ」であるとする見解があり，いずれの見解が正しいかについての論争が行われてきた。しかしながら，田中(1990)によれば，これら2つの見解はいずれも革新に関して「目的の先与性」「首尾一貫性」「合理性」を前提としている点で類似しており，とくに「目的の先与性」によって解決すべき問題があらかじめ設定されていると考えられてきた点に，複雑で偶然的な技術革新の過程を捉える際の限界があるとされる。すなわち，技術革新においてあらかじめ問題が設定されていることは

少なく，いかにして論理必然的な「解」を探索するかよりも，いかにして解決すべき「問題を探索」するかが技術革新の主要な過程であると考えるのである。

上記のように，現実の技術や市場は不確実性が高く，技術革新のためにあらかじめ明確な問題が設定されていることは少ないため，いかにして論理必然的な「解」を探索するかといった考え方のみでは，技術革新を生み出すことはむずかしい。こうした技術革新に代表される偶然的な問題解決までのプロセスを記述するためのモデルとして，コーエンら（Cohen et al. 1972）は「ゴミ箱モデル」を提案している。このモデルは，組織における問題解決の多くは偶然的なもので，あらかじめ問題が認識されているとはかぎらず（目的の先与性を前提としていない：本章ではこれを「目的の非先与性」と呼ぶことにする），流動的な参加者の学習の過程で問題と解がなんらかのタイミングで結びついたときに初めて認識されるといった"loosely coupled"（Weick 1976）あるいは"loose coupling"（ゆるやかな結合）の考え方に基づいている点に特徴がある（山下 1996）。すなわち，市場において，当初の目的（問題）とは異なった目的で製品・サービスが使用され，しばしば「予期せぬ成功」をもたらすのである（金子・山下 1999）。このような「予期せぬ市場での成功」に関して，ドラッカー（1997）は，「イノベーションを行う者の視野が狭くなりがちである」ことを示唆したうえで，このような問題の解決策として市場調査をしようとしても，市場に出ていないものを市場調査することは不可能であることを指摘している。

このように，イノベーション・技術革新のプロセスにおいて，あらかじめ問題が認識されているとはかぎらず（目的の非先与性），予期せぬ問題に対する柔軟かつ迅速な対応（金子・山下 1999）が，予期せぬ市場での成功を生み出す源泉となりうるのである。

第3章　柔らかい組織（loosely coupled system）のサステナビリティ

3.2 問題と解の柔らかい結合

　コーエンら(1972)の「ゴミ箱モデル」は，組織における問題解決の多くが偶然的なもので，あらかじめ問題が認識されているわけではなく（目的の非先与性），流動的な参加者の学習の過程で問題と解がなんらかのタイミングで結びついたときに，初めて認識されるといったloose couplingの考え方に基づいている。

　山下(1996)は，こうしたゴミ箱モデルの枠組みに従って，(株)精工舎のヒット商品が生み出されたプロセスについて考察している。そのヒット商品は，時刻の表示部が見えない代わりに，時刻を音声で告げる「ピラミッド・トーク」というユニークな（これまでの時計の常識を覆す）クロックである。このクロックは，ピラミッドの形をしており，ピラミッドの底面にデジタル時刻表示部がある。そのため，時計を裏返さないと時刻表示部を見ることができない。また，時計としては非常に「個性的」で，かつ室内のインテリア・グッズとしても「おしゃれ」であり，寝ているときもピラミッドの頂点に触れるだけで時刻を教えてくれる高い機能性を有している（山下 1996）。

　これまで時計の商品開発では，皆が「見やすい時計をつくる」という問題にふさわしい解を探索していたため，時刻表示部がない時計という発想はなかった。また，ピラミッド・トークの開発の少し前には，「音声出力」といったテクノロジー・プッシュ的なテーマ（問題）があり，これに対する解は論理必然的なプロセスで導出されていた（山下 1996）。そして，この新機能を一般的な目覚まし時計に組み込んだ商品が発売されたが，結果としてその販売数は期待はずれに終わった。

　一方，上記の「音声出力」とはまったく異なるプロセスで，ロボットのような円柱の形をもち，かつ時刻表示部がデジタルで小さい「タイム・ポット」が，ディマンド・プル的なプロセスを経て，「音声目覚まし時計」の少し前に発売された。この時計は，比較的順調に売上を伸ばしたが，「革新」と呼ぶほどの

43

ものではなく，ここまでは従来の「目的の先与性」に従った解の探索過程であった（山下 1996）。

しかしながら，それぞれ独立したプロセスで開発された音声目覚まし時計とタイム・ポットが，ピラミッド・トークへの流れをつくったことは「ゴミ箱モデル」（Cohen et al. 1972）が強調する「偶然的な流れの統合」であった。すなわち，ピラミッド・トークの開発につながる「問題」と「解」が，商品開発というゴミ箱に投げ入れられたのである。さらに，このゴミ箱でゴミ（問題と解）が捨てられないうちに，「音声で時刻を告げれば時刻はわかるので，時刻表示部の見えない時計を作る」という斬新な問題が，「音声」および「タイム・ポット」のデザインという解とゴミ箱で出会うことができた（山下 1996）。これにより，音声出力で時刻表示部がなく，幻想的なイメージをもった「ピラミッド・トーク」の開発というイノベーションを生み出したのである。

もし，ピラミッド・トークの開発がなければ，上記のゴミ（問題と解）は捨てられ，これらは忘れ去られたであろうし，その後のヒット商品となった擬音目覚まし時計の開発もなかったかもしれない。ピラミッド・トークのイノベーションでは，問題と解が比較的短期間のうちに投げ込まれた（山下 1996）ため，これらのゴミが捨てられなかったのである。

このように，「予期せぬ成功」を生み出すためには，当初は考えてもいなかった市場（問題）と，誰も考えてもいなかった商品・サービス（解）とが結びつくことをメンバー（参加者）が迅速に認識する必要がある。そのうえで，当初の問題に固執せず，新たな問題に対して柔軟かつ迅速に対応することが必要不可欠であり（目的の非先与性），こうした組織的な対応は「業務プロセスの柔らかい結合」を意味する。これこそが，ドラッカー(1997)の指摘する「予期せぬことを当然とする」という考え方なのである。このように，予期せぬことを必然として受け入れるためには，問題と解の柔らかい結合により，予期せぬ市場を侮辱でなく機会として認識するとともに，業務プロセスの柔らかい結合により，予期せぬ問題に対して迅速に対応することができるよう，あらかじめ自らを組織しておかなければならない。

すなわち，予期せぬ成功を生み出すためには，「問題と解の柔らかい結合」

と「業務プロセスの柔らかい結合」という「2つのタイプの柔らかい結合」の存在（金子・山下 1999）を認識し，これらを満足するような「柔らかい組織」（loosely coupled system）を自ら構築しておくことが求められるのである。

3.3 日本の組織における「水平構造と垂直構造の同居」

　日本の組織は，米国の組織と共通した特性と異なる特性を併せもっている。両者は，形式的には同一のヒエラルキー構造と分業体制をなしており，その意味では両者の命令系統はほぼ一致している。しかしながら，実際の運用に関して見ると，米国の組織では，個人の担当業務の境界が明確であるのに対して，日本のそれは比較的あいまいである（青木 1989）。

　日本の組織では，急激な環境変化や予期せぬトラブルが生じた場合，本来業務を多少は犠牲にしてもその解決を優先することが多く，環境の変化やトラブルに対して優れたパフォーマンスを発揮する（山下 1996）。また，本来の担当者が不在の場合には，職場の同僚あるいは他部門の関係者がその時点での本来業務との優先度を判断し，柔軟に対応することができる。こうした組織特性は，従業員がジョブ・ローテーションや，OJT（On the Job Training；職場内教育訓練）とoff JT（off the Job Training；職場外教育訓練）により，幅広い知識とスキルを有していることと，米国のような他人の担当業務を侵してはならないという考え方よりも，皆で協力して仕事をしようとする（チームワーク重視の）考え方が強いことに起因する（山下 1996）。

　これに対して，米国の組織では個人や部門の職務分掌が明確であり，他人の担当業務を侵してはならないという考え方に基づき，分業体制が構築されている。さらに，こうした分業を組織として統合すべく，MRPシステムに象徴されるように，ヒエラルキーの頂点に位置するセンター部門が集権的に組織全体をコントロールしている（山下 1996）。MRPシステムでは，センター部門が組織全体の計画を作成し，この計画にヒエラルキーに属するすべての部門が従

って業務を遂行するという集権的な組織運営が展開されているのである。一方で，日本企業の多くの組織では，センター部門で決定される計画は大枠を示すものにすぎず，具体的な実行計画は各部門および部門間での調整に任されている。その典型例が，JITシステムの「かんばん」であろう。

上記のような日米間の相違に関して，青木(1989)は日本の場合を「半水平的なコーディネーション」，米国の場合を「垂直的なヒエラルキー・コントロール」として位置づけている。ここで，日本の場合が「半水平的」であるのは，米国と同様にヒエラルキー・コントロールに基づく形式的内部組織構造を有しているが，局所的問題，とくに緊急の問題に対して，従業員の参加によって集権的コントロールなしに，迅速に対応する機能をもつからであり，形式的には「垂直構造」で，局所的問題解決においては「水平構造」となっているのである。

さらに，山下(1996)は日本の組織における，こうした水平構造と垂直構造の「同居」を「半水平的組織構造」として位置づけ，日本の組織が水平的コーディネーションによって環境の変化やトラブルに柔軟かつ迅速に対応するための基盤となるランク・ヒエラルキーによるインセンティブ制度（青木 1989）が，皮肉なことに垂直的な内部組織構造に支えられているという矛盾を有していることを指摘している。日本の組織では，上記のような水平構造と垂直構造の同居（半水平的組織構造）により，水平的コーディネーションと垂直的コントロールのバランス（山下 2004）を保っているのである。

3.4 形式論的ネットワークと意味論的ネットワーク

現代社会を捉える際の典型的なキーワードの1つが，「ネットワーク」であろう。放送網や通信網としての情報通信ネットワークや，組織の枠を越えた異業種間の交流ネットワーク，市民のコミュニティ・ネットワークなど，社会のさまざまな領域で「ネットワーキング」が進展しているからである。こうした流れは，近年の情報通信技術（ICT）の発達・普及によって，さらに顕著にな

っている。しかしながら，多義的で性格をもつネットワークであるがゆえに，それぞれの研究領域でさまざまな捉え方が存在する。

こうした「ネットワーク」の多義性に対して，これまで大きく2つのアプローチにより研究が進められてきた（金子ら 2006）。その1つは，情報理論・グラフ理論・確率過程論などに代表される数理的・統計的アプローチであり，「ネットワークのもつシステムとしての形式要件を，その連結性や確率によって記述する」という意味で，金子ら(2006)はこれを「形式論的アプローチ」として位置づけている。もう1つは，自律・分散・柔軟・多様・接続など，経営学や組織論に代表されるような，ネットワークのもつ意味に注目した「意味論的アプローチ」である。

このように多義的な性格をもつ「ネットワーク」に対して，金子ら(2006)は，個（要素）と枝（個と個の関係）の連結性に焦点を当て，形式論的アプローチによるネットワークの議論のなかに意味論的ネットワークの視点を埋め込むことにより，形式論的ネットワークの問題を「ネットワークらしさ」のクラスにより記述している。そのうえで，ネットワークとして位置づけることができるか否かの判断が微妙なネットワークの典型的なクラスを，非連結グラフによって記述されるネットワークや「Tree構造」のネットワークとしている。これらは，ともに「ネットワークらしくないネットワーク」であり，ネットワークのなかに位置づけられないことも多い（Hu 1969）。しかしながら，企業間の関係性を形成するプロセスに焦点を当てるとすれば，非連結グラフやTree構造によって記述されるシステムについてもネットワークのなかに位置づけることにより，ネットワーキングのプロセスに関して，議論の一般化を図ることができる。

そこで，金子ら(2006)は，非連結グラフによって記述されるネットワークを「最もネットワークらしくないネットワーク」として位置づけている。ただし，本章ではすべての非連結グラフを研究対象に含めるのではなく，いずれかの「部分グラフ」が連結グラフとなっているような非連結グラフのみをネットワークに含めることにする。これにより，すべての個（要素）が孤立している，すなわちまったく枝（個と個の関係）のないグラフは，ネットワークに含まれない

ことになる。

　一方，社会科学の領域では，しばしばヒエラルキーとネットワークは背反な構造として捉えられている。すなわち，Tree（階層・ヒエラルキー）構造のシステムはネットワークのなかには含めないことも多いのである。しかしながら，情報科学の領域では，しばしば「Tree構造の（情報）ネットワーク」という位置づけがなされている。こうしたTree構造のネットワークは「極小な連結グラフ」であり，わずか1つの枝であっても，これを除去すると非連結グラフとなってしまう。逆にいえば，最も少ない枝でシステム全体の連結性を確保することができる効率的なネットワークということにもなる。

　しかしながら，意味論的なネットワークには，これよりも強いな連結性が要求される。その1つが，ネットワークを構成する個が複数の選択肢（コミュニケーション・チャネル）をもつ連結性であろう。複数の選択肢が存在すれば，1つの枝を除去しても非連結グラフとはならないため，相対的に強い連結性が確保されることになる。また，それぞれの時点で柔軟な選択を行い，かつそれを自身で決定する余地が生まれる。すなわち，システムに多様性と自律性・柔軟性が生まれるのである。

　これに対して，Tree構造の組織では，下位のメンバーに複数の選択肢は存在せず，自律性や柔軟性の発揮が困難である。そして，こうした自律性と柔軟性の有無が，意味論的アプローチにとっては非常に重要である。そこで，金子ら（2006）は，形式論的アプローチのなかでこうした意味論的視点を尊重することにより，Tree構造のネットワークを，非連結ネットワークに次いで「ネットワークらしくないネットワーク」として位置づけ，次節で述べるような「ヒエラルキーとネットワーク」の研究視座を提示したのである。

3.5　Tree（ヒエラルキー）とネットワーク

　企業における典型的な組織構造が，階層構造，すなわちヒエラルキー構造で

第3章　柔らかい組織（loosely coupled system）のサステナビリティ

ある（伊藤 1996）。こうした組織は，Tree構造から成り立っており，その特徴は階層（ヒエラルキー）的コントロールの命令系統により，組織全体としての総合力が発揮されるところにある。また，組織間でもTree型の構造が見られ，その典型例が日本の系列企業群であろう。こうした系列企業群は，一般に長期的かつ固定的な関係を有している（伊藤 1996）。

　一方，企業を取り巻く環境が不確実性を増大し，Tree構造の階層がしだいに多段階化するに従って，情報伝達および意思決定に遅れが生じ始め，組織そのものも硬直化していくことになる。このようなTree構造の問題点を克服すべく，その目的や状況に応じて複数の組織が迅速に結合し，協調活動をしていく「ネットワーク型組織」が注目されるようになった。Tree構造あるいはヒエラルキー構造が，「堅い結合」として位置づけられるのに対して，上記のネットワーク型組織は，自律性・柔軟性といった「柔らかい結合」の構造をもつ組織なのである。

　このように，社会科学の研究領域でしばしば注目される観点が，ヒエラルキー（階層）的コントロールとネットワーク的コーディネーションとの比較である。こうした観点では，ヒエラルキー（階層）がTree構造に対応づけられ，コーディネーションが自律性や柔軟性をもったネットワーク構造に対応づけられる。すなわち，両者（ヒエラルキーとネットワーク）は概ね背反な関係として位置づけられるのである。そこで，もし両者が背反な関係であるとすれば，Tree（階層・ヒエラルキー）構造のシステムはネットワークのなかには含まれないことになる。

　これに対して，自然科学の研究領域では，WWWに代表される「網の目状」（蜘蛛の巣状）のネットワークと同様に，階層構造も「Tree構造のネットワーク」という位置づけがなされることが多く，その場合は階層構造もネットワークのなかに含まれることになる。ここからも，ネットワークの捉え方は多様であり，それらの間に不整合が生じる場合もあることがわかる。次節では，こうしたネットワーク型組織とヒエラルキー型組織の特性を比較・検討していくことにする。

3.6 ネットワーク型組織と柔らかい結合

　Tree構造の組織運営（詳しくは**3.5節**を参照）は，堅い（選択の自由度が小さい）階層構造を有するがゆえに，環境の複雑性が増大するなかで，組織内外の情報処理に対する柔軟な対応がむずかしいという指摘がなされてきた。こうした階層的な組織構造の硬直性を克服すべく，「水平的コーディネーション」と「ネットワーキング」を基礎とした「ネットワーク型組織」の組織運営が注目されている。

　「ネットワーク型組織」における行動原理は，自律・分散・接続・分離・水平・柔軟・支援といった特性に代表されるように，組織のメンバーが主体的・能動的に問題を見つけ，関係するメンバーとの間で対等な立場から柔軟に調整を図っていく「水平的コーディネーション」にある（山下 2005）。こうした行動原理は，上から下への指示・命令による権限の行使を組織運営の基軸とする「垂直的ヒエラルキー・コントロール」とは明らかに異なる。林（1998）によれば，ネットワーク型組織は「説得・誘導型の行為が，その中での支配的な相互防御行為となっている複合主体＝組織」とされる。この指摘からも，組織におけるメンバーからメンバーへの働きかけが，上から下への（垂直的な）指示・命令（コントロール）ではなく，対等な立場からの（水平的な）説得・誘導・調整（コーディネーション）を意味することがわかる。

　一方で，PCとインターネットを基盤とした情報ネットワークも，現在の情報社会を支える重要な「ネットワーク」であろう。PCは当初からメイン・フレームという巨大秩序に対する「対抗文化」（counter culture）として発達し，またインターネットも「草の根」的（ボトム・アップ的）に発展してきた（西垣 1997）。こうした文脈からも，PCとインターネット，さらには最近のスマートフォンやタブレットを基盤としたネットワーク（情報ネットワーク）が，中央の強者によるコントロールの拘束力を弱め，「草の根」的なボトム・アップ型のコーディネーションを生み出すことがわかる。要するに，ネットワーク

第3章 柔らかい組織（loosely coupled system）のサステナビリティ

は，組織と情報技術の両面で，コントロールよりもボトム・アップ型のコーディネーションに適しているのである。

こうしたボトム・アップ的性格を，クライアント／サーバ型システムが端的に表している。これに関して，山下（2005）は，従来のホスト・コンピュータ（メイン・フレーム）と端末をプラットフォームにした情報システムでは，「主人」としてのホストが多くの端末を支配するという図式であったが，クライアント／サーバ型システムではサーバが多くのクライアント（PC）に奉仕するという図式になっていることを指摘している。すなわち，ホスト・コンピュータもサーバも，ともに大量のデータが蓄積されたデータベースに支えられているのであるが，前者（ホスト・コンピュータ）は端末を「支配」し，後者（サーバ）はPC（クライアント）に「奉仕」するという主従関係の逆転が生じているのである。こうしたサーバが奉仕する図式は，近年のPCやスマートフォン（あるいはタブレット）の高性能化とインターネットの発展，さらにはダウンサイジングの進展といったICTの後押しを受けて，ますます顕著になりつつある。

以上のような，自律・分散・接続・分離など，個のゆるやかな結合（loose coupling）を基軸とする「ネットワーキング」の潮流（金子ら 2006）に関して，林（1998）は「片方でconvergence（融合）が進みながら，他方で反対の動きであるdivergence（分離・発散）も進展していくのが，現代の特徴である」と述べている。すなわち，ネットワークは，中央の指示・命令に従ってすべての個が堅く結合する"tightly coupled system"ではなく，自律的・主体的に行動する個が各自の自由意思に基づき，他の個およびその集合体との接続を図りながら，自身の直面する問題の性格によって融合と分離を繰り返す"loosely coupled system"なのである。

さらに，ICTの発展がネットワークへの接続・参加を容易にするため，それぞれの個は接続と分離，そして結合密度の調整を繰り返しながら，常に自律性を確保しようとすることになる。そこで，こうした個の自律性を脅かすような垂直的ヒエラルキー・コントロールに対しては，これを排除しようとする（山下 2005）。その結果，至るところで柔らかい結合（loose coupling）が形成され，「蜘蛛の巣」のようなネットワークが張り巡らされるのである。

以上の議論を踏まえると,「ネットワーク型組織」の本質が,接続・分離の容易な自律分散(分権)型の「柔らかい組織」(loosely coupled system)にあることがわかる。また,こうした接続と分離を繰り返すプロセスで,新たな「ネットワーク」を生み出すというネットワーキングのスパイラルが生じるのである。

3.7 多様性・創造性重視の水平的コーディネーション

　企業環境が安定的で,大量生産・大量消費が通用していた時代にはフォード・システムに代表される米国型の垂直的ヒエラルキー・コントロールが効率的な組織運営であった。しかしながら,現在の激しい企業環境の変化のなかでは,大量生産はデッド・ストック(dead stock)を生じさせ,垂直的ヒエラルキー・コントロールは迅速かつ柔軟な対応を困難にしてしまうことになる。

　上記のような環境の変化に対して,日本の組織は迅速かつ柔軟に対応するといわれる(**3.3節を参照**)。これに対して,米国の組織では,細分化された分業体制を組織全体として統合すべく,MRPシステムに象徴されるように,垂直的ヒエラルキー・コントロールの拘束力を強化する傾向がある。

　日本の組織では,**3.3節**でも述べたように,センター部門で決定される計画は大枠を示すにすぎず,具体的な実行計画(たとえば,JITシステムにおける「かんばん」)は現場の各部門および各部門間での調整(水平的コーディネーション)に委ねられている。すなわち,垂直的ヒエラルキー・コントロールの拘束力は弱く,詳細な計画機能はセンター部門から末端の工程に権限委譲されているのである。

　一方で,国際化や情報化の急速な進展は,企業環境の激しい変化をもたらし,企業活動の複雑性・多様性を増大させている。そのため,Tree構造の「堅い組織」では,こうした環境変化に対して適応していくことがむずかしくなりつつある。すなわち,アシュビー(1956)も指摘するように,環境の「多様性」(ダイバシティ)に対しては,組織の「多様性」のみがその対応を可能にするので

第3章 柔らかい組織（loosely coupled system）のサステナビリティ

ある。

したがって，ダイバシティ・マネジメントに象徴されるように，企業には，企業環境の多様性のみならず，組織メンバーのもつ多様性に対する理解と，それに基づく「水平的コーディネーション」，さらには創造的な活動への支援が求められる。すなわち，従来のような管理一辺倒の「堅い組織」から脱却し，個の多様性と自律性を尊重した「柔らかい組織」の行動原理をメンバーに浸透させていかなければならないのである。

〈参考文献〉

Ashby, W.R.(1956), *An Introduction to Cybernetics*, Champan & Hall（篠崎武・山崎英三・銀林浩訳(1967),『サイバネティクス入門』, 宇野書店）

Cohen, M.D., March, J.G. and Olsen, J.P.(1972), "A Garbage Can Model of Organizational Choice", *Administrative Science Quarterly*, Vol.17, No.1

Hu, T.C.(1969), *Integer Programming and Network Flows*, Addison Wesley Pub. Co

Weick, K.E.(1976), "Educational Organizations as Loosely Coupled Systems", *Administrative Science Quarterly*, Vol.21, No.1

青木昌彦(1989),『日本企業の組織と情報』, 東洋経済新報社

伊藤秀史編(1996),『日本の企業システム』, 東京大学出版会

金子勝一・山下洋史(1999),「予期せぬ成功と柔らかい結合」,『第23回日本経営システム学会全国研究発表大会講演論文集』, pp.53-56

金子勝一・山下洋史・鄭年皓(2006),「「経営情報学的ネットワーク研究」試論」,『第37回日本経営システム学会全国研究発表大会講演論文集』, pp.156-159

金子勝一・山下洋史(2008),「「Tree型ネットワーク」に関する研究」,『第41回日本経営システム学会全国研究発表大会講演論文集』, pp.162-165

尾関守編著(1993),『企業行動と経営工学』, 中央経済社

田中政光(1990),『イノベーションと組織選択』, 東洋経済新報社

ドラッカー, P.F.著, 上田惇生訳(1997),『新訳 イノベーションと企業家精神（下）』, ダイヤモンド社, pp.70-79

西垣通編著(1997),『思想としてのパソコン』, NTT出版

林紘一郎(1998),『ネットワーキング —情報社会の経済学』, NTT出版

山下洋史(1996),『人的資源管理の理論と実際』, 東京経済情報出版, pp.156-167

山下洋史(2004),「組織における情報共有と知識共有の概念を基礎としたマネジメント・モデル」, 明治大学博士（商学）学位論文

山下洋史(2005),「ネットワーキングとエンパワーメント」,『明大商学論叢』, Vol.87, 特別号, pp.1-11

第1部 「経営品質」編

山下洋史(2010),「企業活動における低エネルギーと高エントロピーの調和モデル」,『明大商学論叢』,Vol.92, No.3, pp.17-30

第4章 企業活動の低エネルギー化と高エントロピー化の調和によるサステナビリティ

4.1 不確実性・複雑性と情報エントロピー

　現在の社会は，急速に国際化・情報化・高齢化が進展し，その構造も複雑化している。それにともない，企業を取り巻く環境についても，消費者の価値観が多様化し，多品種少量の生産・販売が求められている。これは，現在の社会および企業が直面する不確実性や複雑性が増大するという意味で，「高エントロピー化」の方向性として捉えることができる。

　上記のような現在の状態を，物理学的に見れば，社会を系（システム），生産者や消費者を分子あるいは原子として位置づけることができ，社会という系のなかで，生産者や消費者という分子・原子が自由に動き回っている状態，すなわち温度が高い状態に相当する。このように温度が高い状態では，高エネルギーの分子（生産者や消費者）が自由に飛び回り，その配列が「無秩序化」する。これを「H_2O」という物質にたとえると，氷（固体）から水（液体）へ，水から水蒸気（気体）への変化を意味する。筆者ら（明治大学経営品質科学研究所 2011）は，これらの状態と組織の特性との関係を検討することにより，米国型の「集権的組織」を固体に，日本型の「分権的組織」を液体に，「無政府状態」の混沌とした組織を気体に，それぞれ対応づける視点を提示している。ただし，組織に焦点を当てた場合，絶対温度が存在しない点，また分子・原子のミクロ的な世界の無秩序さ・不確実性・複雑性ではなく，組織（あるいは，企業）というマクロ的な社会システムにおける企業行動や消費者行動の無秩序さ・不確実性・複雑性を論じる点に，物理学との大きな違いが存在する。

　ここで，「組織」というマクロ的な社会システムの無秩序さを捉える際，しばしば「情報エントロピー」が用いられる。これは，情報通信における情報の

無秩序さを表すシャノン・エントロピー（Shannon 1948）に相当し、事象iの生起確率をp_iとすれば、(4.1)式のように表される。

$$E = -\sum_{i=1}^{n} p_i \log p_i \tag{4.1}$$

(4.1)式のシャノン・エントロピーEは、事象iが生起したという情報を知ったときに、人間や組織の直面する無秩序さ・不確実性（エントロピー）が減少する量の平均を意味するため、平均情報量あるいは単に「情報量」と呼ばれる。すなわち、人間や組織の直面するエントロピーを情報が奪い取ってくれた量と等しい分の情報量を得ると考えるのである。

　本書では、企業（組織）や市場という社会システムと、その要素たる従業員や消費者に焦点を当てているため、そこでの無秩序さ・不確実性・複雑性（情報エントロピー）や情報量を、(4.1)式のEによって捉えることは、シャノン・エントロピーの拡張あるいは拡大解釈となる。それでも、実際には(4.1)式のシャノン・エントロピーEを、本来の情報通信の領域以外、とりわけ社会科学の領域で用いることも多い。また、その際の単位もこれまでの情報エントロピーと同じくbitである。そこで、本書でも社会における無秩序さ・不確実性・複雑性や、そこから得られる情報量を捉える際に、bitを単位とした情報エントロピーを用いることにする。ただし、物理学におけるエントロピーの絶対的な単位（エネルギー／絶対温度）とは異なり、情報エントロピーのbitは確率のみに依存するため、相対的な単位（明治大学経営品質科学研究所 2011）である点に注意を要する。それは、自動車の生産管理と事務用品の生産管理における情報エントロピーが、もし仮に等しかったとしても、両者の複雑性や多様性が必ずしも等しいということにはならないからである。

　一方、本書では企業活動におけるサステナビリティの源泉が、上記のような情報エントロピーの高い社会システムに、少ないエネルギーで効率よく対応することにあるという基本的な考え方に基づいており、情報エントロピーと同様に「エネルギー」の視点が重要な役割を果たす。その際の「エネルギー」は、多品種少量生産に象徴されるような、企業活動の不確実性や複雑性を吸収する

ための活動（仕事）に費やされるエネルギーである。そういった意味から，本書で論じるエネルギーの単位を，「熱量」のカロリー（Cal）ではなく，筆者らの先行研究（明治大学経営品質科学研究所 2011）と同様に「仕事」あるいは「仕事量」を表すジュール(J)として位置づけることにする。これは，基本的に社会科学（とりわけ，人的資源管理論や組織論）が，人間や組織の行動メカニズムを論じる学問であるため，そこに介在する不確実性（無秩序さ）や複雑性・多様性を吸収するためのエネルギーとしての仕事あるいは仕事量が，その基礎となる単位であるという考え方に根ざしている。

ただし，本書においてbitを単位とする量をすべて「情報エントロピー」とすることは煩雑な表記となるため，とくに「情報」を強調する場合以外は，単に「エントロピー」と呼ぶことにする。したがって，本書の「エントロピー」という記述は，基本的に本節の「情報エントロピー」を意味することになる。

さらに，本章でエントロピーとエネルギーとの間の調和問題を定式化していく際には，両者の単位（bitとジュール；J）を結びつける換算係数 μ を導入するが，その際に「エネルギーがエントロピーに対して，どれだけ効率的な吸収効果を発揮するか」という意味で，これを「技術力係数」（明治大学経営品質科学研究所 2011）として位置づけることにし，その単位を「ビット／ジュール」（bit／J）で表すことにする。すなわち，より高い技術力を有している（技術力係数が大きい）企業ほど，相対的に小さいエネルギー（ジュール）で，仕事に介在する多くの不確実性や複雑性（bit）を吸収し，効率的な企業活動を展開することができると考えるのである。

4.2　企業活動における低エネルギー化と高エントロピー化のトレードオフ

一般に，企業はできるかぎり少ないエネルギーで，複雑な（高エントロピーの）消費者行動に対して迅速かつ柔軟に対応することにより，少ないコストでより多くの売り上げを生み出そうとする。こうした低エネルギーと高エントロ

ピーの調和(できれば,両立)が,企業活動における「サステナビリティ」の源泉となるのである。

ここで,企業活動の効率性を高め,その企業活動を少ないエネルギーで展開していこうとするならば,生産・販売の品目数を絞り込み,ロットの拡大(少品種多量の生産・販売)をめざすことになるが,これでは個性化を求める多様で複雑な消費者のニーズへの対応が困難になってしまう。そこで,多様なニーズに対して柔軟に対応すべく,品目数を増加させ「高エントロピー」の企業活動を展開しようとすれば,1品目当たりの生産・販売ロットが小さくなり(すなわち,多品種少量の生産・販売),効率性が低下(高エネルギー化)してしまう。筆者ら(臧・鄭・山下 2009)は,ここに生産・販売の効率化と,製品・サービスの個性化・多様化との間のトレードオフが存在することを指摘し,企業はさまざまな創意工夫によって,このトレードオフ問題に対抗しなければならないという視点を提示している。

現在の社会は,消費者の価値観の多様化と科学技術の急速な発展,さらには情報化・国際化の進展によって,価格と品質という単純なニーズのみならず,新たな付加機能や個性的なコンセプト,魅力的なデザインなどを加えた多様なニーズへの対応を,日本企業に対して求めている。そこで,日本企業はこうした多様な(高エントロピーの)ニーズに応えながらも,できるかぎり生産と販売の効率性を高める(低エネルギー化する)よう,上記のトレードオフ問題に対抗するという非常にむずかしい課題に直面しているのである。

山下(2010)は,こうしたトレードオフ問題を踏まえ,「SCMにおけるマスカスタマイゼーションの高―低エントロピー・フレームワーク」(臧ら 2009)における「情報エントロピー」の研究視座に対して,「エネルギー」の視点を導入することにより,図4.1のような「企業活動における低エネルギー化と高エントロピー化の調和問題フレームワーク」を提案している。

図4.1のフレームワーク(山下 2010)において,上の大きい四角のなかは,右側の低エネルギー化(低エントロピー化)と左側の高エントロピー化(高エネルギー化)との間の循環性を示している。このような循環性が存在することは,低エネルギー化(効率化)と高エントロピー化(個性化・多様化)の両立

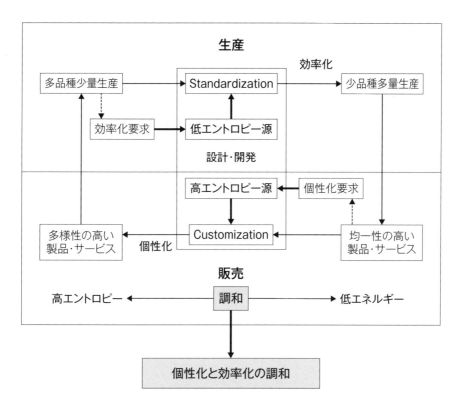

図4.1 企業活動における低エネルギー化と高エントロピー化の調和問題フレームワーク

出所：山下(2010)

が容易でないことを意味する。そこで，企業はこうした循環性に対抗し，下の小さい四角に示す困難な課題（個性化と効率化の調和）に対して果敢に挑戦していかなければならないのである。

4.3 低エネルギーと高エントロピーの調和による企業活動のサステナビリティ

前節で述べた「低エネルギー化と高エントロピー化の調和」(山下 2010)という枠組みは，社会科学における多くの複雑な研究課題を統一的な視点から論じるための新たな研究視座となりうる。しかしながら，社会科学の研究アプローチと，エネルギーやエントロピーを論じる自然科学の研究アプローチには，当然のことながらさまざまな違いが存在する。そこで，社会科学における多くの研究課題に，エネルギーとエントロピーの視点を導入するためには，物理学や情報理論といった自然科学の領域でこれまで議論されてきたエネルギーとエントロピー（情報エントロピー）を，社会科学の研究課題と対応づける必要がある。

明治大学経営品質科学研究所(2011)の提唱する「経営品質科学」では，こうしたエネルギーとエントロピーの自然科学的研究視座に対して，両者の調和という**図4.1**の枠組みを設定することにより，社会科学における多くの複雑な研究課題を，この枠組みのなかに埋め込むことを試みている。これにより，社会科学の各学問分野で個別に論じられてきた多くの研究課題を，「低エネルギーと高エントロピーの調和」という枠組みのなかで統一的に論じようとしたのである。

本節では，こうした明治大学経営品質科学研究所の枠組み(2011)を紹介していくことにしよう。まず，社会科学の研究課題における「低エネルギー」の状態として，下記のような3つの論点を指摘することができる。

①最小限の物質的エネルギー（たとえば，石油資源のエネルギー）で企業活動を展開する状態
②最小限の労力で企業活動を展開する状態
③最小限のコストで企業活動を展開する状態

①は「エネルギー資源」に代表されるように，生産管理論や経営戦略論・国

際経営論において重要な論点となる。また，②は人的エネルギーを意味するため，とくに人的資源管理論や組織論において重要な論点となる。一方，③は①と②に費やされるエネルギーをすべて金額の単位に変換した論点であり，基本的に①と②にかかるコストの総和となる。したがって，③は商学や経営学の研究課題全般，とりわけ財務管理論において重要な論点となる。このように，①～③は共通して「低エネルギー」の状態を生み出すことによる企業活動の「効率化」を表している。

次に，社会科学の研究課題における「高エントロピー」の状態として，下記のような1)～6)の論点を指摘することができる（明治大学経営品質科学研究所 2011）。ただし，上記の「低エネルギーと高エントロピーの調和」という枠組みは「高エントロピー化をめざす」ことを意味するため，高エントロピー化の「正の側面」のみに焦点を当て，負の側面を除外していることに注意を要する。

1) 製品・サービスの集約化・均一化から個性化や多様化へ
2) 国際戦略における（グローバル）標準化から（現地）適応化へ
3) 統制（狭義の管理）から支援へ（支援基礎論研究会 2000）
4) 垂直的なヒエラルキーから水平的なネットワークへ
5) 効率性重視から創造性重視へ
6) 中央から地方への権限委譲・分権化

1)と2)は，主として生産管理論やマーケティング論における重要な論点であり，2)に限定すると，これらに加えて国際経営論の重要なテーマとなる。また，3)～5)は，人的資源管理論・組織論や情報管理論における重要な論点であり，6)は政治学や行政学の重要なテーマとなる。

こうした社会科学の各学問分野における研究課題や論点を，明治大学経営品質科学研究所(2011)は低エネルギー化と高エントロピー化という観点から，**表4.1**のように整理している。ここからも，「低エネルギーと高エントロピー」の枠組みが，社会科学における多くの学問分野に共通した研究視座を与え，これらの学問分野において議論されてきた多くの研究課題を横断的・包括的に論じる際の新たな基盤となりうることが示唆される。また，**表4.1**のさまざまな側

第1部 「経営品質」編

表4.1 社会科学の学問分野における低エネルギーと高エントロピーの研究課題

学問分野	低エネルギー化	高エントロピー化
自然科学		
統計力学	（ミクロの世界での）秩序化	（ミクロの世界での）無秩序化
情報理論	最小平均エネルギー原理	最大エントロピー原理
社会科学		
生産管理論	少品種多量生産	多品種少量生産
マーケティング論	均一化	個性化・差別化
国際経営論	グローバル標準化	ローカル適応化
経営組織論	堅い結合（tight coupling）	柔らかい結合（loose coupling）
経営管理論	効率性重視	創造性重視
企業統治論	株主のみを重視	多様なステイクホルダーを重視
財務管理論	一括採算管理	事業部別・部門別採算管理
人的資源管理論	統制	権限委譲
経営戦略論	集約化	分散化
情報管理論	集中化	自律分散化
政治学・行政学	中央集権化	地方分権化
支援学	集権的コントロール	自律・分権的サポート

出所：明治大学経営品質科学研究所(2011)

面で，低エネルギーと高エントロピーの調和（理想をいえば，両立）を実現することができれば，組織に効率性と多様性の両面が注入され，それが企業活動の「サステナビリティ」を生み出すことが理解される。これこそが，企業活動における「サステナビリティの源泉」となるのである。

4.4 最大エントロピー原理と拡大推論

　人間や組織が何らかの意思決定を行う場合，自身のおかれた環境がどのような状態にあり，それに対して自身の行動がどのような影響を与えるかは不確実（あいまい）であり，そこには常に「あいまいさ」が介在する。すなわち，人間や組織の意思決定は，不確実性・複雑性や多様性に支配された世界におかれているのである。

こうした不確実性・複雑性や多様性は，前述のように，しばしば(4.1)式の「エントロピー」（情報エントロピー）によって定量化される．(4.1)式のエントロピーは，シャノン(1948)の情報理論における「平均情報量」（シャノン・エントロピー）に相当し，物理学における離散型確率分布の場合のエントロピーと形式的に一致する．また，人間や組織の行動を確率論的にモデル化しようとする際に，下記のように，「最大エントロピー原理」や「最小平均エネルギー原理」，さらには「最小相対情報量原理」といった基本原理を与えてくれる．

まず，「最大エントロピー原理」は，シャノン・エントロピー（情報エントロピー）によって記述される基本原理の中核に位置づけられ，与えられた証拠のみでは結論が得られないような「拡大推論」における一般原理を確率論的に展開しようとする原理（Klir & Folger 1993）である．また，大規模で複雑な挙動をする動的なシステムの確率モデル構成原理の1つ（深尾 1987）としての役割も果たしている．この原理は，われわれが不十分な証拠から確率分布を推定しようとする場合，証拠が不十分であることを十分に認識するために，その証拠に従ったすべての確率分布のなかから最大の不確実さ（エントロピー）をもつ分布を選択することが，自己のおかれた不確実な（高エントロピーの）状況をしっかりと踏まえた選択であるとする考え方に基づいている（山下 2010）．これにより，与えられた証拠（たとえば，確率変数の平均）を制約条件として，エントロピーを最大化する確率分布の推定問題が導かれる．

一方，上記の「最大エントロピー原理」の問題設定に対して，目的関数と制約条件を交換した双対問題を考えることもでき，このような確率モデル構成原理が「最小平均エネルギー原理」である．最小平均エネルギー原理は，エントロピーをある一定の大きさに維持したもとで（制約条件），平均エネルギーを最小化する確率分布を推定しようとする際の基本原理である．ここで，「エネルギー最小化」が系（システム）の内部での集約化・秩序化の傾向を示すとすれば，この原理は一定の無秩序さ（エントロピー）のなかで，どの程度までそれを集約化することが可能か，その限界状態を追求するものであり，形式的には上記の最大エントロピー原理と同じ結果を与える（深尾 1987）．

一方で，上記の最大エントロピー原理や最小平均エネルギー原理とはまった

く異なる問題設定の確率モデル構成原理に，「最小相対情報量原理」がある。最大エントロピー原理や最小平均エネルギー原理では，ミクロ状態に関する先験情報はまったく与えられていないという前提，すなわちミクロ状態に関して「無情報」という先験情報があったが，最小相対情報量原理では，ミクロ状態に関する主観確率分布（先験情報）が与えられているため，最大エントロピー原理や最小平均エネルギー原理において「無情報」という先験情報とマクロ情報が絶対的であったのと同様に，最小相対情報量原理ではミクロ状態に関する先験情報とマクロ情報を絶対視することになる（深尾 1987）。すなわち，これらのミクロ状態に関する先験情報とマクロ情報を制約条件として，相対情報量（たとえば，K-L情報量）を最小化するような確率分布を推定する際の基本原理が，「最小相対情報量原理」なのである。

本書の問題設定では，企業活動におけるエネルギーの平均，すなわちマクロ情報が既知で，個々の状態を表すミクロ情報が未知の場合に，マクロ情報以外の主観的（ミクロ）情報をできるだけ排除しながら，ミクロ状態の主観確率を推定しようとするため，これは上記の基本原理のなかでいえば「最大エントロピー原理」に相当する。そこで，こうした最大エントロピー原理の問題設定に従った「基本モデル」として，次節では，エネルギーの平均が既知で一定というマクロ情報（制約条件）のもとで，ミクロ状態の主観確率（選択確率）を推定するためのエントロピー最大化モデル（山下 2010）を紹介する。

4.5 低エネルギーと高エントロピーの調和問題における基本モデル

図4.1のフレームワーク（明治大学経営品質科学研究所 2011）は，企業活動における低エネルギー化と高エントロピー化の調和問題を定性的に捉えるための枠組みであったが，山下(2010)は，このフレームワークを基に「低エネルギーと高エントロピーの状態をいかに調和させるか？」を定量的に分析するための「基本モデル」を提案している。この「基本モデル」により，今後さまざま

第4章　企業活動の低エネルギー化と高エントロピー化の調和によるサステナビリティ

な外部環境条件（温度）のもとで，新たな分析モデルを作成していく際の基盤を与えようとしたのである。

上記の基本モデル（山下 2010）は，平均エネルギー（仕事量）がAで一定（既知）という条件のもとで，エントロピーEを最大化するモデルであり，エネルギー最小化とエントロピー最大化との間で，温度θをとおしてのバランス（深尾 1987）を要求している。これは，「最大エントロピー原理」に基づき，与えられた証拠（たとえば，確率変数の平均）を制約としてエントロピーを最大化する選択確率p_i（i：システムの構成要素）を推定する問題（深尾 1987）と同形式のモデルであり，選択確率p_iの解もこれと一致する（山下 2010）。

そこで，まずエントロピーを(4.1)式によって，また平均エネルギーを各構成要素iの選択確率p_iとエネルギーJ_iの積和によって，それぞれ捉えることにすれば，上記の問題は，ラグランジュ乗数μ（$=1/\theta$）とλを用いて，(4.2)式の最大化問題として定式化される。ただし，μは単位をbit／Jとする換算係数（技術力係数；明治大学経営品質科学研究所 2011），θは外部環境の活発さを表す「温度」（深尾 1987）であり，(4.2)式の右辺第1項はエントロピーを，第2項は平均エネルギーがAであるという制約条件を，また第3項は選択確率p_iの和が1であるという制約条件を，それぞれ表している（山下 2010）。

$$\phi = -\sum_{i=1}^{n} p_i \cdot \log p_i - \mu\left(\sum_{i=1}^{n} p_i \cdot J_i - A\right) + \lambda\left(\sum_{i=1}^{n} p_i - 1\right) \rightarrow \max. \quad (4.2)$$

(4.2)式は，p_iに関して上に凸であるため，まずϕをp_iで偏微分して0とおく。

$$\delta\phi/\delta p_i = -\log p_i - 1 - \mu \cdot J_i + \lambda = 0 \quad (4.3)$$

これを，p_iについて整理すれば，

$$p_i = \exp[-(\mu \cdot J_i + 1 - \lambda)] \quad (4.4)$$

となり，(4.4)式は構成要素iごとにn本得られるため，それらn本の方程式の総

和でそれぞれの方程式を割り，分子と分母を$\exp[-(1-\lambda)]$で約分すると，

$$p_i = \frac{\exp[-\mu \cdot J_i]}{\sum_{k=1}^{n} \exp[-\mu \cdot J_k]} \tag{4.5}$$

となる。ここで，$W = \exp[\mu] = \exp[1/\theta]$とおくと，(4.6)式が得られる（山下 2010）。

$$p_i = W^{-J_i} \Big/ \sum_{k=1}^{n} W^{-J_k} \tag{4.6}$$

さらに，(4.6)式の両辺に右辺の分母をかけたうえで，その両辺にJ_iをかけ，iについて足し込めば，左辺の$\sum_i p_i \cdot J_i = A$であるため，(4.7)式が得られる。

$$\sum_{i=1}^{n}(J_i - A) W^{-J_i} = 0 \tag{4.7}$$

そこで，(4.7)式を満たすWを数値的に求め，それを(4.6)式に代入すれば，(4.2)式のϕを最大化する選択確率p_i（選択比率）を推定することができる（山下 2010）。さらに，$\mu = 1/\log W$と，$\theta = 1/\mu = \log W$により，それぞれ換算係数μと外部環境の温度θを求めれば，(4.2)式をbitの単位にそろえるための係数と，「外部環境の活発さ」（深尾 1987）の程度を知ることができるのである。

4.6 低エネルギーと高エントロピーの調和モデルにおける温度とエネルギーの考察

低エネルギーと高エントロピーの調和問題において，前節で紹介した「基本モデル」（山下 2010）と，従来の「エントロピー・モデル」（国沢 1975）との大きな違いは，温度θ（ラグランジュ乗数μの逆数）自体が「外部環境の活発さ」という意味をもつところにある。この温度θは，ラグランジュ乗数μの逆

数であると同時に，低エネルギーの状態と高エントロピーの状態とをバランスさせ，(4.2)式の右辺第2項におけるエネルギーの単位ジュール(J)をエントロピーの単位（bit）に変換する換算係数としての役割を担っている。すなわち，μの単位がbit／Jで，θの単位はJ／bitなのである。

ここで，エネルギー最小化が秩序化を，エントロピー最大化は無秩序化を，それぞれ示すという深尾(1987)の枠組みに従えば，前節の調和問題の解は，こうした秩序化と無秩序化が温度θをとおしてバランスする状態ということになる。物理学における「温度」は，システムのおかれた外部環境の活発さ（activity）という外部環境条件を示しているが，本章の問題設定では，これは企業のおかれた環境（社会）の活動水準（社会を構成する要素自体の活発さと，それらの間での相互作用の活発さ）に相当する。ただし，上記の温度θは技術水準・経済水準・所得水準・教育水準など，多くの要素によって構成され，本来は温度ベクトル$\boldsymbol{\theta}^{\mathrm{T}}=(\theta_1, \theta_2, \theta_3, \cdots)$（T：転置）によって記述されるべき多面的な性格を有しているが，前節のモデルは「基本モデル」であるため，温度をスカラーθによって捉えている。したがって，ここでの温度θを，外部環境の総合的な活発さ，あるいは総合的活動水準（明治大学経営品質科学研究所 2011）として位置づけることができる。

次に，本章の問題設定における「エネルギー」の位置づけについて考えてみると，前節の調和モデルは，(4.2)式の右辺第1項と第2項の間を，エネルギーの単位（仕事量J）ではなく，エントロピーの単位（bit）でバランスさせるモデルであることがわかる。一方で，これをエネルギーの単位に変換した双対問題（深尾 1987），すなわちエネルギーの単位(J)での調和問題を考えることもできる。そこで，こうしたエネルギーの単位での調和問題を考えるとすれば，エントロピーを一定の水準Eに保ったもとでの平均エネルギー（仕事量）最小化モデルとして，(4.2)式は(4.8)式のように置き換えられる。これは，「最小平均エネルギー原理」の問題に相当し，前述のように，形式上は前述の「最大エントロピー原理」の問題と同じ結果を与える（深尾 1987）。

$$\psi = \sum_{i=1}^{n} p_i \cdot J_i + \theta (\sum_{i=1}^{n} p_i \cdot \log p_i - E) - \lambda (\sum_{i=1}^{n} p_i - 1) \to \min. \quad (4.8)$$

　(4.8)式の右辺第1項は，物理学（とくに，熱力学）における「内部エネルギー」に相当し，そこから第2項の無秩序さ（熱）による使用不能な分のエネルギーを引き去った残りのエネルギーは「自由エネルギー」に相当する。したがって，(4.8)式をこうした自由エネルギーの最小化問題（深尾 1987）として位置づけることができる。すなわち，あるシステム（企業や社会）が内部に有するエネルギーのうち，エントロピーに温度θを乗じた分のエネルギー（右辺第2項）は，分子が動き回る（本書では，従業員や消費者が活動する）ために使用されるエネルギーであり，これを引き去った分のエネルギーが，システム内部で自由に（本書では，上記の「分子」に相当する従業員や消費者の活動以外に）使用することができる「自由エネルギー」なのである。

　一方，(4.8)式は最小限のエネルギーで企業活動を展開することが効率的であるという問題設定に従っているため，上記の「自由エネルギー」は「自由」なエネルギーというよりも「余剰」なエネルギーとしての性格が強い。そこで，山下(2010)はこれを「余剰エネルギー」として位置づけている。すなわち，(4.8)式はこの「余剰エネルギー」の最小化問題なのである。それでは，こうした問題設定において，(4.8)式の右辺第1項（内部エネルギー）は何を意味するのであろうか？

　この「内部エネルギー」は，企業や社会といった，それぞれのシステムが有するすべてのエネルギーの総和であり，企業というシステムの場合，そこには，設備・機械を稼働させ，原材料や製品を運ぶための動力となるエネルギーのみならず，生産活動や販売活動といった人間の直接的な労働，さらには情報探索や企画立案などの間接的な労働を支えるエネルギーが含まれる（山下 2010）。一般に，エネルギーはカロリー（Cal）の単位によって表されることが多いが，本書で論じる企業活動において，上記のさまざまなエネルギーをすべて熱量（カロリー）の単位で測定することはできない。たとえば，企業における生産・販売・管理・企画・設計など，すべての活動をカロリー（Cal）によって表すことは，現実問題として不可能である。

第4章　企業活動の低エネルギー化と高エントロピー化の調和によるサステナビリティ

　そこで，本書では前述のように，(4.8)式において最小化すべきエネルギーを，カロリー（Cal）ではなくジュール(J)によって捉えることにより，熱量ではなく，仕事あるいは仕事量として位置づけ直している。このように，エネルギーを人間の活動や労働に代表される仕事あるいは仕事量の視点から捉えることにより，石油・石炭などの物質から生み出される電力・熱といった物理的エネルギーのみならず，人間の活動や労働（生産・販売・管理・企画・設計など）に費やされる仕事量のエネルギーを含めて，統一的に論じることができるようになる（山下 2010）。さらに，人数／Jあるいはコスト／Jの換算係数を導入すれば，仕事・仕事量としてのジュール(J)の単位を，必要人員数や必要コストに置き換えて議論することも可能になる。

　こうしたエネルギーの単位や測定方法に関しては，今後さらなる検討が必要であるが，エネルギーを仕事・仕事量として位置づけ，エネルギーとエントロピーの調和問題を (4.2)式や(4.8)式のように定式化する本章の分析枠組みは，社会科学における多くの研究課題（**表4.1**を参照），とりわけ人的資源管理論や組織論の研究課題において，企業活動の「サステナビリティ」を論じるための新たな研究アプローチを切り拓く役割を果たしうるのである。

〈参考文献〉

Klir, G.J. and Folger, T.A.(1988), *Fuzzy Sets, Uncertainty, and Information*, Printece Hall（本多中二訳(1993),『ファジィ情報学』, 日刊工業新聞社）

Shannon, C.E.(1948), "The Mathematical Theory of Communication", *The Bell System Technical Journal*, Vol.27, pp.379-423, 623-656

国沢清典(1975),『エントロピー・モデル』, 日科技連出版社

臧巍・鄭年皓・山下洋史(2009),「SCMにおけるマスカスタマイゼーションの高―低エントロピー・フレームワーク」,『工業経営研究』Vol.23, pp.103-110

深尾毅(1987),『分散システム論』, 昭晃堂

明治大学経営品質科学研究所編(2011),『経営品質科学の研究』, 中央経済社

山下洋史(2010),「企業活動における低エネルギーと高エントロピーの調和モデル」,『明大商学論叢』, Vol.92, No.3, pp.17-30

第2部

「サステナビリティ戦略」編

第5章 地球環境のサステナビリティに焦点を当てた資源循環モデルと3R

5.1 環境志向型クォリティと地球環境のサステナビリティ

　近年，環境汚染・生態系劣化・地球温暖化に代表される環境問題は，急速な勢いで深刻化しつつあり，地球環境のサステナビリティ（Sustainability）を維持していくことはわれわれ人類にとって喫緊の課題となっている。企業活動においても，これまでの利益のみを優先した（低エネルギーの）経営から，社会的貢献や環境対応にも配慮した多様性の高い（高エントロピーの）経営へのシフトが求められている。

　第1章でも述べたように，企業活動におけるクォリティの問題を考えてみると，従来のクォリティは，表面の滑らかさや色の統一性，また強度や馬力など，物理的なクォリティを意味していた。一方，環境問題がクローズアップされる現在のクォリティには，こうした物理的なクォリティに加えて「環境に対する優しさ」が求められるようになっている。従来のクォリティの中心が「物理的クォリティ」にあったのに対し，現在のクォリティには，これに加えて「環境に対する優しさ」が要求されるようになったのである。村山ら（2008）は，上記の「環境に対する優しさ」を重視したクォリティを「環境志向型クォリティ」と呼んでいる。このような考え方の変化は，まさしく社会的なパラダイム・シフトであり，「物理的クォリティ」から「環境志向型クォリティ」へのパラダイム・シフトとして位置づけることができる（明治大学経営品質科学研究所 2011）。

　地球環境に配慮した行動は，こうしたパラダイム・シフトのみならず，国・自治体・企業を中心に，廃棄物処理や環境汚染といった問題に対しても，地球環境のサステナビリティを重視した活動を生み出している。村山ら（2008）は，

これらを「環境志向型行動」として位置づけている。

本章では，このような地球環境におけるサステナビリティ（以下では，単に「環境サステナビリティ」と呼ぶことにする）の問題に焦点を当てた，筆者らによる一連の研究（大野・葛山・山下 1992, 村山・木全・山下 2008, 村山・山下 2009, 山下・鄭 2010, 山下・村山 2011）を紹介しながら，われわれ人類のめざすべき方向性について検討していくことにする。

5.2 資源循環の概念モデル

大野・葛山・山下ら(1992)は，深刻に劣化しつつある環境問題を踏まえ，鷲田(1999)の提唱する「環境の内部化」（**5.4節を参照**）の重要性を概念的に記述するべく，**図5.1**のような「資源循環の概念モデル」を提案している。この概念モデルは，それ自体（空間）の構成要素に目的律が存在するか否かにより，地球を「自然空間」と「社会空間」に分割している。すなわち，自然空間を「それ自体では目的律をもたない物質によって構成される空間」として，また社会空間を「それ自体の目的律に基づいた行動をとる人間および組織によって構成される空間」として，それぞれ位置づけているのである。

図5.1のように，社会空間の構成要素たる生産者と消費者は，それぞれの目的に合致した価値の創造活動（生産活動）と消費活動を展開するために，自然空間から資源を摂取し，不要になったもの（排出物）を自然空間に排出するという資源と排出物の移動を繰り返している。このような考え方に基づけば，社会空間を，そこでの目的に合致した価値を創造する「生産領域」と，その価値を消費する「消費領域」とに分割することができる。

さらに，大野ら(1992)は，自然空間を，社会空間からの摂取を受ける「資源領域」と排出を受ける「排出物領域」とに分割している。このような枠組みで自然空間を概念的に捉えると，上記の構成要素はそれぞれ「資源」と「排出物」となる。

第5章　地球環境のサステナビリティに焦点を当てた資源循環モデルと3R

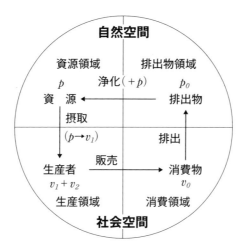

図5.1　資源循環の概念モデル

出所：大野・葛山・山下 (1992)，pp.49-52

　したがって，図5.1の概念モデルに基づけば，資源は自然空間と社会空間の間で，資源領域→生産領域→消費領域→排出物領域→資源領域といった循環システムを構成していることがわかる。すなわち，資源の有するポテンシャル(p)が社会空間へと摂取される際に価値(v_1)に変換され，さらに生産者によって新たな価値(v_2)が付加された後で，価値の消滅(v_0)とともに排出物(p_0)になってしまうが，自然浄化によって再度，資源化(p)するのである。

　一方で，図5.1の概念モデルにおいて，自然空間から社会空間への資源の摂取は「資源の内部化」に，また社会空間から自然空間への排出は「環境の外部化」に相当する（山下 2003）。ここで問題となるのは，「環境の外部化」である。それは，社会空間がこれまで価値を消費したものを自然空間に排出すること（環境の外部化）により，最小のコストで自らの生産活動および消費活動を展開してきたことで，排出物領域の肥大化を招いてしまったからである。すなわち，自然空間はそれ自体の「浄化」により資源領域と排出物領域のバランスを保ってきたが，こうした浄化が摂取・排出の速度に追いつかなくなってしまい，急速に排出物領域が肥大化したのである。

　したがって，排出物から資源への変換（ポテンシャルpの付加）の際に，自

然浄化のみでは不十分な分の浄化を人為的に行うことが求められる。ここで，「人為的」であるということは，社会空間での行為を意味するため，排出物の浄化という機能の一部を社会空間に取り込むことは，鷲田(1999)のいう「環境の内部化」に相当する。そういった意味からも，社会空間を構成する生産者と消費者は「環境の内部化」を自身の責務として認識すべきなのである。

5.3 資源循環における領域推移の分析モデル

本節では，図5.1の自然空間と社会空間における資源循環のマクロ的な振る舞いを，マルコフ連鎖により記述した山下・鄭(2010)の分析モデルを概説していくことにする。

まず，図5.1における4つの領域（資源領域，生産領域，消費領域，排出物領域）に存在する状態量，すなわち資源量a，在庫量b，活用量c，排出物量dを要素とするベクトル$\boldsymbol{s} = (a, b, c, d)$を状態ベクトルと呼ぶことにし，これらの要素の和は1($a+b+c+d=1$)で，(5.1)式の領域推移確率行列$\boldsymbol{P} = (p_{ij})$に従って，領域$i$から領域$j$へと推移するものとする。

$$\boldsymbol{P} = \begin{pmatrix} 1-a & a & 0 & 0 \\ 0 & 1-\beta & \beta & 0 \\ 0 & 0 & 1-\gamma & \gamma \\ \delta & 0 & 0 & 1-\delta \end{pmatrix} \tag{5.1}$$

ただし，a：摂取率　β：販売率　γ：排出率　δ：自然浄化率

ここで，時刻tでの状態ベクトルを$\boldsymbol{s}(t)$とし，領域推移確率行列$\boldsymbol{P}$の時間的一様性を前提にすれば，状態ベクトル$\boldsymbol{s}(t)$は次のように表される。

$$\boldsymbol{s}(t) = \boldsymbol{s}(t-1) \cdot \boldsymbol{P} \tag{5.2}$$

次に，こうした領域間推移が無限に繰り返されたときの状態ベクトル$s(\infty)$をs^*で表すことにし，山下・鄭(2010)に従ってこれを「定常状態ベクトル」と呼ぶことにする。もし，状態ベクトル$s(t)$が周期性をもたずに収束するとすれば（このような場合が一般的である），定常状態ベクトルs^*は(5.3)式を満足するため，マルコフ連鎖（Markov Chain）における「推移確率行列（通信路行列）と固有ベクトル」の問題へと置き換えることができる。

$$s^* = \lim_{t \to \infty} s(0) \cdot P^t = s^* \cdot P \tag{5.3}$$

したがって，定常状態ベクトルs^*の解は固有値問題に帰着し，(5.3)式を満たす定常状態ベクトルs^*は，領域推移確率行列Pの最大固有値（$\lambda_{max}=1$）に対する固有ベクトル（ただし，固有ベクトルの要素の和を1に変換）として与えられる（鄭 2009）。

5.4 環境の内部化と3R

近年の地球環境問題に対し，鷲田(1999)は「環境の内部化と外部化」の概念からのアプローチを試みている。これによれば，従来の社会経済システムにおいて，環境はシステムの外部におかれており（環境の外部化），こうした立場が現在の環境問題を引き起こしているとされる。したがって，近年の環境問題に対して適切に対応していくためには，これまで社会経済システムの外部におかれてきた環境の経済的機能・文化的機能をその内部に取り込むこと（すなわち「環境の内部化」）が必須条件となる。

一方，近年の環境問題を論じる際に，3R（Reduce, Reuse, Recycle）が重要なキーワードとなっている。ここで，3Rとは，環境と経済が両立した循環型社会を形成していくための活動を意味し，3つのR，すなわち①Reduce（リデュース；資源摂取の抑制），②Reuse（リユース；再使用，再利用），③

Recycle（リサイクル；再生産）という3つの活動の頭文字をあわせた用語である。①リデュースは資源の摂取量を抑制するような社会空間（社会経済システム）での取り組みであり，②リユースは，空きビンの殺菌洗浄処理による再使用や，ゴミとして処分されるはずの排出物のなかに存在する使用可能な部品の再利用といった取り組みである。そして，③リサイクルは，ゴミの分別や溶融などの処理を行ってから，生産活動にそれを利用する取り組みである。

村山・山下(2009)は，こうした3Rの役割を，図5.1の概念モデル（大野ら1992）に基づき検討しており，①リデュースは資源領域から生産領域への摂取を抑制する活動，また②リユースは消費領域の内部での再使用や再利用により排出物領域への排出を抑制する活動，そして③リサイクルは消費領域から生産領域へのフィードバック（再生産）により排出物領域への排出を抑制する活動として位置づけている。

5.5 3R行列を用いた資源循環の領域推移確率モデル

本節では，5.3節で述べた「領域推移確率行列」に対して，新たに「3R行列」を導入した分析モデル（山下・村山 2011）を紹介していくことにする。

まず，リデュース（資源領域→生産領域）による摂取率の減少分をu，リユース（消費領域→消費領域）による排出率の減少分をv，またリサイクル（消費領域→生産領域）による排出率の減少分をwで表すことにする。このとき，3R活動による資源循環の領域間推移は，(5.4)式のような行列（3R行列R）により記述される。

$$R = \begin{pmatrix} u & -u & 0 & 0 \\ 0 & 0 & 0 & 0 \\ 0 & w & v & -v-w \\ 0 & 0 & 0 & 0 \end{pmatrix} \quad (5.4)$$

ただし，u：リデュースによる摂取率の減少分
v：リユースによる排出率の減少分
w：リサイクルによる排出率の減少分

これにより，3R活動を展開したときの領域間の状態推移確率は，領域推移確率行列Pと3R行列Rの和として，下記のように表すことができる。

$$P+R = \begin{pmatrix} 1-a+u & a-u & 0 & 0 \\ 0 & 1-\beta & \beta & 0 \\ 0 & w & 1-\gamma+v & \gamma-v-w \\ \delta & 0 & 0 & 1-\delta \end{pmatrix} \qquad (5.5)$$

また，PとRの時間的一様性を仮定すれば，時刻tにおける定常状態ベクトル$s(t)$は，(5.6)式のように表され，これにより3R活動の効果を定量的に分析することが可能となる。

$$s(t) = s(0) \cdot (P+R)^t \qquad (5.6)$$

さらに，3R活動を加味した領域間推移を無限に繰り返したときの状態ベクトル$s(\infty)$をs^*で表せば，マルコフ連鎖の性質により，定常状態ベクトルs^*の解は，5.3節の議論と同様に，行列$(P+R)$の固有値問題に帰着し，行列$(P+R)$の最大固有値($\lambda_{max}=1$)に対する固有ベクトルとして与えられる。

5.6　豊島と直島における環境志向型行動の二面性

社会に大きな衝撃を与えた環境問題の1つが，いわゆる「豊島（てしま）問題」といわれる産業廃棄物の不法投棄問題であろう。豊島における不法投棄の廃棄物量は，汚染土壌を含めて約49.5万m^3，重量にして56万t，分布面積は6

万9,000m^{2}にも及び,重金属やダイオキシンなどの有害物質が相当量含まれていた。この問題に対し,2000年6月に,豊島住民と香川県との間で豊島の産業廃棄物を掘り出し,直島に輸送してそこで処理を行い,豊島の自然を元に戻すという合意がなされ,現在もその産業廃棄物処理が行われている(木全2007)。この「豊島問題」に対して,村山ら(2008)は「環境志向型行動」の概念に基づき,豊島と直島それぞれについて,下記のような検討を行っている。

豊島では,「産業廃棄物不法投棄」問題が発生して以来,一貫して「元の自然に戻せ」という主張を繰り返してきた。そのため,「島内の環境を少しでも破壊しないように」との立場から,豊島には産業廃棄物の処理施設を建設せずに,産業廃棄物の掘り出しと移送のみを行っている。こうして掘り出された廃棄物は直島の産業廃棄物処理施設に移送され,環境に悪影響を及ぼさないよう十分に配慮しながら浄化処理が行われている。そして,豊島内に現存する廃棄物の移送がすべて終了すれば,豊島の移送施設は完全に撤去される計画となっている(村山ら 2008)。

このように,豊島島民はこの問題に対して環境面での一貫した対応をとってきたが,一方でこうした対応が経済面での島内の活性化にはまったく結びついていない。それは,廃棄物処理を経済面に活用しようとしても,上記の「元の自然に戻せ」という主張に対して不整合となってしまうからである。さらに,こうした状況が豊島の急速な過疎化につながっており,村山ら(2008)はここに豊島の直面するジレンマが存在することを指摘している。

一方,直島では生活への悪影響が生じないよう,十分に配慮した産業廃棄物処理が行われている。しかも,その対象は直島と豊島のみならず,近隣地域にまで及んでおり,そういった意味で確実に地域の環境保全活動を支えている。また,これにより廃棄物処理に対する補助金を獲得し,島内で充実した福祉政策が展開されている。さらに,社会的関心の高い「豊島問題」における産業廃棄物処理を直島が代替することで,島のイメージアップという効果を生み出し,それが観光客の獲得にもつながっている。

しかしながら,こうした直島の環境志向型行動をもう少し掘り下げて考察すると,下記のように複雑な構造を有していることがわかる。産業廃棄物の処理

施設は，現在の地球環境問題を考えると確かに不可欠な存在であるが，一方で自然をまったく破壊せずにはその建設が困難である。これは，生活に悪影響を及ぼさずに，かつ地域経済の発展に寄与するような産業廃棄物処理施設を建設することは可能であるが，自然をまったく破壊しないということは不可能であることを意味する。

　従来，こうした「直島型」の行動が「環境志向型行動」であると考えられてきた。しかしながら，村山ら(2008)は，上記の豊島と直島の事例を踏まえ，環境志向型行動には2つのタイプが存在することを指摘している。その1つが自然に手を加えずそのままの形で将来に残そうとする「豊島型」の行動であり，もう1つが局所的に自然を破壊しても，循環型社会を形成しようとする「直島型」の行動である（たとえば，産業廃棄物処理場の建設）。どちらも同じように「環境志向型行動」であることは間違いないが，自然を多少は犠牲にしても循環型社会の実現をめざした活動を展開しようとする「直島型」と，自然にまったく手を加えない「豊島型」ではその性格は大きく異なっており，ここに「環境志向型行動の二面性」（村山ら 2008）が存在するのである。もちろん，「直島型」の行動も自然破壊を最小限にとどめ，生活環境への悪影響を及ぼさないように十分な配慮がなされているが，産業廃棄物の処理施設や循環型ものづくりの工場を建設する際には，少なからず自然を破壊してしまうことになる。

　さらに，村山ら(2008)は，豊島型と直島型の環境志向型行動を比較し，島内の経済活性化の面では，明らかに直島型が優越するが，経済面のみならず環境面にも焦点を当てた場合，その結論は単純ではなくなることを指摘している。すなわち，自然にまったく手を加えないことを優先すると，基本的に経済面での発展は困難であり，環境面と経済面は「トレードオフ」の関係となるのである。その際，豊かな自然を活かした観光ビジネスによって，環境への対応と経済発展との両立が可能であるかのようにも思えるが，実際には道路・ホテル・港・展望台などの建設で自然が局所的には破壊されてしまう。また，直島のような循環型ビジネスを考えることもできるが，やはり廃棄物処理施設・工場・道路などの建設により，局所的に自然が破壊されてしまう。

　以上のように，これまで一般に環境志向型行動として直島型の行動が広く認

知されてきたが，「素（もと）」の自然を守るという面では，豊島型の方が望ましいため，両者はそれぞれ一長一短を有している。直島型の行動による前述の「トレードオフ」への対抗は，循環型社会構築のためには局所的な自然の破壊（たとえば，廃棄物処理施設・リサイクル工場の建設）を是とする考え方に基づいていたが，これとは別に「自然にまったく手を加えない」という豊島型の行動も存在することを「環境志向型行動の二面性」は示唆しているのである。

5.7 環境志向型行動と地球環境のサステナビリティ

　ここでは，5.5節で紹介した「資源循環における領域推移確率モデル」（山下ら 2011）に基づき，豊島型と直島型の環境志向型行動を「自然空間と社会空間の環境サステナビリティ」という視点から検討していくことにしよう。前述のように，豊島では生活の利便性を犠牲にしたとしても，「元の自然に戻す」ことを最優先にした環境志向型行動が展開されている。こうした豊島型の環境志向型行動は，それを経済活動に結びつけようとは考えずに，あくまでも自然空間に手を加えず，あるがままの自然を維持しようとするという意味で，これを「自然空間の環境サステナビリティ」の追求として位置づけることができる。

　一方，直島では自然環境を局所的には破壊したとしても，循環型社会を形成すべく，廃棄物処理施設や循環型ものづくりの工場が建設されている。これにより，環境負荷の軽減のみならず，経済性や生活の利便性を享受しているのである。こうした直島型の環境志向型行動は，排出物を社会空間に取り込むことにより排出物領域を縮小させ，社会空間での人為浄化（村山ら 2009）あるいはリサイクルの量を増やそうとしているという意味で，これを「社会空間の環境サステナビリティ」の追求として位置づけることができる。

　ここで注意すべきことは，豊島型と直島型の環境志向型行動が，ともに環境サステナビリティを追求する行動として位置づけられるという点である。すなわち，どちらか一方だけが正しいというわけではなく，それぞれの地域（環境

問題の状況）に合致した環境サステナビリティへのアプローチを選択すべきなのである。

ここでは，こうした2つのアプローチの有効性を概念的に把握すべく，**5.5節**の「3R行列」（山下ら 2011）に対し，「自然空間の環境サステナビリティ」を優先した豊島型のアプローチと，「社会空間の環境サステナビリティ」を優先した直島型のアプローチを追加したうえで，簡単な数値例による分析を試みることにする。

そこで，(5.4)式の行列Rに対して豊島型・直島型それぞれの環境サステナビリティ行動を加えた行列R_1（豊島型；(5.7)式）とR_2（直島型；(5.8)式）を考えることにしよう。ただし，gは豊島型の環境サステナビリティ行動（摂取率の減少分）を，hは直島型の環境サステナビリティ行動（リサイクルによる排出率の減少分）を示している。すなわち，こうした活動を展開することにより，4つの領域間の領域推移が行列R_1，R_2の分だけ増減するのである。

$$R_1 = \begin{pmatrix} u+g & -u-g & 0 & 0 \\ 0 & 0 & 0 & 0 \\ 0 & w & v & -v-w \\ 0 & 0 & 0 & 0 \end{pmatrix} \quad (5.7)$$

$$R_2 = \begin{pmatrix} u & -u & 0 & 0 \\ 0 & 0 & 0 & 0 \\ 0 & w+h & v & -v-w-h \\ 0 & 0 & 0 & 0 \end{pmatrix} \quad (5.8)$$

ここで，数値例としてリデュースu，リユースv，リサイクルwの各要素を，それぞれ$u=1/5000$，$v=1/500$，$w=1/500$としたうえで，豊島型の行動について$g=1/500$，直島型の行動について$h=1/50$の値を設定し，豊島と直島それぞれについて排出物量の分析を行った結果，**図5.2**のようになった。ただし，豊島と直島における現在（$t=0$）の状態ベクトル$s(0)$を，豊島の場合$s_1(0) = (0.7, 0, 0.1, 0.2)$，直島の場合は$s_2(0) = (0.7, 0, 0.2, 0.1)$としている。

第2部 「サステナビリティ戦略」編

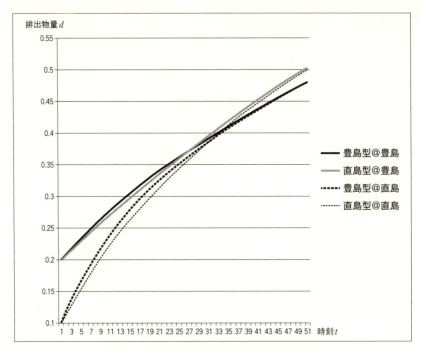

図5.2　数値例における排出物量の推移

　図5.2において，排出物量の少ない状況では，直島型の環境サステナビリティの方が，排出物の増大を抑制する量が大きいことがわかる。一方，排出物量が増大し続けると，豊島型と直島型の排出物量が逆転し，最終的には豊島型の環境サステナビリティ行動が優越することがわかる。すなわち，排出物領域がすでに肥大化してしまっている豊島の産業廃棄物問題には，長期的に見た場合，やはり豊島型の環境サステナビリティ行動が適しているのである。

　一般に，地球環境のサステナビリティを考える際には，経済性や利便性についても同時に議論されがちである。しかしながら，上記の分析結果を踏まえると，環境問題が深刻化（とりわけ，排出物領域が肥大化）している現在の状況のもとでは，もう一度，原点に立ち返って豊島型の環境サステナビリティ（あるがままの自然を維持しようとする行動）を見直すことの必要性が示唆されるのである。

第5章　地球環境のサステナビリティに焦点を当てた資源循環モデルと3R

〈参考文献〉

大野高裕・葛山康典・山下洋史(1992),「コスト尺度に基づく新たな企業評価の視点」,『日本経営工学会春季大会予稿集』, pp.49-52

木全晃(2007),「豊島における産業廃棄物不法投棄問題の修復の現状と地域再生」,『HR研究部会発表資料』

鄭年皓(2009),「情報共有・知識共有に基づく新製品開発組織に関する工業経営的研究」, 明治大学博士（商学）学位論文, pp.43-47

村山賢哉・山下洋史・木全晃(2008),「環境志向型行動の二面性 —豊島と直島の事例比較—」,『日本経営システム学会 第40回全国研究発表大会講演論文集』, pp.64-65

村山賢哉・山下洋史(2009),「資源循環の概念モデルに基づく豊島・直島の環境志向型行動と3R」,『工業経営研究』, Vol.23, pp.135-139

明治大学経営品質科学研究所編(2011),『経営品質科学の研究』, 中央経済社

山下洋史(2003),「『循環型SCM』と新世紀の経営倫理」,『第2回「経営倫理」懸賞論文優秀論文集』, pp.5-17

山下洋史・村山賢哉(2011),「3R行列を用いた資源循環の領域推移確率モデル」,『日本経営倫理学会誌』, Vol.18, pp.117-123

山下洋史・鄭年皓(2010),「資源循環における領域推移の分析モデル」,『明大商学論叢』, Vol.92, No.4, pp.25-39

鷲田豊昭(1999),『環境問題と環境評価』, 築地書館

第6章 店舗における顧客の高温度適温・低温度適温とサステナビリティ戦略

6.1 組織におけるメンバーの体感温度と退出行動（スピンアウトとドロップアウト）

　店舗経営において，顧客の購買意欲を向上させることは一つの重要な目標であり，そのためには積極的に自身の商品やサービスの優位性を顧客にアピールすることが求められる。しかしながら，こうした積極性を好む顧客だけでなく，それをプレッシャーに感じてしまう顧客も多い。したがって，この問題に対してどのように対応していくか，すなわち積極的な接客と顧客の感じるプレッシャーとの間のトレードオフ問題にいかに対応していくかは，店舗の「サステナビリティ」を生み出すための重要な課題であろう。

　そこで，本章では，権と山下を中心に明治大学「経営品質科学」研究所が展開している「店舗における顧客の体感温度」研究（権・鄭・村山・山下 2011, 権・栗原・山下 2012, 大谷・権・村山 2010）を基に，店舗に対して顧客の感じる心理的プレッシャーの大きさを論じていくことにする。

　近年，「個客」という言葉に代表されるように，店舗では多様化する顧客に対して，一人一人のニーズに合った対応が求められるようになった。顧客は，個々のライフスタイルに適した商品を求めるとともに，商品を購買する店舗についても，自身の購入目的や商品知識・予算に合致した店舗を選択するのである。その際の選択要因の1つとして，権ら(2011)は店舗と顧客の「温度差」の存在を指摘している。本章では，こうした「温度差」に焦点を当てながら店舗と顧客の関係を検討していくため，ここではまず，その際の基礎となる高橋(1993)の「体感温度」の枠組みを概説しておくことにしよう。

　組織とそのメンバーの間の「温度差」を捉えるべく，高橋(1993)は「システム温」と「体温」の研究視座を提示している。これによれば，組織のメンバー

第 2 部 「サステナビリティ戦略」編

は，組織の温度（システム温）が相対的に低くメンバーの温度（体温）が高い場合には「ぬるま湯」の状態に，また組織のシステム温が高くメンバーの体温が低い場合には「熱湯（あつゆ）」の状態に，それぞれ直面するとされる。ただし，ここでいう「温度」とは，現状をよりよいものに変えていこうとする志向の強さを意味しており，高橋はこれを「変化性向」と呼んでいる。

そのうえで，組織の変化性向（システム温）とメンバーの変化性向（体温）との差，すなわち下記の(6.1)式を，メンバーの感じる「体感温度」（高橋 1993）として位置づけている。

$$体感温度 = システム温 — 体温 \quad (6.1)$$

$$\begin{cases} 体感温度が高い（正）：\textbf{熱湯} \\ 体感温度が 0 に近い：\textbf{適温} \\ 体感温度が低い（負）：\textbf{ぬるま湯} \end{cases}$$

上記の体温とシステム温を，それぞれ横軸と縦軸に設定し，これらの関係を図示すれば，図6.1のような「湯かげん図」（高橋 1993）となる。

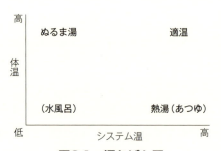

図6.1　湯かげん図

出所：高橋(1993)

図6.1において，体温とシステム温にギャップのある状態（ぬるま湯の状態と熱湯の状態）は不安定な状態であるため，高橋(1993)は，このような場合，組織のメンバーが安定した状態へシフトしようとすることを指摘している。一

方で，従業員の離職・転職が増加している近年の状況では，上記の安定した状態へのシフトのみならず，不安定な状態から脱出するための行動（離職・転職）をとるメンバーも増加している。そこで，こうしたメンバーの退出行動を，村山ら(2007)は「ぬるま湯」と「熱湯」の視点から記述することにより，組織のメンバーが「ぬるま湯感」を感じるときには，その回避行動として「スピンアウト」の行動が生じやすく，「熱湯感」を感じたときには「ドロップアウト」の行動が生じやすいという視点を提示している。

6.2 店舗における顧客の高温度適温・低温度適温

　前節では，企業や公共機関などの組織を舞台にしたメンバーの「体感温度」(高橋 1993)の視点を紹介したが，権ら(2011)は，こうした「体感温度」の視点を，店舗へと拡張することにより，店舗における2種類の適温状態（後述の「高温度適温」と「低温度適温」）の存在を指摘している。これによれば，店舗を訪れた顧客が豊富な商品知識と高い購買意欲を有している場合が，「体温」の高い状態，またその店舗が十分な品揃えと高級感のある売場を有し，かつ豊富な商品知識をもった従業員が顧客に対して積極的にアプローチする場合が，店舗のエネルギーが高いという意味で「システム温」の高い状態とされる。そして，店舗のシステム温が低く顧客の体温が高い状態を前述の「ぬるま湯」，システム温が高く体温が低い状態を「熱湯」として位置づけている。

　一方で，高橋(1993)は，体温とシステム温の近い2つの状態，すなわち体温もシステム温も高い状態と，体温もシステム温も低い状態を，**図6.1**のように，それぞれ「適温」と「水風呂」と呼んでいるが，店舗を訪れた顧客の「体感温度」について考えてみると，両者とも「適温」の状態にあることがわかる。なぜなら，体温の高い顧客はシステム温の高い店舗を好み，体温の低い顧客はやはりシステム温の低い店舗を好むからである。こうした考え方に基づけば，**図6.1**の「適温」のみならず，「水風呂」も「適温」となり，前者の「適温」を店

舗における顧客の「高温度適温」，後者の「水風呂」を「低温度適温」として位置づけ直すことができる。すなわち，体温の高い顧客にとっては，十分な品揃え・高級感のある売場と，顧客に対して積極的にアプローチする従業員を有する店舗（システム温の高い店舗）が適温（高温度適温）の状態であるのに対して，体温の低い顧客にとっては，従業員が顧客に対して積極的にアプローチせず，気取らず自由に商品を見ることのできる店舗（システム温の低い店舗）が適温（低温度適温）の状態となるのである。こうした4つの状態を図示すると，図6.2のようになる（大谷ら 2010）。

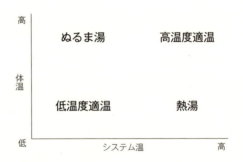

図6.2　店舗における顧客の「体感温度」フレームワーク
出所：大谷・権・村山（2010）

図6.2において，「熱湯」や「ぬるま湯」の状態にある顧客は，高橋（1993）の枠組みと同様に，それぞれ自身の望む状態とは異なった状態（不快な状態）におかれる。そこで，このような「熱湯」や「ぬるま湯」の状態について考えてみよう。

まず，店舗において顧客が「ぬるま湯」の状態にあるときを考えてみると，これは店舗の品揃えや従業員のもつ情報・知識・接客態度が自身の求めるレベルに達していない状態であるため，「スピンアウト」（村山ら 2007）の行動を起こすことが予想される。こうした顧客は，より多くの情報・知識や刺激を得るために，その店に見切りをつけ，システム温の高い店を求めて他の店に移動してしまう（店を飛び出してしまう）のである。これに関して，権ら（2011）は，

顧客にとってスピンアウトという行動が，店の従業員に働きかけて「システム温」を高める行動よりも，手軽に自身の適温を確保する行動であることを指摘している。

一方で，顧客が「熱湯」の状態にあるときには，「ドロップアウト」（村山ら 2007）の行動が生じやすい（権ら 2011）。なぜなら，あまり積極的に来店したわけではないにもかかわらず，その店舗の従業員から積極的に商品を勧められると，それがプレッシャーとなってしまうため，「熱湯」の状態を回避すべく，その店舗から退出しようとする（店舗から逃げ出す）顧客が多くなるからである。顧客にとって「ドロップアウト」という行動は，自身の「体温」を上昇させて「高温度適温」を手に入れようとする行動よりも，容易に適温（低温度適温）を確保することのできる行動なのである。

以上のことから，店舗における顧客のスピンアウトとドロップアウトという行動は，ともに顧客が容易に適温（高温度適温・低温度適温）を確保しようとする行動であることが示唆される。

6.3 グッズ・ドミナント・ロジックから サービス・ドミナント・ロジックへ

ここまで，システム温と体温の視点から店舗と顧客の関係について考えてきたが，次に企業と顧客の関係を，サービス・ドミナント・ロジック（以下「S-Dロジック」）の研究視座から検討していくことにする。S-Dロジックは，有形財を中心としたマーケティング，すなわちグッズ・ドミナント・ロジックという考え方ではなく，サービスを中心とした見方（あるいは，考え方）を志向する研究視座である。ここで，サービスとは「他者あるいは自身のベネフィットのために，行為，プロセス，パフォーマンスを通じて，専門化されたコンピタンスを応用すること」（Vargo & Lusch 2004）とされる。すなわち，製品の交換に注目するのではなく，製品のなかに埋め込まれているコンピタンス（スキルやナレッジ）に注目するところにS-Dロジックの特徴があり，これによりマ

ーケティングにおける新たな研究視座を提示したのである。

このように，サービスを中心とした見方を採用すると，これまでとは異なる新たな考え方が生まれる。以下では，S-Dロジックの基本的前提（FP）に焦点を当てて，企業と顧客との関係性について検討していくことにしよう。

6.3.1 サービス・ドミナント・ロジックとは

S-Dロジックは，「企業が消費者に対して提供するものは何か」について新たな視点を提供するロジックであり，広い意味でのサービスの役割に焦点を当てているところがその大きな特徴である。また，S-Dロジックは，グッズとサービシィーズ（従来のサービス財）の区別を凌駕しており，サービスは交換の基本的基盤であるとされる。すなわち，サービスとはグッズとサービシィーズの上位概念として位置づけられるのである。

S-Dロジックの提唱者Vargo & Lusch(2004)は，マーケティングの変革，すなわちグッズ・ドミナントからの脱却と，S-Dロジックへの転換を提唱している。S-Dロジックにおいて，グッズは販売するための製品ではなく，「サービスの束」を具現化するモノであるとされる。実際に販売されているすべてのモノが「サービスの束」を具現化しており，その結果として，マーケティングは，グッズ・ドミナント・ロジックではなく，S-Dロジックを前提としなければならないと主張しているのである。

S-Dロジックの前提に基づけば，人間は，専門化されたコンピタンスと便益（ベネフィット）を交換し，そこでの価値はナレッジやスキルのようなオペラント資源をとおして，また顧客とのインタラクションをとおして創造されるということになる。そして，グッズはオペラント資源をとおして創造された価値を伝達するための媒介となる。S-Dロジックを理解するうえで重要な10の基本的前提（FP1〜FP10）は，下記のとおりである（Vargo & Lusch 2008）。

FP1．サービスが交換の基本的基盤である。
FP2．間接的な交換は交換の基本的基盤を見えなくしてしまう。

FP3．グッズはサービス供給のための伝達手段である。
FP4．オペラント資源は競争優位性の基本的な源泉である。
FP5．すべての経済はサービス経済である。
FP6．顧客は常に価値の共創者である。
FP7．企業は価値を提供できず価値を提案することしかできない。
FP8．サービス中心の考え方は元来顧客志向的であり関係的である。
FP9．すべての社会的及び経済的行為者が資源統合者である。
FP10．価値は受益者によって常に独自にかつ現象学的に判断される。

以下では，とくに顧客との関係性に関連するFP8の前提に注目しながら，S-Dロジックにおける店舗での顧客との関係性について検討していくことにする。

6.3.2　S-Dロジックと顧客との関係性

　一般に，リレーションシップ・マーケティングの概念は，サービス・マーケティングとB to B（Business to Business）マーケティングを基盤としていると考えられている。さらに，今日では上記のリレーションシップ・マーケティングが，マーケティング研究の主流の1つに数えられるようになっている。
　S-Dロジックにおけるリレーションシップの考え方は，「サービス中心の考え方は元来，顧客志向的であり関係的である」というFP8の基本的前提（Vargo & Lusch 2008）のなかに示されている。ここで注目すべき点は，「元来，顧客志向的である」という主張である。
　Vargo（2009）は，S-Dロジックにおけるリレーションシップの位置づけを考察する際に，「教育現場」の事例を用いている。こうした教育現場では，個別の交換や取引が行われているように思われがちであるが，その価値が現実には時間をとおして拡張する。すなわち，この事例では，生徒の知識がその文脈において，新たな知識としてほかの知識と統合されるのである。上記の価値において，「拡張する」という価値共創的な性質は，価値創造のために時間をかけて，相互作用的に，あるいは相互依存的に結合する複数の当事者の拡張された活動

という意味で関係的であると考えられるのである。

以上のように，S-Dロジックにおいてリレーションシップは，「価値共創における相互作用的で協働的に拡張され，互恵的な特徴を通して概念化されている」Vargo(2009)とされる。これにより，S-Dロジックにおける重要な概念の「共創」と「サービス交換」は，価値創造リレーションシップを意味し，リレーションシップをオプションとして実施するというグッズ・ドミナント・ロジック的な視点に立つ概念ではないことがわかる。すなわち，S-Dロジックにおいてリレーションが意味するところは，「文脈価値が，元来，両者の相互作用的なリレーションシップなくしては存在しない」(前田 2010)ということなのである。

6.3.3 店舗における顧客との関係性

S-Dロジックにおける「文脈価値が，元来，両者の相互作用的なリレーションシップなくしては存在しない」という関係性の見方から，店舗における顧客との関係性を捉えると，新たな顧客との関係性が見えてくる。

たとえば，洋服にはデザイナーのナレッジとスキルが埋め込まれている。その価値は，もちろん顧客が判断するものであるが，顧客のスキルやナレッジには個人差があり，その価値を最大限に活用することができないかもしれない。そこで，店舗や店員は，洋服に込められたデザイナーのコンセプトを顧客に提案し，顧客の文脈価値を高めるように努力しなければならない。また，その店舗で購入した洋服をその後に着用することも，顧客にとっては企業との関係性を継続させているということを意味する。

ただし，顧客との関係性を過剰に強めようとすると，逆に顧客に対して心理的圧力を与えてしまうこともある。次節では，こうした心理的圧力に注目し，店舗における顧客の「体感温度」の研究視座を提示する。

6.4 「店舗のシステム温」と「顧客の体温」の分析モデル

　店舗において顧客の感じる体感温度（心理的圧力の大きさ）は，**6.2節**でも述べたように，「店舗のシステム温」と「顧客の体温」との差によって記述されるのであるが，上記の「体感温度」からシステム温と顧客の体温を推定しようと思えば，これらの関係性を精度高く模写するような分析モデルが必要になる。本節では，権と山下を中心とした筆者らの研究グループ（権・鄭・村山・山下 2011，権・栗原・山下 2012）が，これらの関係性を定式化した2つの分析モデル（Model-1とModel-2）と，その分析結果を紹介していくことにする。

6.4.1　直交配列による店舗と顧客のプロファイルの設定

　店舗に対して顧客の感じる心理的圧力（プレッシャー）の大きさ（体感温度）に関するデータを，アンケート調査によって収集するためには，店舗のプロファイルと顧客のプロファイルを回答者（被験者）に対して明らかにする必要がある。その際，当然のことながら，なるべく回答者にかかる負荷を小さくするようなアンケート調査を設計することが好ましい。そこで，権ら（2012）は，下記のように，実験計画法の直交配列を用いて，回答すべき店舗数（評価対象数）を少なく抑えたアンケート調査を行っている。

　この調査では，店舗のプロファイル（$i=1,2,3$）と顧客のプロファイル（$i=4,5,6,7$）という7つのアイテムに対して，**表6.1**のように，それぞれ2つのカテゴリー（$j=1,2$）を配置し，それらを実験計画法の$L_8(2^7)$型直交表に従って組み合わせることにより，8つのケース（CASE-1～CASE-8）を設定している。そのうえで，こうした8つのケースに組み合わせた店舗と顧客のプロファイルを回答者に提示し，これらの状況で洋服を購入しに行ったとき（あるいは見に行ったとき）に感じる心理的プレッシャーの大きさを，**表6.2**のような5段階の選択肢により調査している。上記の「心理的プレッシャーの大きさ」を，回

第2部 「サステナビリティ戦略」編

表6.1 店舗と顧客のプロファイルの直交配列

サンプル (CASE)	店舗 ($i=1$)	店員からのアプローチ ($i=2$)	バーゲン ($i=3$)	所持金 ($i=4$)	商品知識 ($i=5$)	購入の必要性 ($i=6$)	来店時の服装 ($i=7$)
CASE-1	有名百貨店の洋服売場	あり	開催中	3万円	十分	高	自信あり
CASE-2	有名百貨店の洋服売場	あり	開催中	3,000円	不十分	低	自信なし
CASE-3	有名百貨店の洋服売場	なし	非開催	3万円	十分	低	自信なし
CASE-4	有名百貨店の洋服売場	なし	非開催	3,000円	不十分	高	自信あり
CASE-5	一般的な洋服店	あり	非開催	3万円	不十分	高	自信なし
CASE-6	一般的な洋服店	あり	非開催	3,000円	十分	低	自信あり
CASE-7	一般的な洋服店	なし	開催中	3万円	不十分	低	自信あり
CASE-8	一般的な洋服店	なし	開催中	3,000円	十分	高	自信なし

出所：権，栗原・山下(2012)

表6.2 顧客として回答者の感じる心理的プレッシャーの度合

段階	項目
1	店舗内・売場内でじっくりと時間をかけて商品を選ぶ，あるいは見る
2	予定より高価な商品を買わないように注意しながら商品を選ぶ，あるいは見る
3	店舗内・売場内でプレッシャーを感じるため，なるべく短時間で店舗から退出するよう心掛ける
4	入店した瞬間あるいは売場に入った瞬間プレッシャーを感じて商品を買わずに出て行く
5	外から見てもプレッシャーを感じるため，入店しない，あるいは売場に立ち入らない

ただし，来店時クレジットカードは所持していないものとする。
出所：権，栗原・山下(2012)

答者の感じる「顧客の体感温度」として位置づけるのである。これにより，顧客の体感温度と店舗・顧客のプロファイルとの関係性を定量的に分析することが可能になる。

その際の調査概要（権ら 2012）は，下記のとおりである．
　①被験者：大学生64名（男性53名，女性11名），
　　　　　　大学院生10名（男性5名，女性5名）計74名（すべて有効回答）
　②調査時期：2012年4月
　③調査方法：**表6.1**のプロファイル・データを用いた質問紙法

6.4.2　店舗のプロファイルと体感温度の関係分析モデル（Model-1）

6.2節では，店舗に対して感じる顧客の心理状態を，システム温と体温のみによって捉えていたが，本節ではこれを**表6.1**のような7つの要因によって捉えることにする．

まず，権ら(2012)の先行研究に従って，店舗に対して顧客の感じる心理的プレッシャーの大きさを体感温度y_c（c：サンプルNo.）として位置づけ，**表6.1**のアイテムiとカテゴリーjの組み合わせをダミー変数x_{ijc}（サンプルcがアイテムiのカテゴリーjに属するか否かを表すダミー変数）によって記述すれば，これらの関係を(6.2)式のように定式化することができる．ただし，パラメータa_{ij}はカテゴリー・ウェイトである．

$$y_c = \sum_i \sum_j a_{ij} \cdot x_{ijc} + \varepsilon_c \tag{6.2}$$
　　　ただし，ε_c：残差項

(6.2)式における課題は，右辺から算出される体感温度の推定値を，その実績値y_cに近似させるように，カテゴリー・ウェイトa_{ij}の解を導くことにある．そこで，問題の表記を簡素化するために，まず(6.2)式を行列とベクトルで表すと，(6.3)式のように書き換えられる（権ら 2012）．

$$\boldsymbol{y} = \boldsymbol{X} \cdot \boldsymbol{a} + \boldsymbol{\varepsilon} \tag{6.3}$$
　　　ただし，$\boldsymbol{y}=(y_c)$，$\boldsymbol{X}=(x_{c(ij)})$，$\boldsymbol{\varepsilon}=(\varepsilon_c)$，$\boldsymbol{a}=(a_{(ij)})$

(6.3)式は，基本的に重回帰分析モデルと同形式（ただし，後述するように行列の「ランク落ち」の問題が生じる）のモデルであるため，その残差 ε_c の二乗和をカテゴリー・ウェイト・ベクトル $\boldsymbol{a}$ で偏微分して $\boldsymbol{0}$（零ベクトル）とおいた式を整理することにより，(6.4)式の正規方程式が得られる（権ら 2012）。

$$\boldsymbol{a} = (X' \cdot X)^{-1} X' \cdot y \tag{6.4}$$

ただし，右辺の行列 $X' \cdot X$ は，アイテム数の $m-1$ だけランク落ちするため，そのままでは行列 $X' \cdot X$ の逆行列 $(X' \cdot X)^{-1}$ を推定することはできない。そこで，数量化理論Ⅰ類と同様に，まず第2アイテム以降の第1カテゴリーを除去して(6.4)式の正規方程式を解き，次にこうして推定されたカテゴリー・ウェイト a_{ij} に対して「カテゴリー・ウェイトの基準化」の処理（河口 1973）を行うことにより，第2アイテム以降の第1カテゴリーに対しても，カテゴリー・ウェイトの値を与えることにする。このような基準化の処理により，(6.4)式は(6.5)式のように変換され，(6.5)式によって基準化されたカテゴリー・ウェイト a_{ij} により，アイテム i のカテゴリー j が体感温度に与える影響を定量的に把握することができるのである。

$$y_c = \bar{y} + \sum_i \sum_j a_{ij} \cdot x_{ij\lambda} + \varepsilon_c \tag{6.5}$$

一方で，権ら(2012)は，**表6.1**のような店舗と顧客のプロファイル・データを回答者（被験者）に提示し，CASE1～CASE-8の各状況で顧客の感じる心理的プレッシャーの大きさ（体感温度 y_c）に関する5段階データを収集している。こうして収集したデータを，上記のモデル（Model-1）に適用することにより，店舗・顧客のプロファイルと体感温度との関係性を定量的に分析することができる。上記の調査から得られた体感温度 y_c の平均は，**表6.3**～**表6.5**のとおりである。ただし，**表6.3**～**表6.5**には，店舗と顧客のプロファイル（アイテム i のカテゴリー j にあてはまれば1，あてはまらなければ0）についても示しておくことにする。

第6章 店舗における顧客の高温度適温・低温度適温とサステナビリティ戦略

表6.3 調査対象者全体の体感温度の平均

サンプル CASE	体感温度 y_c	店舗		店員からのアプローチ		バーゲン		所持金		顧客の商品知識		洋服購入必要性		来店時の顧客の服装	
		有名百貨店の洋服売場	一般的な洋服店	あり	なし	開催中	非開催	3万	3千	十分	不十分	高	低	自信あり	自信なし
CASE-1	1.3919	1	0	1	0	1	0	1	0	1	0	1	0	1	0
CASE-2	3.6216	1	0	1	0	1	0	0	1	0	1	0	1	0	1
CASE-3	2.2973	1	0	0	1	0	1	1	0	1	0	0	1	0	1
CASE-4	2.5270	1	0	0	1	0	1	1	0	0	1	1	0	1	0
CASE-5	1.8919	0	1	1	0	1	0	1	0	1	0	1	0	0	1
CASE-6	2.3243	0	1	1	0	0	1	0	1	1	0	0	1	1	0
CASE-7	1.3919	0	1	0	1	1	0	1	0	0	1	0	1	1	0
CASE-8	2.0541	0	1	0	1	1	0	0	1	0	1	1	0	0	1

出所：権・栗原・山下(2012)

表6.4 男性の体感温度の平均

サンプル CASE	体感温度 y_c	店舗		店員からのアプローチ		バーゲン		所持金		顧客の商品知識		洋服購入必要性		来店時の顧客の服装	
		有名百貨店の洋服売場	一般的な洋服店	あり	なし	開催中	非開催	3万	3千	十分	不十分	高	低	自信あり	自信なし
CASE-1	1.3276	1	0	1	0	1	0	1	0	1	0	1	0	1	0
CASE-2	3.6724	1	0	1	0	1	0	0	1	0	1	0	1	0	1
CASE-3	2.3448	1	0	0	1	0	1	1	0	1	0	0	1	0	1
CASE-4	2.4310	1	0	0	1	0	1	1	0	0	1	1	0	1	0
CASE-5	2.0000	0	1	1	0	1	0	1	0	1	0	1	0	0	1
CASE-6	2.2931	0	1	1	0	0	1	0	1	1	0	0	1	1	0
CASE-7	1.4483	0	1	0	1	1	0	1	0	0	1	0	1	1	0
CASE-8	2.1379	0	1	0	1	1	0	0	1	1	0	1	0	0	1

出所：権・栗原・山下(2012)

表6.5 女性の体感温度の平均

サンプル CASE	体感温度 y_c	店舗		店員からのアプローチ		バーゲン		所持金		顧客の商品知識		洋服購入必要性		来店時の顧客の服装	
		有名百貨店の洋服売場	一般的な洋服店	あり	なし	開催中	非開催	3万	3千	十分	不十分	高	低	自信あり	自信なし
CASE-1	1.6250	1	0	1	0	1	0	1	0	1	0	1	0	1	0
CASE-2	3.4375	1	0	1	0	1	0	0	1	0	1	0	1	0	1
CASE-3	2.1250	1	0	0	1	0	1	1	0	1	0	0	1	0	1
CASE-4	2.8750	1	0	0	1	0	1	1	0	0	1	1	0	1	0
CASE-5	1.5000	0	1	1	0	0	1	1	0	1	0	1	0	0	1
CASE-6	2.4375	0	1	1	0	0	1	0	1	1	0	0	1	1	0
CASE-7	1.1875	0	1	0	1	1	0	1	0	0	1	0	1	1	0
CASE-8	1.7500	0	1	0	1	1	0	0	1	1	0	1	0	0	1

出所：権・栗原・山下(2012)

表6.3～表6.5の体感温度y_cの平均とプロファイル・データx_{ijc}を基に，(6.4)式の正規方程式と「カテゴリー・ウェイトの基準化」によりパラメータa_{ij}を推定し，重相関係数を算出すると，表6.6のような結果となる（権ら 2012）。

表6.6　Model-1の分析結果

アイテムi	カテゴリーj	カテゴリー・ウェイト		
		全体	男性	女性
店舗（洋服の店舗）	有名百貨店の売場	0.272	0.237	0.398
	一般的な洋服店	−0.272	−0.237	−0.398
店員からのアプローチ	ある	0.120	0.116	0.133
	ない	−0.120	−0.116	−0.133
バーゲン	開催中	−0.073	−0.060	−0.117
	非開催	0.073	0.060	0.117
顧客の所持金	3万円	−0.444	−0.427	−0.508
	3,000円	0.444	0.427	0.508
顧客の商品知識	十分	−0.171	−0.181	−0.133
	不十分	0.171	0.181	0.133
顧客の洋服購入必要性	高い	−0.221	−0.233	−0.180
	低い	0.221	0.233	0.180
来店時の顧客の服装	自信のある服装	−0.279	−0.332	−0.086
	自信のない服装	0.279	0.332	0.086
重相関係数		0.977***	0.979***	0.966***

ただし，***：1％有意
出所：権・栗原・山下(2012)

まず，表6.6の重相関係数を見ると，すべて0.96以上の高い値が得られており，これらの検定結果もすべて1％有意である。これより，Model-1が体感温度データを高い精度で模写していることがわかる。一方，回答者全体のカテゴリー・ウェイトについては，「顧客の所持金」の推定値が最も大きく，次いで「来店時の顧客の服装」，「店舗」（有名百貨店の洋服売場か，一般的な洋服店か）の順になっており，「顧客の所持金」が「心理的プレッシャー」を生み出す最も

大きな要因となっていることが示唆される。

ここで,「顧客の所持金」が本人にしかわからないにもかかわらず,上記のように「顧客の所持金」のカテゴリー・ウェイトが最も大きい値となっていることは特徴的である。これは,顧客の所持金が少ないときに,価格が明示されていない商品や,いくつもの商品を購入しようとして,支払い金額が所持金額を超えてしまったとすると,人前で恥をかくことになるという回答者の心理を反映した結果であろう。反対に,来店時に多くの所持金をもっていれば,高級店や高級品であっても,それほど心理的プレッシャー(体感温度)を感じることなく,買い物を楽しむことができる。こうした心理的プレッシャーの背後には,人の目を気にする日本人の心理(山下ら 2010),とりわけ高級店での「気後れ」という心理(権ら 2012)があるものと思われる。

また,「来店時の顧客の服装」が2番目に大きい値となっていることから,自身の服装に自信がある場合,周りの状況にあまり影響されずに堂々と入店することができるという顧客の心理状態(権ら 2012)が示唆される。さらに,「店舗」(有名百貨店の売場か一般の洋服店か)が3番目に大きい値となっているのは,有名百貨店の売場における高級感が,一般の洋服店よりも顧客に多くの心理的プレッシャーを与えるからであろう。

以上のような高い重相関係数と,現実に即したカテゴリー・ウェイトの推定値から,本章で紹介した権ら(2012)の分析モデル(Model-1)の妥当性を確認することができる。さらに,このモデルが,**表6.1**のプロファイル・データに限定されない汎用的なモデルであることを踏まえると,店舗において顧客の感じる体感温度(心理的プレッシャー)の分析に,広く適用可能なモデルとしての性格を有していることがわかる。

6.4.3　店舗のシステム温と顧客の体温の分析モデル(Model-2)

店舗・顧客のプロファイルと「体感温度」との関係性の定量的分析を目的としていた上記のModel-1における「体感温度」を,店舗の「システム温」と顧客の「体温」へと分解すべく,権ら(2012)は下記のようなモデル(Model-2)

を提案している。これにより，**6.1節**で述べた高橋(1993)の枠組み（湯かげん図）におけるシステム温と体温を推定するための新たな分析アプローチを切り拓こうとしたのである。

　その際，顧客の体温については，アンケート調査のプロファイル・データ（所持金，商品知識，購入必要性，来店時の服装）からもたらされる体温T_cのみならず，回答者自身も顧客としての体温をもつため，上記の体温T_cに加え，回答者kの体温t_kをモデルに組み込む必要がある。そこで，権ら(2012)は，まずModel-1で推定したカテゴリー・ウェイトa_{ij}を用いて，店舗のシステム温S_cと顧客の体温T_cを，それぞれ(6.6)式と(6.7)式のように定式化し，そのうえで回答者kが顧客としてもつ体温を表す係数t_kを導入することにより，(6.8)式のようにモデル化している（Model-2）。

$$S_c = \sum_{i=1}^{3}\sum_{j=1}^{2} a_{ij} \cdot x_{ijc} \tag{6.6}$$

$$T_c = \sum_{i=4}^{7}\sum_{j=1}^{2} a_{ij} \cdot x_{ijc} \tag{6.7}$$

Model-2：$y_{ck} = \bar{y} + S_c - t_k \cdot T_c + \varepsilon_{ck}$ \tag{6.8}

　上記のシステム温S_cと体温T_cは，Model-1でカテゴリー・ウェイトa_{ij}を推定しておけば，(6.6)式と(6.7)式により算出することができる（既知である）ため，ここでの課題は，いかにして係数パラメータt_k（回答者kの体温を表す係数）を推定するかにある。そこで，(6.8)式の右辺第1項と第2項を左辺へと移項することにより，右辺を(6.9)式のように簡素化しておくことにしよう。

$$y_{ck} - \bar{y} - S_c = -t_k \cdot T_c + \varepsilon_{ck} \tag{6.9}$$

　(6.9)式の左辺を被説明変数として位置づければ，(6.9)式は基本的に回答者kごとの単回帰分析モデルとなるため，このモデルの残差二乗和を最小化するような係数パラメータt_kの解（最小二乗解）は，(6.10)式によって与えられる（権

ら 2012)。

$$t_k = \frac{-\sum_{c=1}^{8}(y_{ck}-\bar{y}-S_c)T_c}{\sum_{c=1}^{8}T_c^2} \qquad (6.10)$$

したがって，アンケート調査から得られる体感温度データ y_{ck} と，(6.6)式と(6.7)式から算出される S_c と T_c の値を，(6.10)式に代入すれば，回答者 k の体温 t_k を推定することができる。

さらに，権ら(2012)は，上記の分析モデル（Model-2）の実証分析として，前述（Model-1）の調査データ（回答者 k 別の体感温度）を用いて，回答者 k の体温（係数パラメータ t_k）を推定している。その際，Model-2の(6.6)式と(6.7)式により店舗のシステム温 S_c と顧客の体温 T_c を算出し，これらの値を(6.10)式に代入することにより，係数パラメータ t_k を推定している。こうした実証分析により算出・推定された，店舗のシステム温 S_c と顧客の体温 T_c を**表6.7**に，また回答者 k の体温 t_k についての性別平均と重相関係数を**表6.8**に，それぞれ示す。

表6.8の重相関係数を見ると0.604となっており，その検定結果は１％有意となっている。上記の重相関係数は，さほど高い値というわけではないが，人間の感じる心理的圧力（プレッシャー）という複雑な感情を考慮すれば，比較的良好な結果として位置づけることができる。ただし，Model-2の重相関係数（0.604）がModel-1の重相関係数（0.977）よりも低い値となっているのは，Model-1が回答者の平均を被説明変数としたモデルであるのに対して，Model-2の被説明変数には回答者間の個人差が反映されているため，各回答者の微妙な心理の違いを完全に吸収するまでには至っていないからであると思われる。それでも，Model-2が非常にシンプルなモデルであることを踏まえると，こうした個人差をModel-2が効率よく吸収していることがわかる。

一方，**表6.8**の分析結果における回答者の体温の性別平均を見てみると，男性（1.032）よりも女性（0.884）の体温の方が低いことがわかる。この結果は，女性の感じる心理的プレッシャーの方が大きいことを意味する。それは，男性よりも女性の方が，「所持金」「商品知識」「購入必要性」「来店時の服装」とい

表6.7　店舗のシステム温S_cと顧客の体温T_c

	店舗	店員からのアプローチ	バーゲン	システム温Sc	所持金	商品知識	購入の必要性	来店時の服装	体温Tc
CASE-1	有名百貨店の洋服売り場	あり	開催中	0.3193	3万	十分	高	自信あり	1.1149
CASE-2	有名百貨店の洋服売り場	あり	開催中	0.3193	3,000	不十分	低	自信なし	−1.1149
CASE-3	有名百貨店の洋服売り場	なし	非開催	0.2247	3万	十分	低	自信なし	0.1149
CASE-4	有名百貨店の洋服売り場	なし	非開催	0.2247	3,000	不十分	高	自信あり	−0.1149
CASE-5	一般的な洋服店	あり	非開催	−0.0794	3万	不十分	高	自信なし	0.2162
CASE-6	一般的な洋服店	あり	非開催	−0.0794	3,000	十分	低	自信あり	−0.2162
CASE-7	一般的な洋服店	なし	開催中	−0.4645	3万	不十分	低	自信あり	0.3311
CASE-8	一般的な洋服店	なし	開催中	−0.4645	3,000	十分	高	自信なし	−0.3311

出所：権・栗原・山下（2012）

表6.8　実証分析の結果

重相関係数	回答者の体温（回帰係数t_k）の平均	
0.604***	男性	女性
	1.032	0.884

ただし，***：1％有意
出所：権・栗原・山下（2012）

ったアンケートの調査項目を気にする人が多いからであろう。そういった意味で，Model-2の分析結果（**表6.8**）についても，Model-1の分析結果と同様，現実に即した結果と考えることができる。

以上のように，本章で紹介した権ら（2012）の分析モデル（Model-1と

Model-2)は,店舗において顧客の感じる体感温度と店舗・顧客のプロファイルとの関係性を定量的に把握(Model-1)するとともに,その「体感温度」を店舗の「システム温」と顧客・回答者の「体温」に分解(Model-2)するための新たな分析アプローチを切り拓いているのである。

6.5 店舗における顧客の体感温度とサステナビリティ戦略

ここまで述べてきたように,小売業(店舗)にとって,顧客の体感温度(高橋 1993)を常に適温(高温度適温あるいは低温度適温)に保つようにすることは,非常に重要な課題である。それは,体感温度が適温でなく「熱湯」の状態であれば,顧客はドロップアウトし,また「ぬるま湯」の状態であれば,スピンアウトしてしまうからである。そこで,激しい店舗間競争のなかで,自身の店舗が勝ち残っていくという「サステナビリティ」を生み出すためには,顧客にとって適温となるような店舗をデザインし,適温の接客を展開していくことが求められるのである。

このように,顧客にとっての体感温度を「適温」に保つためには,まず自身(店舗)のシステム温と,さまざまな顧客の体温を知る必要がある。こうした店舗のシステム温と顧客の体温を知ろうとする際に,前節で紹介した権ら(2012)の分析モデル(Model-1とModel-2)が有効性を発揮しうるのであるが,以下では本章のまとめとして,顧客の体感温度(システム温 – 体温)に注目した場合の「店舗のサステナビリティ戦略」について検討していくことにしよう。

まず,顧客の体温に関して注意すべき点は,体温の個人差が大きいことである。すなわち,体温の高い顧客もいれば,体温の低い顧客もいるのである。そこで,店舗のサステナビリティ戦略として,①体温の高い顧客向けに高システム温(高温度適温)の店舗をめざす,②体温の低い顧客向けに低システム温(低温度適温)の店舗をめざす,③同一店舗内に体温の高い顧客向けの売場と体温の低い顧客向けの売場を設け,高システム温と低システム温の両立をめざす,

④同じ売場に体温の高い顧客も低い顧客も来店してくれるよう中間的なシステム温の店舗をめざす，という４つの戦略が考えられる。

①と②はターゲットとする顧客を絞り込んだ戦略であり，③と④は体温の高い顧客も低い顧客も取り込もうとする戦略である。当然のことながら，①や②に比較して，③や④は難易度の高い戦略であるが，①〜④に共通するサステナビリティ戦略は，かぎられた経営資源を活用しながら，いかにして顧客にとって適温に近いシステム温を生み出すかというところにある。ここで，適温に「近い」としているのは，明らかに①〜③は適温をめざしているのであるが，④では体温の高い顧客に対しても低い顧客に対しても，同一のシステム温（中間的な高さのシステム温）を提供しようとするからである。

まず，①体温の高い顧客向けに高システム温の店舗をめざす戦略としては，来客数が少なくても，売上単価を高めようとする戦略を考えることができる。付加価値の高い商品・サービスと店舗デザインにより，高温度適温をめざすのである。そのためには，体温の高い顧客に満足してもらえるよう，商品知識の豊富な従業員による，きめの細かい接客と，高級感のある商品・店舗デザインが必要であり，必然的に高コストの店舗運営を余儀なくされる。それでも，売上単価が高いため，ある程度の顧客数さえ確保することができれば，利益率あるいは一商品当たりの利益幅が大きいだけに，安定した経営を続けることができ，店舗のサステナビリティが実現される。

②体温の低い顧客向けに低システム温の店舗をめざす戦略は，薄利多売の戦略であるため，いかにして低コストで多くの顧客を獲得するかが，この戦略における最大の課題となる。すなわち，コストを抑えた低システム温の店舗で，体温の低い多くの顧客に低温度適温の状態を提供するのである。この戦略における最も大きなリスクは，少しでも安い価格を設定しようとするがゆえに，大量の商品を仕入れ，それが売れずに在庫となって残ってしまうことにある。この戦略では，低システム温の店舗を低コストで運営する必要があるため，大量の商品を仕入れることにより低コストでの仕入れをめざさざるを得ないが，こうして大量に仕入れた商品が売れ残ってしまい在庫が多くなると，かえってコストが増大するという危険性も内包している。すなわち，大量の在庫が経営を

圧迫し，店舗のサステナビリティが消滅してしまうかもしれないのである。したがって，この戦略ではタイムリーな仕入により，低システム温の店舗を低コストで運営しなければならない。

③同一店舗内に体温の高い顧客向けの売場と低い顧客向けの売場を設け，高システム温と低システム温の両立をめざす戦略は，百貨店やショッピングモールのように，十分な大きさの売場をもつ店舗でのみ可能な，「適温」へのアプローチである。これにより，①と②の顧客の両方を取り込み，より多くの顧客を確保することが可能になる。しかしながら，上記のように店舗内で売場ごとに異なる「システム温」を維持していかなければならず，売場づくりや従業員教育にかかる間接的なコストがどうしても増大してしまう。さらに，こうしたコストが店舗のサステナビリティを低下させてしまう要因ともなりうる。

④同じ売場に体温の高い顧客も低い顧客も来店してくれるよう，中間的なシステム温の店舗をめざす戦略は，さまざまな顧客のニーズと店舗の意図が合致しないと成功しない戦略であり，これが成功すれば，少ない店舗運営の直接的なコストで，より多くの顧客（体温の低い顧客と体温の高い顧客）を獲得することが可能になる。しかしながら，こうした戦略を成功させるためには，さまざまな顧客のニーズ（体温）を事前に把握するための十分な調査と，それに基づく売場づくりや従業員教育が必要であり，その分だけ間接的なコストが増大してしまうことになる。もし，これらの間接的なコストをかけずに，④の戦略を実行しようとすれば，体温の高い顧客は「スピンアウト」し，体温の低い顧客は「ドロップアウト」する結果を招いてしまうかもしれない。そういった意味で，④の戦略は高リスク・高リターンの戦略であり，このようなリスクが顕在化した場合には，店舗のサステナビリティが低下してしまうことになる。

以上のように，①～④の戦略は，それぞれ一長一短をもっており，どの戦略が適しているかは，それぞれの店舗の特性（規模・所在地や知名度など）によって異なる。したがって，それぞれの店舗が顧客に適温（高温度適温あるいは低温度適温）の状態を提供していくためには，ターゲットとする顧客の体温を明確にし，それにふさわしい売場づくりや従業員教育を展開していくことが求められる。これにより，顧客の体温に適合した店舗のシステム温（高温度適温

あるいは低温度適温）を生み出し，店舗のサステナビリティを高めていくのである。

〈参考文献〉

Vargo, S.L., and Lusch, R.F.(2004),"Evolving to a New Dominant Logic for Marketing", *Journal of marketing*, Vol.68, No.1, pp.1-17

Vargo, S.L., and Lusch, R.F.(2008),"Service-Dominant Logic: Continuing the Evolution", *Journal of the Academy of marketing Science*, Vol.36, No.1, pp.1-10

Vargo, S.L.(2009),"Toward a Transcending Conceptualization of Relationship: a Service-Dominant Logic Perspective", *Journal of Business & Industrial Marketing*, Vol.24, No.5/6, pp.373-379

井上崇通・村松潤一編著(2010),『サービス・ドミナント・ロジック』，同文舘出版

大谷竜輝・権善喜・村山賢哉(2010),「消費者の熱湯感とぬるま湯感」,『日本経営システム学会経営品質科学研究部会発表資料』

河口至商(1973),『多変量解析入門Ⅰ』，森北出版，pp.95-107

権善喜・鄭年皓・村山賢哉・山下洋史(2011),「高システム温の店舗における体感温度のカタストロフィー・モデル」,『第46回日本経営システム学会全国研究発表大会講演論文集』，pp.146-147

権善喜・栗原剛・山下洋史(2012),「店舗のシステム温と顧客の体温に関する統計的分析モデル」,『第49回日本経営システム学会全国研究発表大会講演論文集』，pp.68-69

高橋伸夫(1993),『ぬるま湯的経営の研究』，東洋経済新報社，pp.5-29

前田進(2010),「S-Dロジックの台頭とその研究視点」井上崇通・村松潤一編著『サービス・ドミナント・ロジック』，同文舘出版，pp.120-135

村山賢哉・鄭年皓・山下洋史(2007),「日本の組織におけるドロップアウトとスピンアウトの行動フレームワーク」,『日本経営システム学会 第38回全国研究発表大会 講演論文集』，pp.200-201

山下洋史編著(2010),『日本人の心理・行動モデルと日本企業のクォリティ』，白桃書房，pp.57-72

第7章 組織の集権性・分権性とアメーバ組織のサステナビリティ

7.1 アメーバ組織における「独立採算」と「半権限委譲―半コントロール」

　近年，多くの研究者や企業が，京セラのアメーバ経営に高い関心を寄せている。明治大学「経営品質科学研究所」でも，こうした点に注目し，村山と山下を中心に一連の「アメーバ組織」研究（村山 2013，村山・鄭・山下 2013，村山・山下 2014，村山・山下・金子 2014）を展開している。本章では，こうした一連の先行研究を基に，組織の集権性・分権性とサステナビリティの関係について検討していくことにしよう。

　アメーバ経営が，京セラの創業者稲盛和夫によって考案された経営手法であることは広く知られている。近年では，2010年に経営破綻した日本航空が，京セラのアメーバ経営を導入して短期間での復活を果たしたことが大きな注目を集めた。こうしたアメーバ経営の大きな特徴は，組織を「アメーバ」と呼ばれる5人から数十人の小集団に分割し，その小集団（アメーバ）のリーダーに，アメーバとしての経営を任せるところにある。すなわち，アメーバ経営は，アメーバのリーダーに経営者意識を醸成することを前提とした仕組み（三矢 2003）なのである。

　アメーバ経営では，アメーバの分割や統合を繰り返していくことにより，環境の変化に対して柔軟に対応し，組織全体の「サステナビリティ」を高めている。このように，環境の変化に応じて自由自在に組織の形を変えていく動きが，原生動物のアメーバに似ていることから，「アメーバ経営」という呼称が生まれた（浅田ら 2003）。そこで，本章では，アメーバ経営を展開する組織全体を「アメーバ組織」として位置づけ，その構成要素（公式小集団）を「アメーバ」と呼ぶことにする。

上記のように，アメーバ経営では，各アメーバを運営するために必要な意思決定の権限をリーダーに委譲し，そのリーダーは自身のアメーバにおける経営者として振る舞うことになる。こうして大幅な権限委譲を受けたリーダーは，当然のことながら，自身のアメーバが確実に利益を生み出すよう，メンバーを導いていかなければならない。すなわち，各アメーバのリーダーは「個人商店の店主」のように，自身のアメーバを経営するための権限と責任を有しているのである。

　その際，各アメーバのリーダーが「個人商店の店主」として振る舞うためには，自身のアメーバにおける採算（利益）を可視化する仕組みが必要になる。それは，アメーバの採算情報に基づき，利益を最大化（売上げの最大化とコストの最小化）するような戦略をタイムリーに立案し，実行しなければならないからである。そのため，アメーバ経営では「部門別採算」（以下，本章では「独立採算」と呼ぶことにする）の制度を導入し，各アメーバ単位での採算が可視化されるような仕組みを構築する必要がある。こうした仕組みにより，各アメーバの売上げとコストが日別の細かい単位で集計され，翌日にはすべてのメンバーがその情報を共有することになる。

　さらに，アメーバ経営では上記のような「独立採算」の仕組みが，局所最適化の行動を抑制する役割を果たしている。それは，上位アメーバと下位アメーバとの間の密なコミュニケーションにより，常に上位アメーバのリーダーが，下位アメーバの行動（とくに，採算面）を監視していることを意味する。すなわち，アメーバ経営では，上位アメーバと下位アメーバとの間の密なコミュニケーションを通じて，下位アメーバは採算面でのコントロール（局所最適化の防止）を受けることになるのである。

　このように，アメーバ組織はリーダーへの「権限委譲」と上位アメーバからの「コントロール」という，一般には相反するとされる2つの特徴を有しており，こうした「権限委譲」と「コントロール」の調和こそが，アメーバ経営のめざす組織運営なのである。こうした考えに基づき，村山(2013)は上記の「権限委譲」と「コントロール」との間の調和により運営される組織を「半権限委譲―半コントロール」型組織として位置づけている。ここで，「半権限委譲―

半コントロール」としているのは，①アメーバへの大幅な「権限委譲」が，基本的にリーダーのみに対して行われることが多く，自身のアメーバ内部では目標達成のために，メンバーへの「コントロール」を強化する傾向があり，かつ②アメーバ組織全体としても，計画面・業務遂行面での「権限委譲」と，採算面での「コントロール」を調和させようとしているからである（村山 2013）。

7.2 米国型のMRPシステムと日本型のJITシステム

　米国型の組織運営と日本型の組織運営を端的に表している生産管理システムは，それぞれMRPシステムとJITシステムであろう。前者のMRPは，Materials Requirements Planning（資材所要量計画）を意味し，そのための計画システム，すなわち「資材所要量計画システム」が狭義のMRPシステムに相当する。しかしながら，生産管理システムとしてのMRPシステムは，この「資材所要量計画」を核としながらも，在庫管理，資材・購買管理，原価管理，技術情報などを含んだ総合的な管理システムである。

　一方，後者のJITは，Just In Timeを意味するが，これは和製英語であり，英語の本来的な表現はJust On Timeである。しかしながら，生産管理システムとしてのJITシステムが海外でも広く知られるようになったため，今ではJust In Timeという和製英語が海外でも用いられている。JITシステムは，その名のとおりジャスト・イン・タイム（必要なものを必要なときに必要な分だけ生産する工程間の同期化）により在庫を削減し，各種のトラブルや需要変動に対して柔軟に対応していこうとする生産管理システムである。こうしたJITシステムの思想と同様に，MRPシステムも同期化の思想（シンクロナイゼーションの思想；山下・村田 2006）を有している。

　MRPシステムの最大の特徴は，組織のセンターに位置する生産統括部門（計画部門）で作成された製品の計画のみをコンピュータに与えて，部品や原材料は，コンピュータが製品の計画に基づき計算する資材所要量計画（狭義の

MRP)に従うところにある(山下 2007)。これにより，必要なもの以外は作らせない，また必要なものであっても必要なときにしか作らせないことになり，むだな仕掛り在庫を生じさせないという，需要と生産の同期化(シンクロナイゼーション)を徹底するのである。ここで，注意すべき点は「作らない」ではなく，「作らせない」としているところであり，これはMRPシステムが現場のラインに対するコントロール色の強い生産管理システムであることを示している。

　上記のような製品と部品・原材料との間の計画方法の違いは，MRPシステムにおける「独立需要品目」と「従属需要品目」の違いから生じる。すなわち，前者(独立需要品目)は，その品目の需要が他の品目の需要とは独立に発生する品目であるのに対して，後者(従属需要品目)は，その品目よりも結合レベルの高い品目(後工程)に従った(従属した)需要となっているのである(山下 2007)。したがって，最終製品は常に独立需要品目となり，受注生産の場合は実際の受注に従って，また見込み生産の場合は需要予測に従って，それぞれ計画部門が独立需要品目の「基準生産計画」(MPS；Master Production Schedule)を作成することになる。一方で，従属需要品目の計画は，コンピュータがMPSを基に所要量展開することにより，自動的に作成される。

　ここで強調したいことは，MRPシステムの主目的が，従属需要品目の計画作成を「自動化」することではなく，コンピュータが自動的に作成することにより「独立需要品目が必要とする従属需要品目だけしか作らせない」(山下1999)ことにあるという点である。すなわち，不必要な従属需要品目の計画は作成されないのである。これにより，工程間の同期化(あるいは，ジャスト・イン・タイム)の思想に基づき，従属需要品目の生産計画が作成される。したがって，MRPシステムでは最終製品のみを独立需要品目とし，それに使用される部品や原材料については，すべて従属需要品目とすることが望ましい。

　このように，MRPシステムでは，「独立需要品目」の生産計画，すなわちMPSをコンピュータに与えれば，従属需要品目の計画は自動的に作成される。したがって，独立需要品目のMPSのみが，人間による作成の許される生産計画であり，従属需要品目の生産計画は，コンピュータ(MRPシステム)によ

って自動的に作成される（山下 1999）。これにより，独立需要品目（最終製品）に対して同期化された従属需要品目の生産計画が作成されるのである。

　MRPシステムでは，米国の組織に多く見られる垂直的ヒエラルキー・コントロール（青木 1989）と同様に，製品を構成する部品や原材料（すなわち，従属需要品目，以下では単に「部品」と呼ぶことにする）の生産計画は，ヒエラルキーの頂点に位置する製品の基準生産計画（MPS）に従って作成される。各部品は，結合のレベルによりヒエラルキーを構成しており，すべての部品が結合されたレベル（すなわち，ヒエラルキーの頂点）に製品が位置する。そして，製品（独立需要品目）のMPSが，前述のように，人間による作成が許される唯一の計画であり，各部品の計画はこのMPSに使用個数，リードタイムなどを加味して，コンピュータにより自動的に作成される。

　さらに，上記のMPSを作成する部門も，一般に組織の頂点に位置するセンター部門であり，その意味からMRPシステムは「二重に垂直的」（金子・山下 1998）である。ここで「二重に垂直的」としているのは，MRPシステムの業務プロセスが，センターの生産統括部門（計画部門）から末端の実行部門への垂直的ヒエラルキー・コントロールに従うと同時に，生産計画の面でも製品のMPSから構成部品への垂直的ヒエラルキー・コントロールに従うからである（山下 1999）。金子・山下（1998）は，これをMRPシステムの「二重の垂直性」と呼んでおり，こうした「二重の垂直性」が工程間の「同期化」を二重にコントロールしているのである。

　米国企業では，組織全体の最適化（MRPシステムでは，同期化）を図るべく，ヒエラルキーの頂点に位置するセンター部門が組織の末端に位置する実行部門をコントロールするという業務プロセス（垂直的ヒエラルキー・コントロール）が一般的である。その意味から，MRPシステムはこうした米国の垂直的な組織特性を大きく反映した生産管理システムとして位置づけられるのである。

　一方，JITシステムは，日本のトヨタ自動車で生まれたため，日本の組織特性を強く反映した生産管理システムであり，「トヨタ生産方式」「トヨタ生産システム」と呼ばれたり，「かんばん」が重要な役割を果たすため「かんばん方式」と呼ばれたりもする。JITシステムを支える基本的な概念は，以下で述べる「同

期化」と「自働化」であり，「自働化」は，「自動化」と区別するために「ニンベンのついたジドウカ」とも呼ばれる。

　まず，上記の「同期化」（ジャスト・イン・タイム）についてであるが，これは，前工程と後工程の生産のタイミングをあわせ込むことにより，仕掛り在庫を限りなくゼロに近づけようとする概念である。また，最終製品の後工程を市場と考えれば，市場での販売と製品の組立を同期化することになるため，こうした同期化は製品在庫を限りなくゼロに近づけることを意味する。また，JITシステムでは，あるタイム・バケット（たとえば，1週間や1ヵ月）の需要をまとめて生産するのではなく，需要のスピードにあわせた「平準化生産」を行うことになる。さらに，小ロット生産とそれに対応するための段取り時間の短縮，U字ラインとそのための多能工化，過早納入を防止するための後工程引き取り方式（引っ張り方式）といった方策により，ジャスト・イン・タイム生産の実現をめざしているのである（山下 1999）。

　次に，「自働化」（ニンベンのついたジドウカ）についてであるが，これは機械が単に「動く」のではなく，機械が自ら不良品やトラブルを認識して停止する（働く）ことを意味する概念である。単なる「自動化」では，このような場合，機械が動き続けて不良品の山を作ってしまうことになるが，自働化された機械であれば，これを最小限の範囲に抑えることができる。すなわち，こうした「自働化」により不良品やトラブルの影響を最小限に抑えることで，むだなコストや生産の混乱を防止するのである。

　一方，完成品組立の工程では，一般に手作業が中心となるため，上記のような（機械の）自働化とは別に「もう一つの自働化」の概念が提示されている（平野 1989）。これは，ラインの異常が発生したならば，作業者自身がすぐに停止ボタンを押してラインを止めることを意味する概念である。そこで，品質は自工程で作り込むもの（これは，「品質の作り込み」と呼ばれる）であり，決して不良品を後工程に送ってはならないという考え方を徹底している（山下 1999）。また，故障やチョコ停を防止するための十分な設備保全を行い，簡単な機械の故障であれば自分で対応するとともに，目で見る管理（たとえば，後述の「かんばん」や「あんどん」）の徹底を図っている。

さらに，山下（1999）はこうした「もう一つの自働化」を拡張して，組立作業にかぎらない「（人間の）自働化」の概念を提示している。この概念は，上記のようなラインでの組立作業のみならず，スタッフを含めた全従業員を「自働化」の対象とする概念である。すなわち，他人や機械に頼るのではなく，自分で働いて問題を解決することにより，環境の変化やトラブルに自ら迅速かつ柔軟に（アジルに）対応していくのである。

　以上のようにMRPシステムとJITシステムの特性を比較すると，多くの相違点が存在することがわかる。その背景には，両システムの基盤となる組織特性の違い，とりわけ日本と米国の組織特性の違いがあるものと思われる。そこで，こうした日本と米国の組織特性の違いに注目し，MRPシステムとJITシステムの相違点を，以下では整理していくことにしよう。

　MRPシステムは，前述のように「二重に垂直的」（山下 1999）であり，米国の組織と同様の垂直的な業務プロセスのみならず，生産計画の面でも製品のMPSから構成部品への垂直的なヒエラルキー・コントロールが展開されている。すなわち，製品を構成する部品はヒエラルキーの頂点に位置する製品のMPSに従って生産されており，このMPSを作成する部門も，やはり組織の頂点に位置するセンター部門なのである。これより，MRPシステムが米国型の「垂直的ヒエラルキー・コントロール」（青木 1989）に適合したシステムであることがわかる。

　一方，JITシステムでは，センター部門で作成される計画は大枠のみを規定するにすぎず，詳細の計画（実行計画）は実行部門で作成される「かんばん」に権限委譲されている。したがって，米国型の垂直的ヒエラルキー・コントロールの拘束力は弱く，日本の組織特性と同様に，詳細の計画機能はセンターから末端の工程へと権限委譲されている。JITシステムでは，かんばん（生産指示かんばんと引き取りかんばん）を用いた水平的作業コーディネーションにより，工程間の同期化が図られているのである。しかも，かんばんは上記のような生産計画の役割を果たすだけではなく，実質的な注文書であり，納品書であり，目で見る管理の情報伝達ツールでもある（山下 1999）。このように，JITシステムの業務プロセスは，日本の組織における「水平的作業コーディネーシ

ョン」の典型例として位置づけられ，その意味から日本の組織に適合した生産管理システムなのである。

7.3 BPRのめざす組織特性と「代替的双対モデル」

　情報通信技術（ICT；Information & Communication Technology）の急速な発展により，これを企業活動の中核に組み込もうとするマネジメント・コンセプトが1990年代に米国で生まれ，その後の企業活動に大きな影響を与えた。そのマネジメント・コンセプトこそが，BPR（Business Process Reengineering）なのである。BPRとは，業務プロセス（Business Process）を作り直すこと（Reengineering）を意味し，単にリエンジニアリングとも呼ばれる。BPRは，ハマーら(1993)が提唱した経営管理手法（マネジメント・コンセプト）であり，コスト，品質，サービス，スピードのような重大で現代的なパフォーマンス基準を劇的に改善するために，業務プロセスを根本的に考え直し，抜本的にそれをデザインすること（Hammer & Champy 1993）とされる。
　BPRでは，顧客満足（CS；Customer Satisfaction）を実現するため，現状にとらわれずに白紙の状態からビジネス・プロセスはどうあるべきかを考え，それを「つくり直す」ところに大きな特徴がある。そこで，ICTの積極的な整備・活用によって，従来のヒエラルキー・コントロール型組織を，環境（とくに，市場や技術）の変化に対してアジル（俊敏；迅速かつ柔軟）に対応するような組織へと「つくり直す」のである。これは，従来の垂直的な組織構造から，自律的・水平的な組織構造への「変革」を意味する。こうした「変革」が，日本企業の得意とする「改善」とは異なる点である。
　山下(1996)は，BPRのめざす方向性として，ヒエラルキー型の組織から「フラットな組織」へ，トップ・ダウンから「権限委譲」へ，コントロールから「コーディネーション」へ，スタンド・アローンから「ネットワーク」へ，さらに「コンカレント・エンジニアリング」「アウト・ソーシング」といったキーワー

ドを挙げている。これらのキーワードに注目すると，BPRを，「垂直的ヒエラルキー・コントロールから水平的コーディネーションへ」という，現在の組織がめざす業務プロセスの方向性のなかに位置づけることもできる。

　BPRでは，ICTの積極的活用により顧客情報や在庫情報を組織全体で共有し，部門間の壁を打ち破ることで，局所最適化の行動を防止する。すなわち，ICTの積極的活用により全体最適化をめざすのである。さらに，こうした情報を，エンド・ユーザー・コンピューティング（EUC）によってタイムリーに加工・分析することで，業務のスピードを向上させる。

　従来，米国企業では，垂直的なヒエラルキー・コントロールの拘束力が強く（たとえば，前節で述べたMRPシステム），こうした組織特性を青木(1989)の双対原理の枠組みで捉えれば，分権的な人事管理による局所最適化の行動を，垂直的ヒエラルキー・コントロールが防止してきたという見方をすることができる。すなわち，ヒエラルキーの頂点に位置する組織のセンター部門が全体最適化の計画（たとえば，MRPシステムにおけるMPS）や詳細なマニュアルを作成し，現場の実務担当者はその計画やマニュアルを忠実に守って業務を遂行することにより，局所最適化の行動を防止（山下 2005）してきたと考えるのである。

　BPRも，MRPシステムと同様に，米国で提唱されたマネジメント・コンセプトであるが，MRPシステムのような垂直的ヒエラルキー・コントロール中心の米国型組織ではなく，水平的コーディネーション中心の日本型組織に近い分権的な業務プロセスを志向している。すなわち，BPRは水平的コーディネーション中心の分権的な業務プロセスへの変革を，組織に要求するのである。その際，分権的な業務プロセスは，日本の組織と同様に，局所最適化の行動を防止するための何らかのシステムを必要とする。

　青木(1989)の双対原理によれば，日本の組織ではこうした局所最適化の行動を防止するシステムが人事管理の集権性であったが，BPRではICT，とりわけ情報ネットワークの積極的活用による「情報の共有化」がその役割（局所最適化の防止）を果たすことになる。すなわち，局所的な情報で意思決定するのではなく，情報ネットワーク上で共有された幅広い情報を基に意思決定を行うこ

とにより，局所最適化を防止し，全体最適化をめざすのである（山下 2005）。このことを踏まえると，BPRでは青木(1989)の双対原理とは異なる局所最適化の防止システム，すなわち「ICTの活用による情報共有化」という局所最適化の防止システムを有することがわかる。

そこで，山下(2005)は，日本の組織における「人事管理の集権性」に対して，BPRにおける「ICTの活用による情報共有化」を代替的な特性として位置づけることにより，青木(1989)の双対原理を拡張し，表7.1に示すような「代替的双対モデル」を提案している。

表7.1 青木(1989)の双対原理と山下(2005)の代替的双対モデル

組　織	分権性	局所最適化の防止	分析枠組み	
日　本	業務プロセス	人事管理の集権性	双対原理	代替的双対モデル
米　国	人事管理	情報システムの集権性 （業務プロセスの集権性）		
BPR	業務プロセス	ICTの活用による情報共有化 （人事管理の集権性と代替的な特性）		
	人事管理			

表7.1の代替的双対モデル（山下 2005）は，組織が「いかにして局所最適化を防止するか」の問題に対する3つ（日本，米国，BPR）の異なるアプローチを示唆している。すなわち，組織における局所最適化の行動を，日本では人事管理の集権性が，米国では業務プロセスの集権性が，BPRではICTを活用した情報の共有化が，それぞれ防止するという3つのアプローチである。さらに，日本における人事管理の集権性と，BPRにおける情報の共有化が代替的な特性であることは，BPRに対する米国と日本のアプローチの違いを生じさせる要因となる。それは，米国では業務プロセスの分権性から生じる局所最適化の行動を防止するためにはICTの活用が欠かせないが，日本では従来より分権的な業務プロセスから生じる局所最適化を，人事管理の集権性が防止してきたため，ICTの活用が必須条件というわけではない（山下 2005）ことを意味するのである。

7.4 アメーバ組織に焦点を当てた「代替的2段階双対性フレームワーク」

　アメーバ経営は，京セラを創業した稲盛和夫により考案された経営手法であり，現在では京セラを始め，KDDI，日本航空など，多くの企業で採用されている。アメーバ経営の1つの特徴は，組織を小さい単位（アメーバ）に分割し，その単位ごとに採算を管理するところにある。これにより，各アメーバは自身のコストや利益を十分に意識した組織運営を展開することになる（村山・山下 2014）。このように，アメーバ経営は，各アメーバの利益責任を明確にする仕組みを構築している。すなわち各アメーバのリーダーに大幅な権限を委譲し，そのリーダーが自身の役割と責任においてアメーバを運営していくのである（**7.1節**を参照）。

　一般に，現場に権限を委譲することは，局所最適化の行動に陥る危険性を高めてしまうが，アメーバ組織では，「独立採算」と「半権限委譲—半コントロール」型組織（**7.1節**を参照）という2つのメカニズムが，リーダーへの権限委譲による局所最適化の行動を防止する役割を果たしている（村山ら 2013）。こうしたアメーバ組織における「独立採算」と「半権限委譲—半コントロール」という研究視座を，青木(1989)の「双対原理」と山下(2005)の「代替的双対モデル」の枠組みに対して組み込むことにより，村山ら(2013)は**表7.2**のような「代替的2段階双対性フレームワーク」を提案している。

　表7.2のフレームワークは，山下の代替的双対モデル（山下 2005）における「ICTの積極的活用による情報共有化」に対して，アメーバ組織における各アメーバの「独立採算」と「半コントロール」を「代替的」な特性として位置づけたフレームワークである。ただし，ここで「2段階」としているのは，各アメーバにおいて，①「独立採算」がアメーバ単位での局所最適化を防止すると同時に，②アメーバ内部での「半コントロール」（これは，各アメーバへは大幅な権限委譲を行い，アメーバ内部ではリーダーがメンバーをコントロールするという意味で，**表7.2**の「半コントロール」に相当する）が実務担当者レベ

表7.2 双対原理・代替的双対モデルと代替的2段階双対性フレームワーク

組織	分権性	局所最適化を防止する特性	分析枠組み		
日本	業務プロセス	人事管理の集権性	双対原理	代替的双対モデル	代替的2段階双対性フレームワーク
米国	人事管理	業務プロセスの集権性（情報システムの集権性）			
BPR	業務プロセス 人事管理	情報ネットワークの積極的活用による「情報共有化」			
アメーバ組織	業務プロセス	半コントロール&独立採算（プロフィット・センター化）			

出所：村山・鄭・山下（2013）

ルでの局所最適化を防止するという2段階の特性を有しているからである。

　上記の「代替的2段階双対性フレームワーク」（村山ら 2013）は，組織での局所最適化の防止メカニズムに関して，日本における人事管理の集権性と米国における業務プロセスの集権性，BPRにおける「ICTの積極的活用による情報共有化」，アメーバ組織における上記の①独立採算と②半コントロールが，それぞれ代替的な特性として位置づけられることを示している。ただし，局所最適化を防止する組織特性が，上記のように，日本では人事管理の集権性，米国では業務プロセスの集権性，BPRでは「ICTの積極的活用による情報共有化」という，それぞれ「単独の特性」であるのに対して，アメーバ組織では①独立採算と②半コントロールの「複合された特性」であるという点に大きな違いがある。

　このようなアメーバ組織の特性は，日本企業に広く見られる長期的な視点での人材育成や，ジョブ・ローテーションによる部門間の壁を越えた情報共有を可能にする長期的な雇用システムによって支えられている。すなわち，アメーバ組織では，長期雇用による組織への高い帰属意識や，部門間（アメーバ間）の壁を越えた情報共有によって，各アメーバに対する大幅な権限委譲を行って

も局所最適化の行動には陥りにくい業務プロセスを有しているのである。

7.5 日本の系列企業群における「大規模アメーバ組織」の視点

　アメーバ組織では，前節で述べたような「独立採算」により，各アメーバのリーダーは他のアメーバよりも多くの利益を上げようと努力することになる。これにより，アメーバ間での競争意識を高めるのである。その一方で，京セラのアメーバ経営では，各アメーバのリーダーが「京セラフィロソフィ」という経営哲学に基づき協調行動をとるよう，これを全社員に徹底させている。さらに，こうしたアメーバ経営を展開する組織（アメーバ組織）では，大幅な権限委譲により各アメーバにおける行動上の自由度を高めているため，垂直的ヒエラルキー・コントロールの拘束力は弱く，「堅い組織」（tightly coupled system；土谷 1996）としての組織運営よりも，「柔らかい組織」（loosely coupled system；土谷 1996）としての組織運営が志向されている。すなわち，アメーバ組織は「独立採算」「競争と協調」「柔らかい組織」といった組織特性を有しているのである。

　一方，村山ら（2013）は，日本の系列企業群に焦点を当て，アメーバ組織と同様の組織特性（ここでは，上記の「独立採算」「協調と競争」および「柔らかい結合」）をもつ系列企業群を，「大規模アメーバ組織」として捉える視点を提示している。さらに，日本のSEIKOグループを，こうした「大規模アメーバ組織」の視点から捉え，下記のような特徴を指摘している。

　SEIKOグループは，セイコーHDを頂点としたTree構造（**3章を参照**）の企業間関係を形成しており，3つの中核メーカー（旧精工舎・旧第二精工舎・旧諏訪精工舎）が併存してきた。こうした企業間関係を，金子・山下（2009）は，「Tree型ネットワーク」として位置づけている。SEIKOグループでは，こうしたセイコーHDの垂直的コントロールによるTree型の堅い構造をもちながらも，環境の変化にあわせて合併（たとえば，旧諏訪精工舎と旧エプソンの合併によ

る「セイコーエプソン」）と分社化を繰り返すという柔らかい構造を有しており，このような2つの相反する特性が併存している。また，上記の中核メーカー3社が完全な「独立採算」の経営を展開し，かつウォッチやプリンタなどの事業では，グループ内での激しい「競争」が繰り広げられてきたことも注目すべき点である。

その一方で，独立採算の経営とグループ内での激しい競争という上記の性格とは反対に，SEIKOグループがオリンピックの計時を担当する際には，グループ各社（とくに，メーカー3社）が「協調」し，一丸となった行動を展開している。こうしたSEIKOグループ各社の協調行動により，円滑なオリンピックの運営に邁進してきたのである。その背景には，世界でオリンピックの計時を担当可能な時計メーカーが，SEIKOグループとスイス共同体のみであるという世界からの信頼に対して，SEIKOグループが一丸となって応えようとする姿勢と意欲があるものと思われる。

このように，SEIKOグループは，その内部に「協調」と「競争」をあわせもち，グループ内の各企業がネットワーク状に結びついたゆるやかなTree構造の企業間関係を形成している。こうした「Tree型ネットワーク」が，上位からのコントロールに相当する「Tree構造」と，上位からの権限委譲に相当する「ネットワーク構造」により構成されていることに注目すると，これをコントロールと権限委譲が調和した状態（金子・山下 2009）として位置づけることができる。さらに，こうしたTree型ネットワークにおける「協調」と「競争」の調和こそが，SEIKOグループの特徴であると同時に，SEIKOグループの高い国際競争力を生み出す源泉となっていると考えることもできるのである。

以上のように，SEIKOグループと京セラのアメーバ経営が，「競争と協調」と「独立採算」による「柔らかい結合」という共通した特性を有することに注目すると，SEIKOグループを「大規模アメーバ組織」（村山ら 2013）として位置づけることができる。すなわち，SEIKOグループを構成する各企業が，大規模なアメーバであるかのように振舞うのである。ここでSEIKOグループを大規模な「アメーバ組織」として位置づけているのは，①環境の変化にあわせてアメーバを構成する要素（個）を柔軟に組み替えているからであり，②独

立採算のグループ運営と，③アメーバに大幅な権限委譲を行っているからである。また，「大規模」なアメーバ組織として位置づけているのは，京セラのアメーバ組織と比較して，④アメーバの規模が非常に大きい（各アメーバの規模が企業レベル）からである。こうした①～④の特性を踏まえ，村山ら（2013）は，SEIKOグループを単なる「アメーバ組織」ではなく，「大規模アメーバ組織」として位置づけているのである。

7.6 組織の柔軟性とメンバーの自律性・創造性によるサステナビリティ

　ここまで述べてきたように，組織の柔軟性と，それを構成するメンバーの自律性・創造性は，組織が将来に向かって存続し，発展していく上で，欠かすことのできない特性である。こうした特性を有する代表的な組織が「アメーバ組織」であり，前節で述べた「大規模アメーバ組織」もその延長線上に位置づけられる。さらに，JITシステムやBPRも，組織を構成するメンバーの自律性と創造性（改善）を重視していることは，前述のとおりである。それでは，なぜ上記のような柔軟性や，メンバーの自律性・創造性が，現在の組織に求められているのであろうか？

　それは，企業をとりまく環境の変化が激しさを増し，その変化に対して迅速に適応していくことが求められているからであろう。すなわち，従来どおりの組織構造や，上からの指示どおり・命令どおりの行動しかとれないメンバーでは，激しい環境の変化に対応することができず，その組織は滅んでしまうのである。そこで，環境の変化に対して，下記のように，①組織が柔軟性を発揮し，常にその構造を変化・適応させていくと同時に，その組織を構成するメンバーも②自律性と③創造性を発揮して能動的に新たな挑戦を繰り広げていく必要がある。

　まず，①組織の柔軟性に関しては，「アメーバ組織」や「大規模アメーバ組織」（村山ら 2013）からも示唆されるように，組織の形や構造を柔軟に変化させる

ことにより，環境の変化に適応していくことが求められる。こうした柔軟性を組織が手に入れるためのアプローチとして，あたかもアメーバが環境に適応するために細胞を分裂させるかのように，新たな事業を生み出していく「多角化」が有効性を発揮しうる。そのうえで，従来の組織とこうして生まれた新たな組織との間での「スクラップ&ビルト」を繰り返していくことにより，組織の「サステナビリティ」を生み出すのである。

次に，②メンバーの自律性については，環境の変化に直面したメンバーが，その変化を上司に報告し，上からの指示・命令を待ってから行動するのではなく，自ら考え，自ら変化に対応していく姿勢が求められる。すなわち，上からの指示・命令を待っていたのでは，激しい環境の変化に対して，迅速に対応することができないのである。そこで，アメーバ組織や大規模アメーバ組織では，それぞれ下位のアメーバへの大幅な権限委譲により，またJITシステムとBPRでは実務担当者への権限委譲により，メンバーの自律性を高めている。

さらに，③メンバーの創造性については，自由な発想やアイデアを形にし，新たな組織や新たなビジネス，そして新たな技術を生み出す行動主体は，組織のメンバーであるという考え方を持つ必要がある。組織のメンバーが，自身の創造性を存分に発揮することにより，新たな組織・ビジネス・技術を生み出し，将来に向かって組織の競争力を高めることこそが，組織の「サステナビリティ」の源泉となるのである。本章で論じたアメーバ組織・大規模アメーバ組織とJITシステム・BPRに共通する特徴は，いずれもメンバーの創造性を重視し，現状維持型の意識を打破することで，常に改善と改革を図ろうとする点にある。

以上のように，現在の激しい環境の変化に対して迅速かつ柔軟に対応し，組織の「サステナビリティ」を生み出すためには，上記の①～③（①柔軟性と，②自律性，③創造性）が不可欠であり，これらを組織に注入するための典型的なアプローチとしてアメーバ組織と大規模アメーバ組織を，また組織のメンバーに注入するための典型的なアプローチとしてJITシステムとBPRを，それぞれ位置づけることができる。そういった意味で，アメーバ組織・大規模アメーバ組織とJITシステム・BPRは，いずれも組織の柔軟性とメンバーの自律性・創造性を基盤にして，組織の「サステナビリティ」を生み出すためのアプロー

チを示しているのである。

〈参考文献〉
Hammer, M. and Champy, J.(1993),*Reengineering the Corporation*, Harper Business（野中郁次郎監訳(1993),『リエンジニアリング革命』,日本経済新聞社）
青木昌彦(1989),『日本企業の組織と情報』,東洋経済新報社
浅田英治・清水宏治・高比良聡・林岳広(2003),「基礎から分かるアメーバ経営第1回」,『日経情報ストラテジー』,6月号,pp.196-199
金子勝一・山下洋史(1998),「情報の活性化と透明化に関する研究」,『日本経営システム学会誌』,Vol.14, No.2, pp.85-90
金子勝一・山下洋史(2009),「SEIKOグループの柔らかい結合」,『工業経営研究』,Vol.23, pp.117-120
土谷茂久(1996),『柔らかい組織の経営』,同文舘出版
平野裕之編(1989),『JIT導入100のQ＆A』,日刊工業新聞社
三矢裕(2003),『アメーバ経営：ミニ・プロフィットセンターのメカニズムと導入』,東洋経済新報社,pp.74-75
村山誠(2013),「アメーバ経営における局所最適化防止方策と部門別採算制度」,『明治大学商学研究論集』,No.39, pp.241-261
村山誠・山下洋史・金子勝一(2014),「大規模アメーバ組織としてのSEIKOグループ」,『日本経営システム学会誌』,Vol.31, No.2, pp.195-200
村山誠・山下洋史(2014),「アメーバ組織に焦点を当てた代替的2段階双対性フレームワーク」,『第52回日本経営システム学会全国研究発表大会講演論文集』,pp.170-173
村山誠・鄭年皓・山下洋史(2013),「日本の終身雇用システムにおける「未来志向的アメーバ経営」に関する研究」,『明治大学社会科学研究所「総合研究」(企業のサステナビリティ戦略とビジネス・クォリティ) 2013年度前期成果報告論文集』,pp.159-172
山下洋史(1994),「JITシステムとMRPシステムの組織特性の側面からの比較」,『日本経営システム学会誌』,Vol.11, No.1, pp.23-29
山下洋史(1996),『人的資源管理の理論と実際』,東京経済情報出版
山下洋史(1999),『情報管理と経営工学』,経林書房
山下洋史(2005),『情報・知識共有を基礎としたマネジメント・モデル』,東京経済情報出版
山下洋史(2007),『情報管理の基礎』,東京経済情報出版
山下洋史・村田潔編著(2006),『スマート・シンクロナイゼーション』,同文舘出版

第8章 情報の非対称性に注目した競争優位のサステナビリティと情報引力モデル

8.1 情報の非競合性と情報共有

　一般に，人間の意思決定にとって有用な情報を所有する行動主体は，その情報をもたない行動主体に対して優位性を発揮しうる。ここで，簡単のために二者（行動主体Aと行動主体B）の間の関係に限定すると，行動主体Aが情報を所有し，もう一方の行動主体Bはその情報を所有していないという二者間での「情報の非対称性」は，行動主体Aに優位の立場を与え，行動主体Bには劣位の立場を与えることになる。山下ら（2011）は，こうした「情報の非対称性」において，その情報を所有する行動主体Aにとっての非対称性を「正の非対称性」，その情報を所有しない行動主体Bにとっての非対称性を「負の非対称性」と呼んでいる。

　このように，社会のさまざまな場面で生じる「情報の非対称性」は，それに関与する行動主体の間で，優位・劣位の関係を生み出す。とりわけ，ICTの急速な発展により，こうした優位性と劣位性が拡大しつつある。ICTを有効に活用することのできる行動主体が，そうでない行動主体に対して，多くの場面で「情報の非対称性」による優位性を手に入れているのである。したがって，企業は競合他社に対して，情報の非対称性（正の非対称性）を生み出し，それを維持することができれば，「競争優位のサステナビリティ」を手に入れることができる。しかしながら，こうした競争優位を生み出すような価値の高い情報は，放っておくと他者へと流出してしまい，それまで手にしていた優位性を失うことになる。すなわち，情報流出により競争優位のサステナビリティが消滅してしまうのである。それでは，このような情報流出が，なぜ頻繁に生じるのであろうか？

それは，情報がモノの「所有≒占有」とは異なり，「所有≠占有」という性格を有しているからであろう。すなわち，情報は共有が容易であるという特性をもち，それを占有する場面よりも，共有する場面の方が多いことが，情報の占有をむずかしくするとともに，情報流出の要因となっているのである。

　折戸・山下(2005)は，こうした情報の性格を踏まえ，情報の所有を，①情報の占有，②情報の限定共有，③情報の非限定共有という3つの場合に分類する枠組みを提示している。①はモノと同様に情報を「占有」する場合を表しているが，Casson(1997)のいう「公共財の原則」が示唆するように，「情報は共有することができ，そして情報の発見を繰り返すことは費用がかかるので，あまり情報をもっていない人はより情報をもった人から学ぶ方が有利である」ことからもわかるように，情報占有の状態を維持することは容易ではなく，放っておけば②や③の情報共有の方向へと向かってしまうことになる。そこで，情報占有の状態を維持し，競争優位のサステナビリティを守るためには，他人に情報が流出しないような努力が不可欠なのである。こうした努力は，筆者ら（山下ら 2012，夏・山下ら 2012，山下・夏ら 2013，山下 2014）の先行研究における「情報遮断エネルギーの投入」に相当する。

　一方で，野口(1974)は上記のような情報の特性に注目し，経済財としての情報は社会的限界費用がゼロになるという特殊性をもつことを指摘している。すなわち，情報は複製が可能であり，かつ複製によって元のものが破壊されないため，いったん得られた情報は，その複製と伝達に必要な費用を除けば，社会全体としてはゼロの費用で無限に利用者を増加させることができるのである。

　このように，情報は，一方の利用量や消費量が他方に影響を及ぼさない（絶対量が減らない）という「非競合性」(non-rivalry) を満足する。すなわち，二者間での情報所有の構造が「対称」な関係であっても，「非対称」な関係であっても，自身のもつ情報量それ自体は減少しないのである。しかしながら，情報には負の非対称性の状況におかれた行動主体Bからの敵対的あるいは戦略的な圧力がかかることが多いため，対価を払わない人の利用を妨げることができないという「非排除性」(non-excludability) については，必ずしも満足するとはかぎらない（鄭 2009）。負の非対称性の状態におかれた行動主体Bは，

正の非対称性の状態にある行動主体Aのもつ「競争優位のサステナビリティ」を消滅させるべく，できれば対価を払わずに，場合によっては対価（たとえば，特許の使用料）を払ってでも，競争優位の源泉となる情報を獲得しようとするのである。

そこで，正の非対称性の状態にある行動主体Aには，「情報の非排除性の排除」の意識（鄭 2009）が働き，情報の非対称性を維持しようとすることになる。このように，情報は常に「非競合性」を満足するが，「非排除性」に関しては必ずしも満足するとはかぎらないため，正の非対称性の状態にある行動主体Aは，競争優位のサステナビリティが崩壊してしまうことのないよう，負の非対称性の状態にある行動主体Bに対して「情報遮断エネルギー」を投入することになるのである。

8.2 情報の非対称性によって生じる優位性・劣位性と見返りの大きさ

二者間の「情報の非対称性」において，正の非対称性を手に入れた行動主体（行動主体A）は，負の非対称性の状況に陥った行動主体（行動主体B）に対して優位性を発揮することができる。とりわけ，その情報が魅力的である場合には，より高水準の優位性が生まれる。さらに，行動主体Aはこうした正の非対称性を維持し続けることにより，行動主体Bに対する「競争優位のサステナビリティ」を生み出すことができる。

そこで，山下ら(2011)は，上記のような「情報の非対称性」における情報の価値Vを，(8.1)式のように情報の内容的価値v_{1i}と占有的価値v_2に分解して捉える枠組みを提示している。ただし，v_{1i}はそれぞれ行動主体A（$i=1$，正の非対称性）と行動主体B（$i=2$，負の非対称性）にとっての内容的価値（v_{11}とv_{12}）であり，b_2は行動主体Bにとっての情報獲得願望係数である。

$$V = v_{11} + v_2 = v_{11} + b_2 \cdot v_{12} \tag{8.1}$$

(8.1)式は，情報を占有している行動主体A（正の非対称性）が，そうでない行動主体B（負の非対称性）に対して，情報の内容的価値＋占有的価値（v_{11}＋v_{12}）の分だけ，優位性を発揮しうることを示している。行動主体Aは，自身の所有（占有）する情報を活用して有利な立場を築き，自身の利益を増大させるような行動をとることができるのである。もちろん，こうした行動をとらないかもしれないが，もし自身の利益を増大させようと思えば，そのために情報の価値Vを活用することが可能である（山下ら 2011）。

ここで，もし行動主体Aが行動主体Bに対して情報を提供し，両者がこれを共有したとすると，(8.1)式における行動主体Aの占有的価値v_2は消滅し，「競争優位のサステナビリティ」が失われてしまうことになるため，行動主体Aにとっての情報の価値Vは，(8.2)式のようになる（山下ら 2011）。

$$V = v_{11} \tag{8.2}$$

(8.2)式は，行動主体Aにとって，相手（行動主体B）に情報を提供すること（情報共有）により，情報の価値がv_2（＝$b_2 \cdot v_{12}$）の分だけ低下することを示している。すなわち，情報共有によって情報の「占有的価値」が失われ，「内容的価値」のみとなると同時に，両者の優位・劣位の関係も解消され（競争優位のサステナビリティが消滅し），その情報をめぐっては対等な関係が形成されることになるのである。そこで，行動主体Aが競争優位のサステナビリティを守ろうとすれば，特別な誘因がないかぎり，前述の「情報遮断エネルギー」を投入することになる（山下ら 2011）。

こうして行動主体Aが情報を遮断しようとしたとすると，行動主体Bが情報共有を実現（行動主体Aが競争優位を放棄）させるためには，それに見合った「見返り」が必要になる。その際，行動主体Aにとっては，情報を遮断（占有）するために費やされるコスト（情報占有コストc_1）がかかるため，山下ら(2011)は，こうした情報占有コストc_1を考慮して，行動主体Bにとって情報共有に必要な見返りの大きさg_1を，(8.3)式のようにモデル化している。

$$g_1 \geqq v_2 - c_1 = b_2 \cdot v_{12} - c_1 \tag{8.3}$$

(8.3)式は，行動主体Bが行動主体Aに対して情報の占有的価値を放棄させ，情報共有を実現させるためには，行動主体Aの占有的価値v_2から情報占有コストc_1を差し引いた分の「見返り」(山下ら 2011) が必要であることを示している。そして，これこそが「情報の非対称性」における優位・劣位の大きさを，端的に表しているのである。

ただし，この「見返り」の大きさg_1には，金銭や物品といった直接的な見返りのみならず，情報共有によって相手から得られる協力や，情報共有による相手とのコラボレーションの効果といった間接的な見返りが含まれる点に注意を要する。そこで，山下(2014)は，組織における情報共有の問題を考える際には，むしろこうした協力やコラボレーションから生まれる間接的な見返り（価値）の方が重要であることを指摘している。

以上のような「情報の非対称性」の概念モデルにより，行動主体Bにとって情報共有に必要な「見返り」の大きさを，簡潔な形式で記述することができるのである。

8.3 情報の非対称性における「利己的行動モデル」と「利他的行動モデル」

これまでの「情報の非対称性」研究は，前節の議論からもわかるように，正の非対称性の立場にある行動主体Aは，できるかぎりこの状態（競争優位のサステナビリティ）を守ろうとするはずであるという考え方に基づき，行動主体A（正の非対称性）と行動主体B（負の非対称性）の間での優位性・劣位性の問題を論じてきた。しかしながら，情報の非対称性において相手（行動主体B）に喜んでもらうために，あるいは相手からの反発を回避するために，行動主体Aがあえて正の非対称性を放棄して，積極的にその情報を相手に提供しようと

する行動をとることもありうる。とりわけ，人間関係や組織間関係を重視する日本では，こうした行動をとることも多いように思われる。

そこで，山下ら(2014)は，上記のような「情報の非対称性」における正反対の行動の存在に注目し，行動主体Aのとりうる行動を，2つのモデル（利己的行動モデルと利他的行動モデル）によって記述している。前者の利己的行動モデルは，行動主体Aが正の非対称性を維持（情報を遮断）しようとする前節のモデル（山下ら 2011）と同様の行動モデルであり，後者の利他的行動モデルは，正の非対称性をあえて放棄し，その情報を積極的に提供（共有）しようとする行動モデルである。

まず，「利己的行動モデル」については，前節のモデルと同様の行動モデルであるため，これを(8.3)式によって記述することができる。すなわち，従来の「情報の非対称性」研究の延長線上に位置づけられる行動モデルなのである。したがって，行動主体Bが情報共有を実現（行動主体Aのもつ「競争優位のサステナビリティ」を放棄）させるためには，それに見合った「見返り」が必要になる。

一方で，「利他的行動モデル」は，下記の(8.4)式によって記述される行動モデル（山下ら 2014）であり，相手（行動主体B；$i=2$）の感じる情報獲得願望係数b_2と情報の内容的価値v_{12}が大きいほど，すなわち情報の占有的価値v_2が大きいほど，前述の見返りg_1が，(8.3)式とは反対に少なくてすむことになる。利己的行動モデルでは，相手（行動主体B）がその情報を欲しがるほど，多くの「見返り」が必要になるが，利他的行動モデルでは，相手がその情報を欲しがるほど，少ない「見返り」でもその情報を提供しようとするのである。ただし，(8.4)式のr_1は，行動主体Aが行動主体Bに対して感じる信頼度であり，Qは情報提供の閾値を表すパラメータである。

$$g_1 \cdot r_1 \geq Q - v_2 - c_1 = Q - b_2 \cdot v_{12} - c_1 \tag{8.4}$$

さらに，(8.3)式の利己的行動モデルと(8.4)式の利他的行動モデルに対して，ダミー変数dを導入することにより，両モデルを(8.5)式のように一般化するこ

とができる（山下ら 2014）。ただし，(8.5)式のdは，「利己的行動モデル」のとき0，「利他的行動モデル」のとき1の値をとるダミー変数である。

$$\text{利己的行動モデル}：g_1 \cdot r_1 \geq v_2 - c_1 = b_2 \cdot v_{12} - c_1$$
$$\text{利他的行動モデル}：g_1 \cdot r_1 \geq Q - v_2 - c_1 = Q - b_2 \cdot v_{12} - c_1$$

$$g_1 \cdot r_1 \geq d \cdot Q + (1-2d) \cdot v_2 - c_1 = d \cdot Q + (1-2d) \cdot b_2 \cdot v_{12} - c_1 \tag{8.5}$$

(8.5)式の行動モデル（山下ら 2014）により，「情報の非対称性」において，行動主体Aのもつ優位性（情報占有）を重視する「利己的行動モデル」と，相手との人間関係を重視する「利他的行動モデル」を，1つの式へと統合することが可能になる。すなわち，(8.5)式のダミー変数$d=0$のときは，行動主体Bにとっての情報獲得願望係数b_2と情報の内容的価値v_{12}の積が大きくなるほど多くの見返りg_1が必要になるのに対して，$d=1$のときはこれらの積が大きくなるほど少ない見返りg_1でも情報共有が達成されるという，正反対の行動が記述されるのである。

ここで，重要な役割を果たすパラメータが，Q（情報提供の閾値）である。利他的行動モデルでは，当然のことながら，相手（行動主体B）が情報を欲しがれば，行動主体Aはなるべく早くそれを提供しようとするのであるが，無条件にそれを提供するとはかぎらない。行動主体A（正の非対称性）のもつQの大きさによっては，ある程度の「見返り」が必要となるのである。その場合でも，利己的行動モデルとは異なり，相手（行動主体B）にとっての情報獲得願望係数b_2と情報の内容的価値v_{12}の積が大きくなるほど，少ない見返りでもその情報を提供することになる。そういった意味で，Qの値は利他的「思いやり」のなかに介在する「意地悪」の程度（山下ら 2014）という，微妙な心理を表すパラメータなのである。

8.4 情報の非対称性における「情報引力モデル」

　ここまで述べてきた行動モデルは，利己的行動モデル（山下ら 2011）であっても利他的行動モデル（山下ら 2014）であっても，行動主体A（正の非対称性）が自身で相手（行動主体B）に情報を提供する際の条件を定式化した行動モデルであった。一方で，個人情報の漏洩や機密情報の流出が頻発する現在の状況を踏まえると，行動主体Aの知らないところでも，多くの情報が流出していることがわかる。すなわち，利己的行動モデルであれば，まだ行動主体Aが「見返り」を受け取っていない状況であるにもかかわらず，また利他的行動モデルであれば，まだ行動主体Aが行動主体Bに情報を提供しようと思っていない状況であるにもかかわらず，それぞれ行動主体Bへと情報が流出してしまうのである。これは，情報の非対称性において，「放っておく」とその情報が負の非対称性の状況におかれた行動主体Bへと流出し，行動主体Aが情報占有による「競争優位のサステナビリティ」を失ってしまうことを意味する。このような「情報流出」の問題は，(8.5)式の行動モデル（山下ら 2014）では，記述することができない。

　そこで，山下(2014)は，**図8.1**のような「情報引力モデル」を提示している。モノの「万有引力」と同様に，情報にも高い位置から低い位置へと引き寄せる力（情報引力）が存在し，この「情報引力」が情報を，占有→限定共有→非限定共有（折戸・山下 2005）へと向かわせると考えるのである。

　図8.1は，行動主体Aの学習・調査エネルギーEによって生み出される情報の価値が，内容的価値v_1（横方向）と占有的価値v_2（縦方向）によって構成されることを示している（ここでは，行動主体Aにとっての情報の価値のみを論じるため，その内容的価値v_{11}を，単にv_1として表すことにする）。行動主体Aは，学習や調査といったエネルギー（学習・調査エネルギーE）を投入することで，有用な情報を生成あるいは獲得し，情報の内容的価値v_1と占有的価値v_2を手に入れるのである。

第8章　情報の非対称性に注目した競争優位のサステナビリティと情報引力モデル

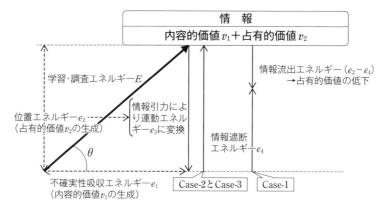

図8.1　情報引力に関する概念モデル

出所：山下（2014）

　その際に，学習・調査エネルギーEのうち，横方向の不確実性吸収エネルギーe_1が情報の内容的価値v_1を生み出し，縦方向の位置エネルギーe_2が占有的価値v_2を生み出すことになる。ここで，情報の内容的価値v_1を生み出すエネルギーe_1を「不確実性吸収エネルギー」としているのは，情報が人間の直面する不確実性（エントロピー）を吸収し，それを低下させる量と等しい量の価値をもつという情報理論の基本的枠組みに依拠しているからである。これにより，情報引力モデルにおける情報の内容的価値（山下ら 2011）と情報理論における情報量（エントロピー）を対応づけることができるようになる。

　図8.1（山下 2014）において，角θを学習・調査エネルギーのベクトルと不確実性吸収エネルギーのベクトルがなす角度とすれば，$e_1 = E \cdot \cos\theta$，$e_2 = E \cdot \sin\theta$となり，不確実性吸収エネルギーe_1に対する位置エネルギーe_2の比率は$\tan\theta$となる（ただし，$0 \leq \theta \leq \pi/2$とする）。もし，有用な情報を獲得することを重視して学習・調査エネルギーEを投入したとすれば，θの値は小さくなり，希少性あるいは新規性の高い情報を生み出すことを主眼においたとすれば，θの値は大きくなる。すなわち，角θは学習・調査エネルギーEにおける不確実性吸収エネルギーe_1と位置エネルギーe_2との間の「バランス」（山下 2014）を意味するのである。

次に，不確実性吸収エネルギーe_1と位置エネルギーe_2が，それぞれ内容的価値v_1と占有的価値v_2を生み出す際の効率性を表す係数a_1とa_2（効率性係数）を導入すれば，$v_1 = a_1 \cdot e_1 = a_1 \cdot E \cdot \cos\theta$，$v_2 = a_2 \cdot e_2 = a_2 \cdot E \cdot \sin\theta$となり，学習・調査エネルギー$E$は，$v_1 + v_2 = E(a_1 \cdot \cos\theta + a_2 \cdot \sin\theta)$の価値（山下 2014）を生み出すことになる。しかしながら，位置エネルギーe_2は放っておくと，「情報引力」により，位置エネルギーとは逆向きの運動エネルギーe_3（$= e_2$）に変換され，情報は低い位置（負の非対称性の状態にある行動主体B）へと流出してしまう。そこで，行動主体A（正の非対称性）が，自身の手に入れた情報の占有的価値v_2を維持し，競争優位のサステナビリティを守ろうとすれば，前節の「利己的行動モデル」と同様に，情報遮断エネルギーe_4を投入する必要が生じる。

その際，情報遮断エネルギーe_4と位置エネルギーe_2（$= e_3$）との間の大小関係により，情報の占有的価値v_2は，次のような3つの場合（Case-1～Case-3；山下 2014）に分けられる。ただし，(8.6)式のpは，情報遮断エネルギー比率（情報遮断エネルギーe_4／位置エネルギーe_2）である。

$$v_2 = \begin{cases} a_2 \cdot e_2 \cdot (e_4 / e_2) = a_2 \cdot e_4 = a_2 \cdot p \cdot E \cdot \sin\theta : e_4 < e_2 = e_3 \text{のとき(Case-1)} \\ a_2 \cdot e_2 = a_2 \cdot E \cdot \sin\theta : e_4 = e_2 = e_3 \text{のとき(Case-2)} \\ a_2 \cdot e_2 = a_2 \cdot E \cdot \sin\theta : e_4 > e_2 = e_3 \text{のとき(Case-3)} \end{cases} \quad (8.6)$$

ここで注意すべきことは，情報引力により情報が流出したとしても，行動主体A（正の非対称性）はその内容的価値v_1を失わないため，Case-1～Case-3のすべてにおいて，行動主体Aの有する情報の内容的価値v_1は一定で変化しない（山下 2014）ことである。すなわち，情報流出により行動主体Aが失う情報の価値は，占有的価値v_2のみなのである。

一方で，上記のCase-3では，過剰な情報遮断エネルギー（$e_4 > e_2 = e_3$）の投入となってしまうため，$e_4 - e_2$の分は占有的価値v_2に結びつかず，ムダなエネルギー投入となることに注意を要する。これは，個人情報保護法が施行された直後に，多くの企業・公共機関が，過剰な情報遮断エネルギーを投入し，非効率的な活動を展開したときの状況を示唆している。

このように，**図8.1**の情報引力モデル（山下 2014）は，学習・調査エネルギーEを，不確実性吸収エネルギーe_1と位置エネルギーe_2に分解して捉えることで，これらのエネルギーe_1とe_2が，それぞれa_1とa_2の比率で情報の内容的価値v_1と占有的価値v_2を生み出すメカニズム（情報の対称性→情報の非対称性）だけでなく，こうして生み出された占有的価値v_2が情報引力により消滅するメカニズム（情報の非対称性→情報の対称性）についても，簡潔な形式で記述している。また，後者のプロセス（情報の非対称性→情報の対称性）において，正の非対称性の状態にある行動主体Aが失う情報の価値は占有的価値v_2のみで，内容的価値v_1は保持されるという情報の特徴が，視覚的に記述される。さらに，「情報の非対称性」において，正の非対称性の状態にある行動主体Aが，情報の占有的価値を完全に維持しようとすれば，その時点での位置エネルギーに等しい大きさの情報遮断エネルギーが必要となるが，それ以上の情報遮断エネルギー（$e_4 > e_2 = e_3$）を投入しても，$e_4 - e_2$の分はむだなエネルギー投入となってしまうことが示唆されるのである。

8.5 学習の時間的経過を考慮した情報引力モデル

ここでは，学習の時間的経過を考慮していなかった前節の「情報引力モデル」（山下 2014）に対して，学習・調査エネルギーEを投入し始めた時点からの時間的経過を組み込んだ山下ら（2014）の2つのモデル（①単位時間当たりの学習・調査エネルギー投入量を一定とした場合のモデルと，②これが時間とともに定率で減少していく場合のモデル）を紹介していくことにしよう。これにより，上記のような2つの条件のもとで，情報の価値やエネルギーの時間的変化を捉えるのである。

そこで，まず単位時間当たりの学習・調査エネルギー投入量を「学習・調査エネルギー投入速度」と呼ぶことにし，学習・調査エネルギーを投入し始めた時点を$t = 0$，その投入を終了した時点を$t = T$で表すことにする。また，簡単の

ために，**図8.1**（山下 2014）の角θと，効率性係数a_1，a_2（$a_1+a_2=1$），および情報遮断エネルギー比率p（情報遮断エネルギーe_4／位置エネルギーe_2）を一定としたうえで，情報の内容的価値と占有的価値の時間的変化を，山下ら（2014）の先行研究に従って以下のようにモデル化していくことにする。

①学習・調査エネルギー投入速度を一定とした場合の情報引力モデル

　学習・調査エネルギー投入速度が一定で，かつ上記の前提条件のように**図8.1**（山下 2014）の角θが一定であれば，不確実性吸収エネルギー投入速度と位置エネルギー投入速度も，それぞれe_1とe_2で一定となる。こうした条件のもとで，山下ら（2014）は，$0 \leq t \leq T$での情報の内容的価値$v_1(t)$と占有的価値$v_2(t)$を，それぞれ(8.7)式と(8.8)式のように定式化し，情報の価値$V(t)$をこれらの和として，(8.9)式のように記述している。ただし，$e_4(t) > \int e_2 \cdot dt$のとき（前節のCase-3）は，前節のCase-2と同様に$p=1$で，$e_4(t) = \int e_2 \cdot dt$となるため，Case-1～Case-3のすべてについて，$e_4(t) \leq \int e_2 \cdot dt = e_3(t)$となる点に注意を要する。

$$v_1(t) = \int_0^t a_1 \cdot e_1 \cdot dt = \int_0^t a_1 \cdot E \cdot \cos\theta \cdot dt = a_1 \cdot E \cdot t \cdot \cos\theta \tag{8.7}$$

$$v_2(t) = \int_0^t a_2 \left(\int_0^t e_2 \cdot dt \right) \left(\frac{e_4(t)}{\int_0^t e_2 \cdot dt} \right) dt = \int_0^t a_2 \cdot e_4(t) \cdot dt$$

$$= \int_0^t a_2 \cdot E \cdot p \cdot \sin\theta \cdot dt = a_2 \cdot E \cdot p \cdot t \cdot \sin\theta \tag{8.8}$$

$$V(t) = v_1(t) + v_2(t) = (a_1 \cdot \cos\theta + a_2 \cdot p \cdot \sin\theta) E \cdot t \tag{8.9}$$

　ここで，情報の占有的価値$v_2(t)$の式，すなわち(8.8)式において，分子と分母の位置エネルギー投入速度e_2が相殺（約分）され，結果的に情報遮断エネルギー$e_4(t)$のみの式となっているところが特徴的である。本来，$v_2(t)$は位置エネルギー$\int e_2 \cdot dt$によって生み出されるのであるが，この$\int e_2 \cdot dt$は前述のように，放っておくと情報引力によって運動エネルギー$e_3(t)$に変換され，占有的価値$v_2(t)$が流出してしまうため，情報遮断エネルギー$e_4(t)$の分だけが$v_2(t)$に

結びつき，結果的にあたかも$e_4(t)$が$v_2(t)$を生み出しているかのような関係（山下ら 2014）となっているのである。

次に，$t>T$，すなわち学習・調査エネルギーの投入を終了した時点Tよりも後の情報の価値$V(t)$について考えてみよう。山下ら（2014）は，$t>T$における情報の占有的価値$v_2(t)$を(8.10)式のように定式化している。ただし，$t>T$では，情報が流出したとしても，その情報の内容的価値は保持されるため，$v_1(t)$は$v_1(T)$で一定であり，$v_2(t)$と$V(t)$のみが，情報の流出によって低下していくことになる。

$$\begin{aligned}v_2(t) &= a_2 \cdot E \cdot p \cdot T \cdot \sin\theta - a_2 \cdot E \cdot p \cdot t \cdot \sin\theta \cdot \int_T^t (1-p) dt \\ &= a_2 \cdot E \cdot p \cdot T \{1-(1-p)(t-T)\} \cdot \sin\theta \end{aligned} \quad (8.10)$$

$$\begin{aligned}V(t) &= v_1(t) + v_2(t) \\ &= a_1 \cdot E \cdot T \cdot \cos\theta + a_2 \cdot E \cdot p \cdot T \{1-(1-p)(t-T)\} \cdot \sin\theta \\ &= [a_1 \cdot \cos\theta + a_2 \cdot p \cdot \sin\theta \{1-(1-p)(t-T)\}] \cdot E \cdot T \end{aligned} \quad (8.11)$$

ここで，情報の占有的価値$v_2(t)$が完全に消滅する時点，いい換えれば完全な情報共有が達成される時点を$t=S$とすれば，Sは(8.12)式のように表される（山下ら 2014）。このとき，情報の価値$V(S)$は，当然のことながら，情報の内容的価値$v_1(S)=v_1(T)$のみとなり，$V(S)=v_1(T)=a_1\cdot E\cdot T\cdot\cos\theta$となる。

$$S = \{1+(1-p)T\} / (1-p) = 1/(1-p) + T \quad (8.12)$$

これより，情報遮断エネルギー比率pが大きいほど，また学習・調査エネルギーを投入する期間Tが長いほど，情報の占有的価値が完全に消滅する時点Sが遅くなることがわかる。とくに，学習・調査エネルギー投入期間Tが長くなった分の時間と，情報の占有的価値（すなわち，競争優位のサステナビリティ）が消滅する時点Sが遅れる分の時間が等しい（山下ら 2014）ことは，特徴的

である。すなわち,「負の非対称性」の状況にある行動主体Bにとっては,「正の非対称性」の状況にある行動主体Aの学習・調査エネルギー投入期間Tが長い分だけ,情報を獲得するまでにかかる期間も長くなってしまうのである。

②学習・調査エネルギー投入量が減少していく場合の情報引力モデル

ここでは,学習・調査エネルギー投入量が時間tとともに,$E(t)=1-t/T$（$0 \leq t \leq T$）で減少していく場合を考えてみよう。山下ら(2014)は,このような場合の情報の内容的価値$v_1(t)$と占有的価値$v_2(t)$を,下記のように定式化している。ただし,Case-3については,Case-2と同様に$p=1$となる。

$$v_1(t) = \int_0^t a_1 \cdot e_1(t) \cdot dt = \int_0^t a_1 \cdot E(t) \cdot \cos\theta \cdot dt$$
$$= \int_0^t a_1 \left(1-\frac{t}{T}\right) \cdot \cos\theta \cdot dt = \left(t-\frac{t^2}{2T}\right) \cdot a_1 \cdot \cos\theta \tag{8.13}$$

$$v_2(t) = \int_0^t a_2 \cdot e_4(t) \cdot dt = \int_0^t a_2 \left(1-\frac{t}{T}\right) \cdot p \cdot \sin\theta \cdot dt$$
$$= \left(t-\frac{t^2}{2T}\right) \cdot a_2 \cdot p \cdot \sin\theta \tag{8.14}$$

$$V(t) = v_1(t) + v_2(t) = \left(t-\frac{t^2}{2T}\right) \cdot (a_1 \cdot \cos\theta + a_2 \cdot p \cdot \sin\theta) \tag{8.15}$$

ここで,学習・調査エネルギー投入量が,$E=1$で一定の場合（①のモデル）と,これが$E(t)=1-t/T$で減少していく場合（②のモデル）との間で$V(t)$の差をとってみると,その差$D(t)$は,$D(t)=(a_1 \cdot \cos\theta + a_2 \cdot p \cdot \sin\theta)t^2/2T$となる。したがって,学習・調査エネルギーの投入を終了した時点（$t=T$）での差は,$D(T)=(a_1 \cdot \cos\theta + a_2 \cdot p \cdot \sin\theta)T/2$となる。また,$D(t)$を$t$で微分してみると,$D'(t)=(a_1 \cdot \cos\theta + a_2 \cdot p \cdot \sin\theta)t/T$で正の符号となり,時間の経過とともにその差は拡大していく（山下ら 2014）ことがわかる。

次に,学習・調査エネルギーの投入を終了した時点以降（$t>T$）の$V(t)$について考えてみると,前述のように$v_1(t)$は一定であるが,情報引力により情

報が流出していくため，占有的価値$v_2(t)$が低下していくことになる。そこで，山下ら(2014)は，$t>T$における$v_2(t)$と$V(t)$を，以下のように定式化している。

$$v_2(t) = \left(T - \frac{T^2}{2T}\right) \cdot a_2 \cdot p \cdot \sin\theta \left\{1 - \int_T^t (1-p)\,dt\right\}$$
$$= \frac{T}{2} a_2 \cdot p \cdot \sin\theta \cdot \{1 - (1-p) \cdot (t-T)\} \tag{8.16}$$

$$V(t) = v_1(t) + v_2(t)$$
$$= \frac{T}{2} a_1 \cdot \cos\theta + \frac{T}{2} a_2 \cdot p \cdot \sin\theta \cdot \{1 - (1-p) \cdot (t-T)\} \tag{8.17}$$

これより，情報の占有的価値$v_2(t)$が完全に消滅する時点Sは，学習・調査エネルギー投入速度Eを一定とした場合と同様に，$S = 1/(1-p) + T$となることがわかる。また，このときの情報の価値$V(S)$も，Eを一定とした場合と同様に情報の内容的価値$v_1(S)$のみとなり，$t>S$では$V(t) = v_1(S) = v_1(T) = a_1 \cdot T \cdot \cos\theta / 2$で一定(山下ら 2014)となる。

以上のように，「学習経過時間を考慮した情報引力モデル」(山下ら 2014)は，時間の経過にともなう情報の内容的価値と占有的価値の変化を簡潔な形式で概念的に定式化しており，社会に働く（ようにみえる）「情報引力」によって，情報が流出（情報を共有）するとともに，情報の占有的価値$v_2(t)$が失われ，競争優位のサステナビリティは消滅していくことになるが，その内容的価値$v_1(t)$は保持されるという，情報の特徴を定量的に記述するための新たな研究アプローチを示しているのである。

〈参考文献〉

Casson, M.(1997), *Information and Organization*, Oxford University Press（手塚公登・井上正訳(2002)，『情報と組織』，アグネ承風社）

鄭年皓(2009)，「情報共有・知識共有に基づく新製品開発組織に関する工業経営的研究」，明治大学2008年度博士学位論文

夏路・山下洋史・権善喜・山下遥(2012)，「情報の非対称性に関する2段階のプロセス・モデル」，『第49回日本経営システム学会全国研究発表大会講演論文集』，pp.72-73

野口悠紀雄(1974),『情報の経済理論』,東洋経済新報社
折戸洋子・山下洋史(2005),「情報共有の重要性と個人情報保護」,『日本経営システム学会 第35回全国研究発表大会講演論文集』,pp.270-271
山下洋史・夏路・鄭年皓・臧巍(2011),「二者間の「情報の非対称性」に関する概念モデル─「情報の非対称性」に関する研究（第1報）─」,『第47回日本経営システム学会全国研究発表大会講演論文集』,pp.166-169
山下洋史・鄭年皓・夏路(2012),「情報の非対称性における情報引力モデル─「情報の非対称性」に関する研究（第2報）─」,『第49回日本経営システム学会全国研究発表大会講演論文集』,pp.102-105
山下洋史・夏路・権善喜・鄭年皓(2013),「情報の非対称性における情報引力とエントロピー」,『明治大学社会科学研究所「総合研究」（企業のサステナビリティ戦略とビジネス・クォリティ）2012年度研究成果報告集』,pp.1-12
山下洋史・権善喜・安松大悟・東海詩帆(2013),「情報の非対称性における利他的行動モデルと利己的行動モデル」,『日本経営システム学会誌』,Vo.32, No.1, pp.77-83
山下洋史(2014),「情報引力モデルにおける情報の内容的価値と占有的価値」,『明大商学論叢』,Vo.96, No.4
山下洋史・権善喜・鄭年皓(2014),「学習経過時間を考慮した内容的価値と占有的価値の情報引力モデル」,『第52回日本経営システム学会全国大会講演論文集』,pp.182-185

第9章 ローカル鉄道路線のサステナビリティとBRT化のジレンマ（第2部の補論Ⅰ）

　本書の**第2部**「サステナビリティ戦略」編では，ここまで基本的に企業や公共機関の「組織」を前提にサステナビリティの問題を考えてきたが，筆者らの研究プロジェクト「企業のサステナビリティ戦略とビジネス・クォリティ」（明治大学社会科学研究所「総合研究」）では，こうしたサステナビリティ戦略の問題をより多面的に論じるべく，地域（とくに，ローカル鉄道路線や湖内居住島）のサステナビリティ問題についても継続的な調査・研究を展開している。その背景には，日本におけるローカル鉄道や湖内居住島は非常に存続が厳しい状況におかれており，このような状況下で存続を続ける要因を明らかにすることは，地域経済のサステナビリティのみならず，企業のサステナビリティに対しても豊富な示唆を与えることができるであろうという筆者らの考え方がある。

　そこで，本章と**10章**では，第2部の議論そのものからは少し外れるが，本書の補論として，それぞれローカル鉄道路線のサステナビリティ（**9章**）と湖内居住島のサステナビリティ（**10章**）に焦点を当て，これらの存続要因について検討していくことにする。

9.1 自動車交通に対する鉄道交通の優位性

　筆者らは，常に路線存続の危機に直面している「ローカル鉄道のサステナビリティ戦略」を，本書の研究テーマにふさわしい問題の1つとして位置づけ，積極的な現地調査を通じた研究活動を展開している。本章では，こうした研究活動の成果を紹介していくことにしよう。

　そこで，まず他の交通手段（主として，自動車交通）に対する鉄道交通の優位性を整理しておくことにする。山下ら(2011)は，日本各地のローカル鉄道路

線に対する現地調査により，その地域のローカル鉄道路線が沿線住民にとって非常に重要な公共交通手段であることを確認している。とりわけ，自動車を自身で運転することのできない老人・子どもや中学生・高校生（移動制約者；谷内ら 2005）にとっては，欠くことのできない存在である。さらに，沿線住民のみならず，その地域を訪れる者（たとえば，観光客）にとっても，重要な交通手段となっている。

こうした現地調査を踏まえ，山下ら(2011)は鉄道交通の特徴について，下記の7点を指摘している。

①公共性（生活密着性）
②営利性
③高速性・定時性（とくに，バスとの対比において）
④副業可能性（たとえば，百貨店経営・不動産販売・観光事業）
⑤環境負荷低減性
⑥飲酒者の移動安全性
⑦貨物輸送の積載量効率性

まず，①の公共性については，上記のように，その地域の沿線住民にとって非常に重要な公共交通手段であることからも明らかな特徴である。一方で，②の営利性については，多くのローカル鉄道路線が赤字に苦しんでおり（**9.2節**を参照），①の公共性との間でジレンマが生じている。すなわち，①の公共性を高めようとすればコストが嵩むため，②の営利性が低下し，反対に②を重視してコストを下げようとすれば，どうしてもサービスが低下してしまい，①の充実が図れない（山下ら 2011）のである。したがって，赤字ローカル鉄道路線の存廃問題は，こうしたジレンマに対してどちらを優先すべきかの問題として位置づけられる。

③の高速性・定時性は，とりわけ路線バスとの対比において浮かび上がる特徴であり，このことがローカル鉄道路線の存続を後押しする要因となっている。また，④の副業可能性は，鉄道会社が駅の集客力を利用したビジネス（副業）を展開しやすい立場にあることを意味しており，その典型例が百貨店経営・不

第9章　ローカル鉄道路線のサステナビリティとBRT化のジレンマ（第2部の補論Ⅰ）

動産販売や，地域特性を活かした観光事業・特産品販売であろう。筆者ら（山下ら 2011，金子・山下 2010）が現地調査を行った「銚子電鉄」と「わたらせ渓谷鉄道」でも，積極的にこうした副業を展開している（本章では，**9.4節**において上記の事例を紹介する）。しかしながら，これらの副業のなかで，百貨店経営は大都市のターミナル駅でなければ，また不動産販売は人口が増加している地域でなければ成立しない副業であり，本章で焦点を当てるローカル鉄道路線の駅で，このような副業を展開することには無理があることに注意を要する。

⑤の環境負荷低減性は，環境問題への関心が急速に高まりつつある現在の状況を踏まえると，注目すべき鉄道交通の特徴であり，自家用車や路線バスよりも有害ガスや二酸化炭素の排出量が少ないことを意味する。したがって，社会における「エコ意識」の高まりが，こうした鉄道の長所を再認識させる方向へと人々を導いている。

⑥の飲酒者の移動安全性は，飲酒運転の危険性に対する意識が低かった時代には，あまり目を向けられてこなかった特徴である。とりわけ，地方では自家用車以外に夜間（とくに，深夜）の移動手段を確保することが困難であるため，こうした危険性に対する意識が低かった。しかしながら，近年はその危険性に対する認識が急速に高まり，飲酒運転に対する取締りも強化されている。飲酒運転は，本人や同乗者の事故責任は当然のこと，交通事故被害者の身体や生命に対しても取り返しのつかないような不幸をもたらしてしまう。そこで，飲酒者であっても（飲酒の程度にもよるが），安心して乗車することのできる鉄道は，「飲酒者の移動安全性」の面で，明らかに自家用車に対する優位性をもつのである。今後は，こうした鉄道の特徴を活用した副業（たとえば，お座敷列車や駅中での居酒屋経営）が，ローカル鉄道路線でも十分に考えられるのではないかと思われる。

⑦の貨物輸送の積載量効率性は，船舶よりは劣るものの，トラックや飛行機よりも明らかに優越している。しかしながら，工場や倉庫から目的地まで直行することができるトラックに対して，輸送ルートのフレキシビリティの面で劣っている。このことが，全国的な高速道路網の整備とともに，鉄道による貨物

輸送のウェイトを低下させる要因となっているのであるが，近年は社会，とりわけ企業における環境意識の高まりにより，有害ガスや二酸化炭素の排出量が少ない鉄道（⑤の特徴）を見直そうとする動きが生じている。

　上記の①と③〜⑦からもわかるように，鉄道交通は自動車交通（バス・自家用車・トラック）に比較して多くの優れた特徴（優位性）を有しており，このことが沿線住民の「マイレール意識」（大島・劉 2008）となって，たとえ赤字であったとしても何とかローカル鉄道路線を存続させようという意識を生み出している（**9.3節**を参照）。すなわち，このような「マイレール意識」が，ローカル鉄道にとって路線存続（サステナビリティ）のための大きなパワーとなるのである。

9.2 関東地方におけるローカル鉄道路線の存廃状況

　日本では，鉄道交通の果たす役割が非常に大きく，鉄道は人々の生活を支える最も重要な交通手段である。なぜなら，国土面積が狭く，かつ新幹線が発達している日本では，飛行機を利用せずに，鉄道による移動だけでも十分なことが多いからである。また，人口密度の高い大都市では，交通渋滞が慢性化しているうえに，自動車を駐車する場所が少ない分だけ，鉄道網（地下鉄やモノレールなども含む）が発達しているからである（山下 2013）。

　しかしながら，地方では鉄道路線が少なく，かつたとえ近くを鉄道路線が通っていたとしても運転間隔が長いため，自動車を利用する方が便利であることが多い。また，大都市に比較して交通渋滞が少なく，かつ駐車する場所が十分に確保されていることも，こうした自動車の利用に拍車をかけている。そのため，多くのローカル鉄道路線が，採算を悪化させてしまい，やむなく廃止に追い込まれている。このような状況下で，何とか存続しているローカル鉄道路線も，その多くが地元の自治体からの支援なしには経営が成り立たないのが現実であり（山下・金子 2013a, b），第三セクター化の道を歩んでいる。

第9章　ローカル鉄道路線のサステナビリティとBRT化のジレンマ（第2部の補論Ⅰ）

　近年では，JR北海道江差線（2014年廃止），十和田観光電鉄線・長野鉄道屋代線（2012年廃止）など，多くのローカル鉄道路線が廃止され，今後も北海道を中心にこうした状況は続くものと思われる。すなわち，日本全国のローカル鉄道路線にとって，その存続（サステナビリティ）は共通した最大の課題なのである。

　一方で，首都圏（関東地方）は多くの人口を抱えているため，他の地方に比較すると廃止路線は少ない。記憶に新しいところでは，鹿島鉄道（2008年廃止）と筑波鉄道（1987年廃止）といった旧関東鉄道の2路線や，日立電鉄（2005年廃止），少し遡ると東武鉄道の熊谷線（妻沼線，1983年廃止）と日光軌道線（1968年廃止），東京急行の砧線（1969年廃止）といった大手私鉄のローカル盲腸線がこれに相当する。ここで，「首都圏（関東地方）」としているのは，首都圏の範囲が必ずしも明確ではなく，そういった意味では「関東地方」とすべきであるが，以下に示す廃止ローカル鉄道路線の所在地は，東京都・埼玉県・茨城県・栃木県であり，これらが大都市およびその近郊の地域であるということを表すためである（山下ら 2008）。

　上記の廃止路線は，1980年代後半以降に廃止となった茨城県内の3路線（鹿島鉄道・筑波鉄道・日立電鉄；以下「タイプA」と呼ぶことにする）と，1960年代から1980年代前半にかけて廃止となった大手私鉄（東武鉄道・東京急行）のローカル盲腸線（以下「タイプB」と呼ぶことにする）に，大きく二分することができる。ここで，注目すべきことは，より経営基盤が安定しているはずの大手私鉄の路線（タイプB）が先に廃止となったことである。それは，大手私鉄の経営にとって上記のローカル盲腸線の影響は非常に小さく，これによって鉄道経営が崩壊するような事態にはならないからである。このように，タイプBの廃止による大手私鉄の「痛手」は小さいものの，地域住民にとっての「痛手」は大きく，移動制約者をはじめとする地域住民の足が奪われてしまうことになる。

　一方で，タイプA（中小私鉄）の場合は，もし上記の路線を廃止すると，完全に鉄道路線を失ってしまうことになる。そのため，最後まで鉄道路線の廃止を回避しようとした結果，タイプBよりも後の廃止となったのではないかと思

われる。このように，地域住民の足の確保よりも鉄道会社の経営状態が廃止の要因として大きいことは，この問題のデリケートな性格を示唆しており，ここに前述の①公共性（生活密着性）と②営利性との間のジレンマを確認することができるのである。

上記のような問題意識に基づき，金子・山下ら(2011)は首都圏のローカル鉄道21路線に注目し，そのプロファイルを表す6つの属性（①複数路線との接続，②独占市の保有，③観光資源の保有，④競合路線の存在，⑤大手私鉄，⑥都心から50km圏内）と鉄道路線の存続・廃止との関係を捉えるべく，判別分析を試みている。その結果，90.5％というかなり高い正判別率が得られ，上記6つの属性のみでも，高い精度で首都圏ローカル鉄道路線の存続・廃止を説明可能であることを確認している。また，判別係数の推定値（**表9.1**）から，ローカル鉄道線路の存続に対しては，⑥都心から50km圏内か否か，次いで③観光資源の保有，①複数路線との接続の順で影響が大きく，廃止に対しては，⑤大手私鉄か否か，④競合路線の存在，②独占市の保有の順で影響が大きいという概ね現実に即した結果が得られている。

表9.1　判別係数

	判別係数	推定結果
a_1	① 複数路線との接続	0.250
a_2	② 沿線における独占市の保有	−0.064
a_3	③ 観光資源の保有	0.305
a_4	④ 競合路線の存在	−1.072
a_5	⑤ 大手私鉄か否か	−1.280
a_6	⑥ 都心から50km圏内	0.801

出所：金子・山下ら(2011)

ただし，これらのなかで⑤大手私鉄か否かという属性のみ，一般的な認識とは異なる結果となっており，金子ら(2011)は，⑤が存続と廃止の両面に影響する性格をもつという視点を提示している。すなわち，大手私鉄の場合，複数路

線を保有するため，赤字ローカル路線を「存続」させるだけの体力を有するという側面と，前述のようにローカル路線を「廃止」しても他路線が存在するため，鉄道会社を存続することができるという側面の両面を有するのである。**表9.1**には，後者の側面が表れており，これは東武熊谷線・日光軌道線と東急砧線が廃止になったことにより生じた結果であろう。

一方，判別結果で誤判別となったサンプルは，筑波鉄道と上毛電鉄の2路線のみであり，金子ら（2011）は筑波鉄道と上毛電鉄の誤判別の要因を，次のように考察している。廃止以前の筑波鉄道は，複数路線（JR常磐線・水戸線）との接続と，観光資源（筑波山）の保有という，鉄道路線を存続の方向（判別係数の符号がプラス）へと導く2つの属性を満足していたにもかかわらず，実際には廃止されてしまったため，誤判別の結果となったものと思われる。これとは反対に，上毛電鉄は，都心から50km以上離れており，観光資源もほとんどなく，さらに競合路線（JR両毛線・東武桐生線・わたらせ渓谷鉄道）が存在するという厳しい経営環境にあったため，廃止という誤判別の結果となったと考えることができる。それにもかかわらず，上毛電鉄が存続する要因は，沿線の両端に前橋と桐生という比較的規模の大きい地方都市を有していることと，サイクル・トレインや風鈴列車といったユニークな取り組みを展開していることにあろう。

上記の分析対象となったローカル鉄道路線には，廃止の危機に直面しながらも，何とか存続を維持している路線も少なくない。そこで，**9.4節**では**表9.1**のなかで，常に廃止の危機に直面しながらも存続している「銚子電鉄」と「わたらせ渓谷鉄道」の2路線を事例にして，それらの存続要因（サステナビリティ要因）を検討していくことにする。

9.3 ローカル鉄道路線の存続要因とマイレール意識

日本における多くのローカル鉄道が，廃止の危機に直面していることは前述

のとおりであるが，それは大手私鉄に比較してその規模が小さく，かつ経営基盤も脆弱であることに起因している。そのため，地元の住民や公共機関を中心とした外部からの支援なしには，多くのローカル鉄道路線は存続することができない。こうした地元からの支援が，多くのローカル鉄道路線に共通した存続要因となっているのである。これは，ローカル鉄道路線の存続にとって，自社の努力のみでは限界があることを意味する（もちろん，外部からの支援のみならず，ローカル鉄道における自身の創意工夫と経営努力が必要であるが，この点に関しては次節で述べることにする）。

　こうした支援を支える心理的基盤が，沿線住民や利用者の「マイレール意識」（大島・劉 2008）であり，ローカル鉄道路線にとって，これ（マイレール意識）が路線存続のための大きなパワーとなる。なぜなら，規模が小さく，かつ利用者が少ないローカル鉄道路線では，マイレール意識をもった一人のパワーが相対的に大きな役割を果たすからである。たとえば，多くのローカル鉄道路線が廃止の危機を回避すべく，第三セクター化の道を歩んでいるが，この第三セクター化が沿線住民の「マイレール意識」を高めることに貢献している。沿線住民のマイレール意識は，単なる利用者の確保という役割のみならず，「口コミ」によるPRや，保線活動のためのボランティア，場合によっては資金援助まで，さまざまな役割を果たしうる。その典型例が，「銚子電鉄サポーターズ」であろう。とりわけ，銚子電鉄の場合，そのマイレール意識が沿線住民のみならず，全国的な広がりをもった意識となっていることは注目に値する。一般的なローカル鉄道路線が沿線住民のマイレール意識を高めているのに対して，銚子電鉄の場合は沿線住民のみならず，全国的な広がりをもったマイレール意識なのである。

9.4　銚子電鉄とわたらせ渓谷鉄道のサステナビリティ

　本節では，鉄道存続の危機に何度も直面しながら，地域住民の足として，ま

第9章　ローカル鉄道路線のサステナビリティとBRT化のジレンマ（第2部の補論Ⅰ）

た沿線を訪れる観光客の足として，現在も鉄道の営業を続ける銚子電鉄とわたらせ渓谷鉄道に注目し，その存続要因（サステナビリティ要因）を金子ら（2011）の先行研究に基づき，検討していくことにしよう。まず，両社に共通した存続要因として，地元の住民や公共機関を中心とした外部からの支援を指摘することができる。これは，両社における鉄道路線の存続にとって，自社の努力のみでは限界があり，地元を中心とした外部からの支援が不可欠であることを意味する。

銚子電鉄では，「銚子電鉄サポーターズ」や市民のボランティア的活動が，少ない従業員（20人ほど）での経営を可能にするとともに，国土交通省からの安全運行上の改善命令に対して，上記のサポーターズ会員がサポート基金として入会金やカンパを集め，銚子電鉄に寄贈している。当時は，元社長の業務上横領事件によって千葉県と銚子市の補助金が停止していただけに，こうした有志による支援が鉄道存続に大きな役割を果たしたのである。

また，わたらせ渓谷鉄道でも「わたらせ渓谷鉄道市民協議会」が「足尾駅祭」や「通洞駅祭」といったイベントや，「わたらせ夢切符」を企画した。「わたらせ夢切符」は失敗に終わってしまったが，こうした「沿線のマイレール意識」（大島・劉 2008）は，同ローカル鉄道路線を存続させるための大きなパワーとなっている。一方で，同社が自らも，わたらせ渓谷や足尾銅山といった観光資源を活用し，駅中足湯，駅中温泉，トロッコ列車などの魅力的なサービスを展開している。すなわち，鉄道の列車と駅それ自体を観光資源にすることにより，地域外からの利用者（主として，観光客）の獲得を図っているのである。とりわけ，駅中足湯や駅中温泉は，列車の運行本数が少ないため駅での待ち時間が長いというローカル鉄道路線の弱みを克服する1つの有効な手段となっている。

ここで，銚子電鉄に焦点を絞って，もう一度，その存続要因を考えてみよう。金子・山下（2010）は，こうした銚子電鉄の存続要因として，①銚子電鉄内部の創意工夫や努力（とくに，「ぬれ煎餅」の企画）と，②銚子電鉄外部（市民および「銚子電鉄サポーターズ」）からの支援を指摘している。①と②が一体となって，わずか20人ほどの従業員という「低コスト」での経営でありながら，存続に必要な最低限の「収入」を何とか確保しているのである。企業（鉄道会

151

社）の存続にとって，①の「内部の創意工夫や努力」が不可欠であることは当然であるが，銚子電鉄ではこれが②と一体となって相乗効果を生み出している。すなわち，銚子電鉄の「顔」ともいうべき「ぬれ煎餅」をインターネットや口コミで広めたり，サポーター自身が何度も銚子電鉄に足を運んでこれを購入したりするという支援が大きな役割を果たしたのである（金子・山下 2010）。

　銚子電鉄のように規模の小さいローカル鉄道路線において，鉄道会社の内部者のみによるPRでは伝達範囲がかぎられているが，多くのサポーターが自身のもつさまざまなチャネルからPRし，支援を呼びかけることにより，情報の伝達範囲が飛躍的に拡大する。そして，こうした支援を支える心理的基盤が，「マイレール意識」（大島・劉 2008）なのである。ただし，わたらせ渓谷鉄道の「マイレール意識」が沿線住民の意識であるのに対して，前述のように，銚子電鉄の場合の「マイレール意識」は沿線住民のみならず，全国的な広がりをもった意識であることに注意を要する。それでは，沿線住民ではない遠方の人が，なぜ銚子電鉄に対して「マイレール意識」をもつのであろうか？

　その要因として，金子らの先行研究(2011)では「マイレール意識」に2つのタイプが存在するという「マイレール意識の二面性」を指摘している。その1つは，もちろん沿線住民のマイレール意識であり，もう1つは，銚子電鉄に見られるような，遠方に住む人のマイレール意識である。銚子電鉄では，規模が小さいがゆえに，遠方に住む人にも自身で当該鉄道の存続を支えたいという意識（遠方からのマイレール意識）が生じるのである。これは，大きいものよりも「小さいもの」の方が，自身のものという意識（親近感）と，自身の影響力が大きくなりやすいという意識（主観的影響力の大きさ）とが複合して生じる意識であろう。

　銚子電鉄の場合，明らかに「小さいもの」（規模の小さい鉄道路線）であるため，こうした親近感と主観的影響力とが複合して，相対的に強いマイレール意識が生じやすい。このような親近感と主観的影響力の相乗効果が，遠方に住む人にもマイレール意識を生じさせたと考えることができるのである。このように，沿線住民のみならず，遠方に住む人にもマイレール意識が生じることは，この意識をもつ人の範囲を大幅に拡大する。さらに，マイレール意識の範囲拡

大が，ローカル鉄道路線の存続を「強力に支援」（金子ら 2011）するのである。

9.5 富山県における路面電車のサステナビリティ

富山県では，JR誕生以前の国鉄の時代から私鉄（とりわけ，富山地方鉄道）が大きな役割を果たしており，JR誕生後はこのような性格が路面電車を中心に，より顕著になっている。それは，JR富山港線が第三セクターの富山ライトレール（次世代型路面電車「ポートラム」）へと移行され，これが富山市民にとっての便利さゆえ，脚光を浴びることになったからである。また，富山ライトレールの成功により，これと同様の次世代型路面電車が，富山地方鉄道の「富山市内線」（セントラム）と，高岡駅前を起点とする「万葉線」（アイトラム）にも導入され，富山市民や高岡市民・射水市民の足として定着していったからである。とりわけ，富山市内線が環状化された富山都心環状線は注目に値する。富山市以外に，こうした環状路線が存在する地方都市は，松山市のみである。それでは，大都市圏から遠く離れ，政令指定都市も存在しない富山県に，なぜ多くの路面電車が存在し，それが存続しているのであろうか？

本節では，上記のような問題意識に基づき，富山県における路面電車のサステナビリティ要因を検討していくことにしよう。その要因として，①北陸地方（とくに，富山県）における「鉄道利用志向性」（山下 2013，山下・金子 2013a），②次世代型路面電車（次世代型超低床連結車輌）の導入，③低料金，④高頻度運転，⑤「路面電車であることによる低コストの経営」，⑥「駅の間隔が短いことによる駅までの徒歩時間の短さ」といった6つの点を指摘したい。

まず，①の「鉄道利用志向性」については，筆者ら（山下 2013，山下・金子 2013a）が北陸地方の鉄道路線に対して指摘している視点であり，降雪量の多い北陸地方では，雪道の運転を避けようとする意識が，鉄道を利用しようとする方向（すなわち「鉄道利用志向性」を高める方向）へと地域住民を導いているとする視点である。また，このことが地域住民の「マイレール意識」（大島・

劉 2008）を高める効果も発揮している。こうした北陸地方の「鉄道利用志向性」や「マイレール意識」が，他の地域（地方）に比較してローカル鉄道路線，とくにJR以外のローカル鉄道路線（富山地方鉄道・のと鉄道・北陸鉄道・えちぜん鉄道・福井鉄道など）や路面電車（富山ライトレール・富山地方鉄道富山市内線・万葉線）を存続させる１つの要因になっているのではないかと思われる。さらに，北陸地方のなかでも，富山県において私鉄のローカル鉄道路線や路面電車が発達しているのである。

次に，②の「次世代型路面電車の導入」についてであるが，前述のように，富山ライトレールにポートラムが，富山地方鉄道富山市内線にセントラムが，また万葉線にアイトラムが導入されたことで，利用時の快適性が向上すると同時に，これらの路線のイメージアップにつながっている。とりわけ，これらの次世代型路面電車は，すべて超低床車輌であるため，体力の衰えた高齢者でも乗車しやすい構造になっており，バリアフリーという面で，時代の要請に応えている。また，自動車の運転が困難な高齢者の移動交通手段として，高齢化社会のニーズにも適合している。これらのことが，他の地方において顕著な，自動車（自家用車やバス）に対する鉄道路線の劣位性を克服する要因となり，富山県における路面電車のサステナビリティを生み出しているのである。

③の「低料金」と④の「高頻度運転」は，必然的に利用者を増加させる要因となる。しかしながら，利用者が増加しないと，運賃収入が減少してしまうため，これらは多くのローカル鉄道路線にとって実現がむずかしい課題である。こうしたなかでも，富山ライトレールと富山市内線は全線200円，万葉線は150円〜350円という低料金を設定しており，３路線とも概ね15分間隔という（地方としては）高頻度運転となっている。このように，富山県の路面電車が，低料金と高頻度運転を実現することができる要因は，もちろん富山ライトレールと万葉線が第三セクターで地元自治体からの経済的支援があることも大きいが，③の「低料金」と④の「高頻度運転」の相乗効果による利用者の確保，①の「鉄道利用志向性」による利用者の確保，②「次世代型路面電車の導入」によるバリアフリーやイメージアップにあるものと思われる。さらには，これらの路線が，⑤「路面電車であることによる低コストの経営」や，⑥「駅の間隔が短い

ことによる駅までの徒歩時間の短さ」といった以下の「低コスト性」と「利便性」を有することが，路線のサステナビリティを支えている。

⑤の「路面電車であることによる低コストの経営」は，駅や車輌にかかるコストが少なくてすむことを意味する。とりわけ，駅の開設・保守や運営に費やされるコストを，大幅に圧縮することができる。なぜなら，路面電車の駅は，プラットフォームがあるだけで，駅舎もなく，駅員もいないからである。こうした低コスト性が，③の「低料金」と④の「高頻度運転」を可能にしているのである。

⑥の「駅の間隔が短いことによる駅までの徒歩時間の短さ」は，利用者にとっての利便性を高め，利用者を増加させる要因となる。体力の衰えた高齢者にとって，こうした利便性はとくに重要である。一方で，駅の間隔が短いと，どうしても高速性が失われるという欠点がある。しかしながら，路面電車に高速性を求める利用者は少なく，多くの人はなるべく歩かずに，かつ徒歩よりは速く目的地まで移動したいという意識で路面電車を利用しているはずである。そういった意味で，駅の間隔が短いことによる高速性の低下は，あまり問題とはならないのである。したがって，駅までの徒歩時間の短さは，路面電車の利用者を増加させる大きな要因となる。

以上のように，①〜⑥の要因は密接に関連し合っており，これらの相乗効果が，富山県における路面電車のサステナビリティを生み出し，それがまた①の「鉄道利用志向性」（山下 2013，山下・金子 2013a）を高めることで，②〜⑥を可能にしていると考えることができるのである。

9.6 長野新幹線の開業にともなうJR信越本線の第三セクター化（しなの鉄道）

本節で焦点を当てる「しなの鉄道」は，JR長野新幹線の開業にともない，1997年10月にJR信越本線の軽井沢〜篠ノ井を第三セクター化して営業を開始した鉄道路線である。従来より，信越本線の横川〜軽井沢の区間（碓氷峠）は，

非常に急勾配であるため，電気機関車を増結することにより対応していたが，こうした電気機関車の増結にはコストと時間がかかるという大きな問題点があった。また，この区間は群馬県と長野県の県境であり，かつ関東地方と中部地方の境でもあるため，中・長距離の乗客が多く，短距離（たとえば，横川〜軽井沢）の乗客は少ないことも，この区間が完全に「お荷物」化する要因となっていた（山下・金子 2013b）。すなわち，中・長距離の乗客が利用するであろう長野新幹線が開業してしまうと，短距離の利用客が少ないこの区間は，高コスト・低収入の採算構造がさらに顕著になってしまうことは明らかであったのである。こうした要因により，JR信越本線の横川〜軽井沢の区間が廃止されたものと思われる。

　また，軽井沢〜篠ノ井・長野の区間についても，やはり中・長距離の乗客の多くは長野新幹線を利用することになるため，この区間が空洞化し，採算が大幅に悪化していくことが予想された。さらに，短距離区間であっても，とくに信越本線沿線の長野や上田からJR小海線沿線の佐久市（佐久平）に向かう場合，従来は小諸で乗り換えて在来線を利用していた人の多くが，長野新幹線を利用するようになることが予想された。そのため，JR（東日本）としては，できれば横川〜軽井沢のみならず，軽井沢〜篠ノ井の区間からも撤退したいと考えていたはずである。もちろん，この区間の信越本線は長野県東部の幹線鉄道であるため，上田・佐久平と軽井沢については長野新幹線の駅ができるとしても，篠ノ井・小諸・屋代・戸倉（温泉）といった地域が信越本線を失うことに，県や沿線市町村が同意するはずがなかった。そのことをJRも十分に認識していたからこそ，双方（JRと県・沿線市町村）が第三セクター化を選択したと考えられるのである。

　ただし，信越本線の篠ノ井〜長野の区間は，名古屋や大阪方面からの長距離利用客を期待することができ，かつ長野市と松本市という長野県の二大都市を結ぶ鉄道の一部を構成するため，JR（東日本）に残り，しなの鉄道には組み込まれなかった。それでも，しなの鉄道の列車は，篠ノ井からJR（信越本線）に乗り入れ，長野まで運行されている。さらに，2014年の北陸新幹線開業により，JR信越本線の長野〜妙高高原の区間についても，しなの鉄道が引き継ぐ

ことになったが，篠ノ井〜長野の区間は上記のような理由から，従来どおりJRに留まった。そのため，しなの鉄道はこれまでの軽井沢〜篠ノ井の区間と，長野〜妙高高原の新たな区間（北しなの線）とに分断されることになった。

　一方，筆者ら（山下・金子 2013b）による2013年の現地調査では，しなの鉄道は利用客が多く，JR長野新幹線の開業以前にこの区間が長野県東部の幹線であったという役割を，中・長距離の乗客の多くを失った現在でも，十分に引き継いでいることを確認している。しなの鉄道が，完全に「地元住民の足」（短距離交通の柱）として定着しているのである。とりわけ，高校生の通学に欠かせない交通手段となっている。

　前述のように，しなの鉄道は，JR信越本線（軽井沢〜篠ノ井の区間）における採算の悪化が予想されたからこそ生まれた第三セクターの鉄道であるため，実際に開業当時から赤字が続き，一時は累積赤字が20億円を超えてしまっていた。それでも，2005年度の決算で初めて黒字を計上し，その後は黒字の経営を続けている。この間に，何度も社長が交代し，さまざまな経営努力を続けてきたが，筆者らの現地調査でも確認したように「地元住民の足」として根づいたことが，やはりこうした黒字化の最も大きな要因であろう。地元住民に，しなの鉄道への「マイレール意識」が芽生え，こうした意識が鉄道を利用しようとする動機づけとなったことで，長野県東部における「地元住民の足」として根づいていったのである。ここからも，ローカル鉄道路線において利用者の「マイレール意識」が果たす役割の大きさが理解される。さらに，今後も予想されるローカル鉄道路線の第三セクター化にとって，しなの鉄道のマイレール意識を基盤とした黒字化のプロセスは，重要な示唆を与える事例となるであろう。

9.7 秩父鉄道と西武鉄道秩父線の棲み分けと協調

　秩父鉄道は，埼玉県北東部の羽生から熊谷・寄居を通り，秩父盆地を荒川に沿って「三峰口」まで達するローカル鉄道路線であり，埼玉県のなかでローカ

ル色の濃い（東京への通勤・通学が困難な）北部と西部の交通を支えている。秩父鉄道も，他のローカル鉄道路線と同様に，厳しい経営環境におかれているが，多くの地方ローカル鉄道路線が廃止に追い込まれるなか，秩父盆地内部の交通を支える住民の足として根づいている。とりわけ，西武秩父線の開通時に秩父盆地と東京との間の往来客の多くを奪われてしまったにもかかわらず，その後は西武秩父線との競合ではなく，「棲み分け」と「協調」の構図（山下ら 2011）をつくり上げたことは注目に値する。

　一般に，大企業が地方の商圏に進出してくると，地元の中小企業は致命的な打撃を受け衰退してしまうことが多い。その典型的な例が，多くの地方都市において，大型店舗の進出により駅前の商店街が衰退してしまった「シャッター街」であろう。この問題は，「地方活性化」の障害となるため，地元の商店のみならず，地方都市の行政や商工会議所・商工会も，その対応に苦慮している。

　上記のような視点から，秩父鉄道と西武秩父線との関係について考えてみると，明らかに秩父鉄道が地元の中小企業に相当し，西武鉄道（秩父線）が大企業に相当することがわかる。したがって，秩父鉄道が地元の足として秩父盆地にしっかりと根づいている事例は，こうした問題を未然に防止する，あるいは解決しようする際の1つのモデルケース（山下ら 2011）ともなりうるのではないかと思われる。

　秩父鉄道の存続（サステナビリティ）を支える最大の要因は，上記のような西武秩父線との間の「棲み分け」と「協調」にある。そこで，大企業が地方の商圏に進出する際に，地元の中小企業の存続のみならず，互いの相乗効果を生み出すための示唆として，山下ら(2011)の先行研究に基づき，こうした「棲み分け」と「協調」の要因について検討していくことにしよう。

　秩父鉄道と西武秩父線との間の①「棲み分け」と②「協調」において非常に重要な点は，西武秩父線のターミナルが，秩父駅や長瀞駅でなく，御花畑駅近くの西武秩父駅になったことである。これにより，秩父市の中心の秩父駅で乗り降りする秩父盆地内の通勤・通学客，および秩父盆地最大の景勝地「長瀞」に向う東京からの観光客を，西武秩父線が完全に奪ってしまうということを回避し，①「棲み分け」を実現したのである。ここで，山下ら(2011)が「完全に」

としているのは，西武秩父線の開通により東京から秩父盆地（西武秩父駅）までの観光客は奪われたのであるが，御花畑駅から長瀞駅までは奪われずに済んだからである。また，御花畑駅周辺に両線を接続する引込み線を設置したことが，両者の間に相互乗り入れという②「協調」をもたらし，これにより東京（池袋）から長瀞へのアクセスが便利になったことで相乗効果を生み出したことも強調すべき点である。大企業（ここでは，西武鉄道）がより多くの顧客（東京からの観光客）を地元（秩父盆地）に呼び込むことで，地元の中小企業（ここでは，秩父鉄道）にも新たなビジネス・チャンスが生まれるのである。さらに，観光客獲得の効果は小さいが，西武秩父線から長瀞方面のみならず，三峰口方面へも引込み線を設置し，相互乗り入れを実施したことで，より強い「協調」を生み出している。

　上記の①と②から，大企業が地方の商圏に進出する際の留意点が示唆される。それは，①地元の中小企業が優位性を発揮する領域までも完全に奪ってしまうことのないよう，両者の得意分野で「棲み分け」をすべきこと（秩父盆地内の移動は秩父鉄道，東京への移動は主に西武秩父線という「棲み分け」）と，②大企業と地元の中小企業が協調した何らかの取り組み（相互乗り入れ）を実施し，互いの相乗効果をめざすべきことを意味する。これまで，どうしても「競合関係」にばかり注目する傾向にあった視点を，こうした①棲み分けと②協調の視点へと置き換えることが求められるのである。とりわけ，大企業が地元の中小企業のもつ特徴（優位性）を活かしながら地方の商圏に多くの客を誘導し，増加した客に中小企業が地元特有のサービスを提供するという，両者の間での②の「協調」は，相互にWin-Winの関係を生み出す可能性を秘めている。こうした大企業と地元の中小企業との関係（②の「協調」）が，西武鉄道と秩父鉄道との間に成立し（山下ら 2011），このことが秩父鉄道（地元の中小企業）の「サステナビリティ」を支えているのである。

9.8 バス高速輸送システム(BRT；Bus Rapid Transit)の利点

　BRTは，Bus Rapid Transit（バス高速輸送システム）の省略形であり，本来は地下鉄やLRT（Light Rail Transit；軽量軌道交通）と同様，大都市近郊の高速度・高頻度バス輸送システムを意味するが，日本では「鉄道代行バス」の性格が色濃くなっている（金子ら 2014）。それは，BRTの目的（高速度・高頻度のバス輸送システム）を達成するために，専用道あるいは専用レーンを設置するという特徴のみが，日本においてクローズ・アップされているからである。すなわち，鉄道を廃止する際の代替交通手段として，線路を撤去した区間に専用道を設置することにより生まれたバス輸送システムをBRTと呼ぶことが多いのである。

　BRTの利点としては，バスが専用道あるいは専用レーンを走行するため，一般道の信号による渋滞から解放されると同時に，所要時間も短縮され，かつ定時の運行（定時性）が可能になるという特徴を指摘することができる。また，専用道（専用レーン）では連結走行（大量輸送）も可能になる（金子ら 2014）。これらの利点により，バス（BRT）が鉄道の性格に近づくのである。さらに，鉄道を新設する場合と比較して，短時間に低コストでBRTを新設することができる。そういった意味で，次世代の公共交通システムとしての活用が期待されるバス輸送システムなのである。

　日本において，上記のような「鉄道代行バス」としての性格をもつBRTには，次節で論じるJR大船渡線と気仙沼線のほかに，鹿島鉄道の廃線跡地を利用した「かしてつバス」や，日立電鉄の廃線跡地を利用した「ひたちBRT」などがある。とりわけ，東日本大震災で甚大な被害を受けたJR大船渡線と気仙沼線のBRTは，上記のメリットを生み出し，被災地の復興に大きな役割を果たしている。

　一方で，JR甲府駅とリニア新幹線の甲府新駅（リニア新駅）との間や，2020年の東京オリンピック開催時に都心部と臨海部のオリンピック会場との間

に，BRTを導入しようとする計画もある．甲府や東京のBRT計画は，鉄道を廃止する際の代替交通手段ではなく，BRT本来の性格（たとえば，名古屋ガイドウェイバス）に近い「次世代交通システム」の性格を有するため，今後の動向に注目したい．

9.9 東北地方の被災地におけるローカル鉄道路線BRT化のジレンマ

　東北地方における太平洋側の地域では，東日本大震災で甚大な被害を受け，鉄道路線もいたるところで寸断されてしまった．こうして寸断された鉄道路線を復旧させるためには，多くの時間とコストがかかる．もし，長い時間をかけて，鉄道路線を復旧させようとすれば，その間，甚大な被害を受けた被災地の住民（とくに，老人・子どもや中学生・高校生などの「移動制約者」）にとって，地域の公共交通機関を失った状態が続いてしまうことになる．こうした状態が続けば，被災地の通学・通院や買い物といった日常生活での移動に，大きな制約を受け続けることになってしまう．

　そこで，JR（東日本）は大船渡線の気仙沼〜陸前高田〜大船渡〜盛の区間と，気仙沼線の気仙沼〜志津川〜柳津の区間で，線路を撤去してバス専用道を設けることにより，鉄道を前節で述べたBRTへと移行する選択をした．このようなBRT化は，被災地の住民が失った公共交通機関のインフラを早期に取り戻すための，有力な選択肢となる．それは，線路を復旧させる工事よりも，それをBRTの専用道にする工事の方が，短時間で完了することができ，かつ復旧が困難な区間については一般道を利用することができるからである．

　また，被災地では生活基盤のさまざまな面で，復興に多くのコストを要するため，不通となってしまった鉄道をBRT化し，少しでもコストを圧縮することで，他の生活基盤に復興予算を当てることができる．さらに，BRTのもつ路線選択の高い「自由度」を活用すれば，一般道を走行することができるため，被災した多くの地域に公共交通を提供することが可能になる（山下・金子

2014)。そういった意味で，被災地におけるBRT化は，多くの利点をもつ有効なアプローチなのである。

　しかしながら，BRT化により鉄道のレールを除去してしまうと，再び鉄道を復活させることは困難になる。すなわち，BRT化による公共交通インフラの早期復旧を優先するか，復旧までに時間がかかったとしても，鉄道路線の復旧を優先するか，といったトレードオフ問題が生じるのである。こうしたトレードオフ問題に対して，金子ら(2014)は「BRT化のジレンマ」の視点を提示している。JR大船渡線と気仙沼線の直面する「BRT化のジレンマ」において，この地域の自治体・住民とJRは，あえて公共交通インフラの早期復旧を優先したのである。

　上記のようなトレードオフ問題に対して，もちろんJR（大船渡線と気仙沼線）が完全に鉄道の復活を放棄してしまったわけではない。しかしながら，客観的に考えて（客観的に考えること自体が，被災地の人々に対して不誠実な考え方であるかもしれないが），工事に要する時間・コストと採算の両面から，鉄道復活の可能性は著しく低いといわざるを得ない。そういった意味で，BRT化の選択は現実に鉄道の復活を放棄したことに限りなく近い意思決定であり，その妥当性の評価は将来に委ねられることになる。

　一方で，もし仮に鉄道の復活を優先し，大震災から数年後に被災地のJR大船渡線と気仙沼線に「列車」が走るようになったとしても，過疎地の鉄道の「不採算性」により，被災地の復興が一段落した時点で廃止になってしまうかもしれない。その時点で廃止になってしまった場合，それをBRT化することができるか否かは不透明である（金子ら 2014）。すなわち，将来の鉄道廃止リスクが大きいのである。そういった意味で，JR大船渡線と気仙沼線のBRT化は，一般的な路線バスよりも高速で目的地を結ぶことのできる公共交通機関（BRT）の「サステナビリティ」を少しでも高める意思決定であったと考えることができる。

　以上の議論を整理すると，JR大船渡線と気仙沼線のBRT化は，①公共交通インフラの早期復旧，②低コストでの公共交通インフラの復旧，③路線選択の高い「自由度」，④鉄道を復活させた場合の将来的な廃止リスクの回避，とい

第9章 ローカル鉄道路線のサステナビリティとBRT化のジレンマ（第2部の補論Ⅰ）

った4つの利点（金子ら 2014）を生み出していることがわかる。少なくとも，東日本大震災直後の時点では，JR大船渡線と気仙沼線のBRT化が上記の「トレードオフ問題」に対して賢明な意思決定であったと考えることができるのである。しかしながら，このように鉄道復活の可能性を著しく低下させる選択（BRT化）を賢明な意思決定と考えざるを得ないこと自体が，被災地の直面する非常に厳しい状況を端的に表している。東日本大震災の被災地におけるローカル鉄道路線のサステナビリティは，他の一般的な地域（地方）のローカル鉄道路線のサステナビリティ以上に，困難な状況に直面しているのである。

以上のような本章の議論が，全国各地のローカル鉄道路線（およびBRT）にとって，その「サステナビリティ」を高めるための示唆となることを期待したい。

〈参考文献〉

- 金子勝一・山下洋史(2010)，「銚子市の地方活性化と銚子電鉄」，『第45回日本経営システム学会全国研究発表大会講演論文集』，pp.198-201
- 金子勝一・山下洋史・臧巍・山下遥(2011)，「首都圏ローカル鉄道路線の存廃問題に関する研究」，『第46回日本経営システム学会全国研究発表大会講演論文集』，pp.138-141
- 金子勝一・山下洋史・権善喜(2014)，「東北地方の被災地におけるBRT（バス高速輸送システム）化のジレンマ」，『第52回日本経営システム学会全国研究発表大会講演論文集』，pp.190-193
- 大島登志彦・劉智飛(2008)，「わたらせ渓谷鉄道とその沿線地域の変遷にみる諸問題と考察」，『高崎経済大学論集』，Vol.51, No.3, pp.17-31
- 谷内久美子・宮崎貴久・新田保次・猪井博登(2005)，「地域類型からみた移動制約者に対する交通施策の特徴」，『土木計画学研究・講演集』，Vol.32, CD-ROM
- 山下洋史・鄭年皓・村山賢哉(2008)，「「地方活性化」に関する研究」，『第40回日本経営システム学会全国研究発表大会講演論文集』，pp.168-171
- 山下洋史(2009)，「「地方活性化」と支援」，『明大商学論叢』，Vol.91, No.2, pp.139-148
- 山下洋史・村山賢哉・金子勝一(2011)，「首都圏ローカル鉄道路線の存続要因に関する事例研究―銚子電鉄・いすみ鉄道・わたらせ渓谷鉄道存続要因―」，『文部科学省オープンリサーチセンター整備事業「クォリティ志向型人材育成とスマート・ビジネス・コラボレーション―経営品質科学に関する研究―」2010年度研究成果報告集』，pp.309-318
- 山下洋史・権善喜・村山賢哉(2011)，「秩父盆地における競合鉄道路線の棲み分けと協調」，『第47回日本経営システム学会全国研究発表大会講演論文集』，pp.14-17

第 2 部　「サステナビリティ戦略」編

山下洋史(2013),「富山県におけるローカル鉄道路線の果たす役割と「鉄道利用志向性」―富山地方鉄道の事例研究―」,『明治大学社会科学研究所「総合研究」(企業のサステナビリティ戦略とビジネス・クォリティ) 2012年度研究成果報告論文集』, pp. 27-38

山下洋史・金子勝一 (2013a),「北陸 3 県における「鉄道利用志向性」とローカル鉄道路線の存続」,『明治大学社会科学研究所「総合研究」(企業のサステナビリティ戦略とビジネス・クォリティ) 2013年度前期成果報告論文集』, pp.133-146

山下洋史・金子勝一 (2013b),「長野県における鉄道路線の存廃と第三セクター化に関する研究―長野電鉄としなの鉄道を中心に―」,『明治大学社会科学研究所「総合研究」(企業のサステナビリティ戦略とビジネス・クォリティ) 2013年度前期成果報告論文集』, pp.147-158

山下洋史・金子勝一(2014),「福島県・宮城県の被災地におけるローカル鉄道路線の果たす役割」,『明治大学社会科学研究所「総合研究」(企業のサステナビリティ戦略とビジネス・クォリティ) 2013年度成果報告論文集』, pp.129-142

第10章 日本の「湖内居住島」における産業と居住のサステナビリティ要因（第2部の補論Ⅱ）

　前章の補論Ⅰでも述べたように，筆者らの研究プロジェクト「企業のサステナビリティ戦略とビジネス・クォリティ」（明治大学社会科学研究所「総合研究」）では，日本の本土（本州・北海道・九州・四国）に比較して明らかに居住や産業を持続することが困難な状況にある湖内居住島のサステナビリティ問題に注目し，この問題に関して積極的な現地調査と，それに基づく研究活動を展開している。本章では，**第2部の補論Ⅱ**として，こうした湖内居住島のサステナビリティに関する研究活動の成果を紹介していくことにしよう。

10.1 日本における湖と島の社会科学的研究

　日本は，細長い島国であるため，カスピ海・ビクトリア湖や五大湖のような巨大な湖が存在せず，日本最大の湖（琵琶湖）であっても，湖を渡る橋（琵琶湖大橋）を架けられるほどの大きさにすぎない。したがって，日本の湖には人間が居住するような規模の島は非常に少なく，湖内の居住島（これを，本章では「湖内居住島」と呼ぶことにする）は，わずかに琵琶湖の沖島と中海の大根島・江島の3島のみである。

　当然のことながら，こうした湖内居住島の面積は湖の面積よりも小さい。したがって，日本の湖に浮かぶ湖内居住島の規模は非常に小さく，このような島に人間が生活していく上でのさまざまな施設や設備を整備することは困難である。とりわけ，琵琶湖の沖島には，自動車で対岸（近江八幡）に渡るための橋がなく，対岸には船で渡るしかないという非常に大きなハンディキャップが横たわっている。こうしたハンディキャップをもちながら，人間が居住を続ける上記の3島には，何らかの要因，すなわち「居住のサステナビリティ要因」が

存在するはずである。

　一方,日本における湖や島の研究は,1931年に設立された「日本陸水学会」(The Japanese Society of LIMNOLOGY, http://www.jslim.jp/) や,1998年に設立された「日本島嶼学会」(The Japan Society of Island Studies, http://www.islandstudies.jp/) によって主に展開されているが,日本陸水学会の多くは湖・河川の水質,あるいは湖・河川に生息する動植物に焦点を当てた自然科学的研究であり,日本島嶼学会の多くは海の離島に焦点を当てた研究であるため,「湖内居住島」に焦点を当てた社会科学的研究は非常に少ないのが現状である。また,それぞれの湖内居住島に焦点を当てた研究として,沖島の研究(大槻 1991,大西・飯田 1998,卯田 2001)や大根島(および江島)の研究(猪股 1974,大根島研究グループ 1975,鄭 1993,鄭 1994)が展開されてはいるが,これらは上記の3島を「湖内居住島」という集合体で捉えた研究ではない。

　そこで,明治大学「経営品質科学研究所」では,日本の湖内居住島における「産業と居住のサステナビリティ要因」に注目し,一連の調査・研究(山下・鄭 2015a, 2015b)を展開している。こうした「湖内居住島」研究を,本書で論じる日本の「サステナビリティ」研究にとってふさわしいテーマの1つとして位置づけたのである。

　本章では,上記のような筆者らの「湖内居住島」研究を整理することにより,日本の湖内居住島(琵琶湖の沖島と中海の大根島・江島)の特徴を明らかにするとともに,これらの3島が湖の内部に位置する小さい島であることのハンディキャップをいかにして克服し,居住を続けているか(サステナビリティ要因)について検討していくことにする。さらに,湖内居住島における生活の利便性と自然環境の保全との間にはトレードオフ(鄭ら 2015)の関係が存在することを指摘し,こうしたトレードオフ問題に対して,沖島では自然環境の保全を優先し,大根島と江島では生活の利便性を優先してきたという,アプローチの違いを示唆する。

10.2 日本の湖と湖内島

　日本は，多くの火山と入り組んだ海岸線をもつため，火山による堰止湖（富士五湖・阿寒湖・中禅寺湖など），カルデラ湖（屈斜路湖・摩周湖・支笏湖・洞爺湖・十和田湖・芦ノ湖・池田湖など）や，海流による海跡湖（サロマ湖・能取湖・網走湖・風蓮湖・厚岸湖・八郎潟・霞ヶ浦・浜名湖・中海・宍道湖など），さらには断層湖（猪苗代湖・諏訪湖・琵琶湖など）というように，多くの湖が存在する。そのほかにも，朱鞠内湖・糠平湖・田子倉湖・銀山湖・狭山湖・多摩湖・奥多摩湖・相模湖・津久井湖・九頭竜湖・児島湖など，多くの人造湖が作られている。

　しかしながら，前述のように，日本には巨大な湖が存在せず，世界的に見るとすべてが小さな湖である。そのなかで，比較的大きい湖は断層湖と海跡湖に多く，面積の順位で1位〜5位はすべて断層湖と海跡湖のいずれかとなっている。すなわち，1位の琵琶湖，4位の猪苗代湖が断層湖であり，2位の霞ヶ浦，3位のサロマ湖，5位の中海が海跡湖なのである。本章では，日本を代表する上記の湖のうち，湖内に居住島をもつ琵琶湖と中海に焦点を当て，こうした湖内島の産業と居住を持続させる要因（サステナビリティ要因）を検討していくことにする。

　一方で，カルデラ湖のなかにも，湖内島をもつ湖が数多く存在する。なぜなら，火山の噴火により地表が陥没した凹地に生まれたカルデラ湖には，そのなかに凸地が残ることが多く，こうした凸地が湖内島になるからである。実際に，屈斜路湖・摩周湖や洞爺湖の湖内島は有名であり，これらの湖の観光にアクセントを加えている。しかしながら，カルデラ湖の湖内島は，面積が狭く，かつ地形・地質的にも，人間の居住には適していない。そのため，日本のカルデラ湖には「湖内居住島」が皆無であり，湖内居住島が存在する日本の湖は，琵琶湖（断層湖）と中海（海跡湖）のみなのである。

10.3 世界の湖内居住島と日本の湖内居住島

　日本ではあまり知られていないが，世界には数多くの湖内居住島が存在する。北米の五大湖には，ヒューロン湖のマニトゥーリン島・セントジョゼフ島・マキノー島をはじめ，オンタリオ湖のサウザンド諸島にあるウルフ島や，スペリオル湖のアポストル群島にあるマデリン島など多くの湖内居住島が存在する。とりわけ，ヒューロン湖のマニトゥーリン島は，湖にある世界最大の島であり，そのマニトゥーリン島にあるマニトゥーリン湖は，日本の猪苗代湖とほぼ同じ面積である。さらに，ヒューロン湖内のマニトゥーリン島のマニトゥーリン湖のなかにも湖内島が存在する。このように，五大湖では湖と湖内島が階層構造を形成しているのである。

　また，アフリカのビクトリア湖やマラウイ湖にも，湖内居住島が存在する。とりわけ，ビクトリア湖にあるウケレウェ島とミギンゴ島は，世界的に知られている。ウケレウェ島は，約15万人の人口を擁するアフリカ最大の湖内島であり，ミギンゴ島は，面積が約1,800m^2という小さい島であるにもかかわらず，約400人が居住しており，非常に人口密度が高いことで注目を集めている。ほかにも，南米のチチカカ湖や，中国の千島湖（人口湖）など，多くの湖のなかに居住島が存在する。

　一方，日本で湖内居住島が存在する湖は，前節でも述べたように，琵琶湖と中海のみであり，日本に湖内居住島が存在すること自体，あまり知られていない。こうした湖内居住島は，日本で最も面積の広い琵琶湖に1つ，面積が5位の中海に2つ存在するだけなのである。ただし，日本でかつて2位の面積であった八郎潟を干拓し，大潟村が発足した時点では，この村を地形的に見ると，湖内島であったが，その当時からこれを「島」と呼ぶことは少なく，また現在では干拓がさらに進んで完全に陸続きとなったため，湖内居住島とは呼べない。

　琵琶湖には沖島が存在し，これが日本の淡水湖で唯一の居住島である。一方，中海には大根島と江島の2島が存在する。琵琶湖よりも面積の狭い中海に，2

第10章　日本の「湖内居住島」における産業と居住のサステナビリティ要因（第2部の補論Ⅱ）

つの湖内居住島が存在し，かつ中海の大根島と江島の人口が，琵琶湖の沖島の10倍以上であることは，特筆すべきところである。沖島の人口が約370人であるのに対して，大根島と江島の人口は約4,500人なのである。湖の面積でいえば，琵琶湖は中海の約8倍であるが，湖内居住島の面積でいうと，中海の大根島と江島は，琵琶湖の沖島の20倍以上の大きさであることが，その要因であろう。

10.4　琵琶湖の居住島（沖島）

　琵琶湖は，日本最大の湖であるため，沖島・竹生島・多景島・沖の白石や，人工島の矢橋帰帆島（やばせきはんとう）など，多くの小島が点在するが，これらの島のなかで「居住島」は，本研究で焦点を当てる沖島のみである。沖島は，1.53km^{2}に約370人が住む，琵琶湖で最大の島であり，日本の淡水湖にある唯一の居住島である（大根島と江島のある中海は，汽水湖である）。

　沖島には，対岸の近江八幡を結ぶ橋が存在しないため，島の交通は船のみに依存している。この点が，次節で述べる中海の大根島・江島との大きな違いである。そのため，沖島には自動車が1台もなく，多くの家庭が「自家用船」を所有している。沖島は，対岸の近江八幡市の堀切港と至近距離にあるため，自身の船を利用すれば，簡単に堀切港に渡ることができ，かつ琵琶湖に面した他の町にも行くことができるのである。さらに，沖島では多くの家庭が漁業に携わっていることも，「自家用船」を所有する要因となっている。

　沖島におけるこうした居住環境および産業基盤を確認すべく，山下・鄭（2015a）は2014年9月に現地調査を実施し，その概要を以下のようにまとめている。沖島は，琵琶湖の堀切港から「沖島通船」で約10分の距離にあり，その堀切港までは最寄駅の近江八幡駅からバスで40分程かかる。しかも，バスの本数が少なく，沖島へのアクセスは決してよい状態にあるとはいえない。沖島通船が到着する沖島港の正面には「沖島漁業協同組合」があり，これが漁業のみならず，島の役場に近い役割を果たしている。また，沖島港には非常に多くの

第2部 「サステナビリティ戦略」編

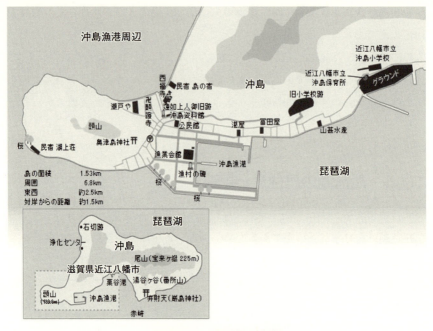

図10.1　琵琶湖の沖島

出所：一般社団法人近江八幡観光物産協会ウェブサイト，http://www.omi8.com/annai/okishima.htm〔2014年10月28日最終アクセス〕に筆者が加筆

　小型漁業船が停泊しており，漁業に支えられた沖島の特徴が端的に表れている。
　沖島には自動車が1台もないため，島内の移動は後ろに荷台をつけた「小さな三輪自転車」が交通手段の中心になっており，港周辺の道以外は，すべてこの「小さな三輪自転車」がやっと通れるほどの狭い道幅となっている。また，こうした狭い道幅であるがゆえに，島には消防車でなく，港の周辺に「消防艇」が格納されており，島内の狭い道幅ならではのリスク管理が展開されている。さらに，島内には小学校（近江八幡市立沖島小学校）・保育所（沖島保育所），また簡易的な浄水場や湖底に電気ケーブルが設置されており，こうしたインフラが居住サステナビリティを支えている。
　沖島港の高台には「沖津島神社」があり，この神社は，藤原不比等により建立されたといわれている。このことからも，沖島が古い歴史をもち，昔から人

が「住み続けている」こと（居住のサステナビリティ）を確認することができる。また，この神社に対する島民のアイデンティティが，島のサステナビリティ要因の1つとなっているものと思われる。

10.5 中海の居住島（大根島と江島）

　中海は，島根県と鳥取県の県境に位置する汽水湖であり，境水道（鳥取県境港市と島根県松江市美保関町との間の水道）から日本海とつながっている。そのため，淡水魚と海水魚が生息しており，ラムサール条約にも認定された貴重な湖である。また，中海の西は，松江市を流れる大橋川をとおして宍道湖ともつながっている。人口の少ない山陰地方にあって，中海の周囲は，松江市と米子市をはじめ，安来市と境港市があり，山陰地方の中心的役割を果たしている。

　一方で，中海の内部には，本研究で焦点を当てる大根島と江島という，2つの湖内居住島があり，約4,500人が両島に住んでいる。大根島と江島の面積は，あわせて約34.13km^{2}であり，琵琶湖の沖島（1.53km^2）の20倍以上となっている。湖の規模では中海よりも琵琶湖の方がずっと大きいが，島の人口と面積の面では，中海の大根島と江島は，琵琶湖の沖島よりも圧倒的に大きいのである。そのため，平成の大合併以前には，大根島と江島のみで，島根県八束郡の「八束町」（村ではない）を形成しており，日本の湖内島で唯一の独立した行政自治体（市町村）であった（ただし，八郎潟の干拓によって人工的に生まれた，かつての「大潟村」を除く）。

　このように，大根島と江島は，多くの人口を抱える湖内島で，かつ中海の周囲には山陰地方の中核となる4市（松江市・米子市・安来市・境港市）が位置するため，大根島と中海の西岸（松江側），大根島と江島の間，江島と中海の北岸（美保関側）は，それぞれ干拓用護岸道路によって結ばれており，江島と中海の東岸（米子・境港側）にも2004年に江島大橋が開通したことにより，交通面で2島は陸続きのシームレスな島となった。島根県の松江市からも，鳥取

第 2 部 「サステナビリティ戦略」編

図10.2　中海の大根島と江島南部

出所：松江観光協会八束町支部ウェブサイト
　　　http://www.daikonshima.or.jp/wp-content/uploads/2013/02/kanban-map.gif
　　　〔2015年9月25日最終アクセス〕に筆者が加筆

県の米子市からも，自動車で30分程度の時間で両島に行き来することができるのである。ここに，船でしか本土に渡ることができず，島内に自動車が1台もない沖島との大きな違いがある。そういった意味で，大根島と江島は，島でありながら（ただし，「離島」ではないことに注意を要す），あたかも周囲を湖に囲まれた陸続きの「半島」のような性格を有しているのである。

中海の江島と中海における居住のサステナビリティ要因を確認すべく，山下・鄭（2015b）は2014年10月31日に現地調査を実施した。この調査から，下記のような大根島と江島の特徴を指摘することができる。

まず，第一に指摘すべき点は，大根島は中海の干拓用護岸道路により本土に連結されているため，沖島よりも交通面での利便性が高く，生活インフラがよく整備されていることである。したがって，大根島や江島は「田舎」という性格よりも，あたかもよく整備された郊外の小規模都市であるかのような様相を呈しているのである。また，島内には牡丹と高麗人参（雲州人参）の農家が多

く，これらが島の特産物としての確固たる地位を築いている。

　一方で，大根島は大塚山，縄状熔岩，溶岩洞窟の幽鬼洞（国指定特別天然記念物）と竜渓洞（国指定天然記念物），波入港親水公園，グリーンステラ（牡丹と蘭の温室），波入の湧水といった数多くの観光資源を有しており，最大の観光資源は「由志園」である。大根島や江島では，昭和30年代に入ると，島の養蚕業が衰退してしまった。そこで，現金収入を得るため，島の女性たちが全国を行商にまわっていた。こうした姿を見た門脇栄氏が，全国からの観光客が訪れる日本庭園として「由志園」を造ったのである。

　このような取り組みは，自然の観光資源のみならず，人工の観光資源を積極的に開発した1つのビジネスモデルとして注目すべき点であろう。また，「由志園」の内部には，地域の特産物の牡丹と雲州人参の展示館および販売施設が設けられており，単なる日本庭園ではなく，人工的な観光資源と地域特産物とのシナジー効果を生み出すための積極的な取り組みが展開されている。由志園には，年間30万人の観光客が訪れており，筆者らの調査当日にも台湾から多くの観光客が来園していた。国内のみならず，海外（とくに，地理的な特性を活かして，韓国・台湾・中国）からも積極的に観光客を獲得しようとしているのである。

　一方で，江島には「大根島ローズランド」という「バラといちごのコラボレーション」をキー・コンセプトにしたガーデン施設があり，牡丹だけではない「花の島」のイメージを形成している。また，江島と境港市を結ぶ「江島大橋」（全長1446mの東洋一で世界3番目の長さを有するPCラーメン構造のアーチ橋）は，交通面での利便性を高めているだけでなく，中海から日本海までを一望する景色を観光客に提供し，中海の観光にも大きく貢献している。

　このように，大根島と江島は，沖島と同様，湖内居住島ではあるが，船しか交通手段をもたない沖島とは異なる利便性を有している。そのため，島でありながら，漁業ではなく，農業と観光業が島の産業を支えており，明らかに沖島とは異なる「居住のサステナビリティ要因」を形成している。とくに，「由志園」や「江島大橋」という人工的な観光資源は，「中海に浮かぶ花の島」としての魅力を高める役割を果たし，これにより人工的な観光資源と自然豊かな中海の

観光資源との相乗効果を生み出す「独自のビジネスモデル」を構築してきたのである。

10.6 沖島の産業

　琵琶湖の沖島と中海の大根島・江島には、それぞれ島での生活を支える基幹産業が存在する。それは、「鮒寿し」のフナで有名な沖島の漁業と、日本一の「牡丹」の産地として有名な大根島・江島の農業である。沖島と大根島・江島のそれぞれが、競争優位性の高い独自の産業を有しているのである。ここでは、山下・鄭（2015a；2015b）の調査・研究に従って、まず沖島の産業、とりわけ漁業と観光の概要を整理していくことにしよう。

　沖島では、上記のフナをはじめ、ワカサギ・ウナギ・アユ・ビワマスなど、琵琶湖の豊かな水産資源を活かした漁業が営まれており、沖島漁業協同組合（以下、「沖島漁協」）は、琵琶湖に位置する他の漁協をすべてあわせた漁獲量に匹敵する琵琶湖最大の漁協である。そのため、沖島の世帯の半数以上が沖島漁協に加入し、沖島の産業を支えるだけでなく、琵琶湖の環境保全や観光振興のための積極的な取り組みを展開している（沖島漁協HP；http://www.biwako-okishima.com/）。たとえば、①「ふなずし手作り講習会」を開催して、鮒寿しの「匂い」に拒否反応を示す人たちにも、その美味しさを知ってもらう取り組みや、②琵琶湖で行われている地引網を、多くの人たちに体験してもらう「観光地引網」の取り組み、さらには③ブルーギルやブラックバスなど、琵琶湖の生態系を揺るがす外来魚を捕獲し、それを原料としたペットフードや「沖島よそものコロッケ」を商品化する取り組みなどを展開している。これらの取り組みは、漁業の活性化のみならず、①と②は観光の振興、また③は環境の保全にも、それぞれ貢献する役割を果たしている。

　沖島の観光に関しては、琵琶湖を一望することができる島内の蓬莱山や、藤原不比等により建立されたとされる奥津島神社、湖面近くに鳥居の立つ厳島神

社（鳥居は安芸の宮島に似ているが，非常に小規模）などがあり，また上記の「観光地引網」も行われているが，交通が不便なため，観光に訪れる人は少ない。沖島へは，JRと近江鉄道の近江八幡駅からバスで30分の堀切港から沖島通船で渡らなければならない。すなわち，船に乗らなければ，沖島に渡ることができないのである。ここに，自動車が1台もない沖島の，積極的な環境保護と不便な交通との間のトレードオフが存在する。沖島では，前者の「環境保護」を優先した生活を送っており，これが観光の振興という後者の面では足かせとなっているのである。

このように，沖島は漁業によって支えられており，このことが，観光振興の妨げとなったとしても自動車でなく「船」を交通手段として選択する島民の意識を生み出している。さらに，こうした自動車に依存しない生活が，島や琵琶湖の環境破壊を防止しているのである。

10.7 大根島と江島の産業

中海の大根島と江島は，琵琶湖の沖島と同様に「湖内居住島」でありながら，漁業以上に農業が盛んであることが，大きな特徴である。大根島と江島が，日本一の「牡丹」の産地として，また日本を代表する高麗人参の産地として（大根島・江島では「雲州人参」），活発な農業が営まれているのである。こうした牡丹と雲州人参の栽培は，古く江戸時代から続いており，2島の産業と生活を支えている（大西・飯田 1998）。

大根島と江島の「牡丹」栽培は，日本一の生産量を誇り，かつブランド牡丹（松江ブランド）として，欧米やアジアなど，世界各地に輸出されている。こうしたことから，牡丹は「島根県の花」ともなっている。また，大根島と江島は，日本における高麗人参の三大生産地の1つであり，松江ブランドの牡丹と同様，「雲州人参」としてブランド化されている。両島における火山灰質の土壌が，牡丹と高麗人参の栽培に適していることが，こうしたブランド化の要因

であろう。日本において，中海という湖に囲まれた小島が，上記のように，2つのブランド化された農作物を有することは，特筆すべき点である。このような「競争優位性」をもつ産業（農業）が古くから根づいたことが，大根島と江島において約4,500人もの人口を擁し，かつ平成の大合併以前には独自の行政自治体「八束町」を形成するまでに至った最大の要因であろう。

　一方で，大根島と江島が中海の「湖内居住島」であることは，その周囲がすべて中海に囲まれていることを意味するため，漁業も主要な産業の一つとなっている。しかしながら，農業に比較すると，その規模は非常に小さい。さらに，中海の水質悪化と漁業従事者の高齢化により，漁獲量が大幅に減少している。中海の干拓用護岸道路によって実質的には対岸の松江や三保関と陸続きとなり，交通が飛躍的に便利になった大根島と江島が，皮肉にもその干拓事業によって中海の水質を悪化させ，漁業を衰退させてしまったのである。この点が，琵琶湖の沖島との大きな違いであると同時に，生活の利便性と環境保全との間のトレードオフ問題を示唆している。

　その際，一般に生活の利便性が産業の発展をもたらすのであるが，大根島と江島では漁業という産業を衰退の方向へと向かわせてしまったところに注意を要する。少なくとも，環境の保全と漁業の振興という観点からは，中海の干拓・淡水化事業は失敗であったといわざるを得ない。実際に，中海の干拓事業は2000年に，また淡水化事業は2002年に，それぞれ中止され，現在に至っている。こうした大根島と江島の事例からも，大規模公共事業を展開する際には，将来を十分に見据えた取り組みが求められることがわかる。

　次に，大根島と江島の観光についてであるが，前述のように，湖に浮かぶ「花（牡丹）の島」という，観光にとって魅力的な性格を有することを指摘したい。たとえば，大根島には日本庭園の「由志園」をはじめ，「中国ぼたん園」や「大根島ぼたん芍薬園」が，また江島にも「江島牡丹園」があり，それぞれ「花の島」という魅力的な印象を生み出している。さらに，江島に位置するが，名称は「大根島ローズランド」という，「バラといちごのコラボレーション」をめざしたガーデン施設もあり，牡丹だけでない「花の島」を印象づけている。

　上記のような「花」以外の観光では，江島と境港市を結ぶ「江島大橋」（世

第10章　日本の「湖内居住島」における産業と居住のサステナビリティ要因（第2部の補論Ⅱ）

界最大級のラーメン構造のアーチ橋）があり，この橋上からは中海のみならず，日本海まで一望することができる。また，大根島の頂きにある「大塚山公園」は，標高42.2mという日本で最も低い火山（小規模玄武岩溶岩の火山）に位置しながら，この公園から大根島・江島と中海の全体，そして大山を360度の眺望で見渡すことができる。

　このように，大根島と江島は，湖に浮かぶ「花（牡丹）の島」という全体としてのイメージと多くの観光スポットを有し，かつ琵琶湖の沖島とは異なり，自動車で島に渡ることができる利便性を有するのであるが，残念ながら「観光の島」と呼ぶまでには至っていない。それは，人口が非常に少ない山陰に位置し，東京や大阪から遠距離にあるという地理的要因（ハンディキャップ）によるものであろう。そして，こうした地理的要因は，島民の努力によって変えることのできるハンディキャップではない。そういった意味から，大根島と江島における産業の中心は，やはり牡丹と雲州人参に代表される農業であり，観光はそれを活かした副次的な産業としての位置づけにならざるを得ないのである。しかしながら，漁業が衰退しつつある状況を踏まえると，それを補う産業として，少しずつでも観光を成長させていく必要があろう。

10.8　日本の湖内居住島における「居住のサステナビリティ要因」

　ここまで議論から，琵琶湖の沖島と中海の大根島・江島が，いずれも競争優位性のある独自の産業（沖島の漁業と，大根島・江島の農業）を有し，それが島の経済と島民の生活を支えるとともに，居住のサステナビリティ要因となっていることが示唆される。しかしながら，こうした産業の存在のみで，居住のサステナビリティが実現するとは考えにくい。それは，陸から離れた島であること自体が，生活の利便性を低下させてしまうからである。実際に，日本における多くの離島が急速な過疎化に苦しんでおり，東京都の八丈小島・鳥島・弟島・硫黄島や，山口県の立島・羽島・尾島，愛媛県の四阪島・由利島，長崎県

の端島（軍艦島）・野崎島・葛島など，多くの離島が無人島化している。こうした離島のみならず，大都市から離れた本土の農村・漁村も，過疎化の問題に直面している。

　このように考えていくと，湖内居住島という規模の小さな島（沖島・大根島・江島）に，人が住み続けること自体が異例であることがわかる。そうであるとすれば，島民にとって，産業の競争優位性以外にも居住の誘因が存在するはずである。すなわち，沖島・大根島・江島には，生活の利便性を多少は犠牲にしても，それを上回る居住の大きな誘因が存在し，こうした誘因が「居住のサステナビリティ要因」となっていると考えるのである。以下では，山下・鄭ら（2015a, 2015b）の調査・研究に従って，こうした「居住のサステナビリティ要因」を検討していくことにしよう。

　まず，日本の湖内居住島における「居住のサステナビリティ要因」として指摘すべき要因は，前述のように，①「独自の産業が高い競争優位性を有すること」である（詳しくは，**10.6節**と**10.7節**を参照）。琵琶湖の沖島では漁業，中海の大根島と江島では農業（牡丹と雲州人参）がこれに相当し，島民の生活を支える経済的基盤となっているのである。こうした産業の競争優位性が，日本の湖内住居島における最大の「居住のサステナビリティ要因」となっているのである。しかしながら，ここでは①のほかにも，②「日本における湖内島にしては島の面積が大きいこと」，③「島に対する住民の帰属意識が高いこと」，④「対岸（本土）に渡る際に要する時間が短いこと」，そして⑤「比較的整った生活インフラを有すること」を指摘したい。

　②「日本における湖内島にしては島の面積が大きいこと」に注目した場合，最初に強調しておくべきことは，日本では世界的に見ると小さい湖が多く，その湖のなかにある島も，当然のことながら小さいことである。しかしながら，人間が居住するためには，ある程度の面積が必要である。なぜなら，人間は集落を形成して，互いに協力しながら生活するからである。そこで，日本の小さい湖内島のなかでは，面積の大きい一部の島だけが，居住島となりうるのである。沖島と大根島・江島は，こうした条件を満足しており，このことが「居住のサステナビリティ要因」の1つとなっている（干拓前の江島は非常に小さい

湖内島であったが，大根島の一部のような性格を有している）。さらに，こうした島の大きさが，①の要因を支えている。

　③「島に対する住民の帰属意識が高いこと」は，生活の利便性を多少は犠牲にしても，島に住み続けようと考える直接的な要因となる。こうした意識は，山下・鄭（2015a, 2015b）の現地調査でも確認しており，島民としての高いアイデンティティを生み出している。その背景には，沖島・大根島・江島が古くからの文化と産業をもち，それが現在へと伝えられているという歴史があるものと思われる。とくに，産業面での歴史は，それがブランド力を高め，①の要因を支えている。

　④「対岸（本土）に渡る際に要する時間が短いこと」と⑤「比較的整った生活インフラを有すること」は，海の離島との対比において浮かび上がる要因（特徴）であり，④は海に浮かぶ離島よりも本土から近い距離にあることを意味する。沖島では，対岸の堀切港まで船で10分ほどしかかからず，大根島と江島に至っては干拓用護岸道路や江島大橋により，バスや自動車で3方向の対岸（本土）に行くことができるのである。もちろん，本土から近い海の離島（とりわけ，架橋島）も，これと同様の性格を有しているが，海の離島の多くは本土から遠く離れており，こうした海の離島に比較すると，湖内島は本土（対岸）から至近距離にある。このような対岸への至近性が，島で生活することによる利便性の低下を最小限に抑え，「居住のサステナビリティ要因」となっているのである。また，⑤の要因については，3島（沖島・大根島・江島）とも電気・水道や学校が整備され，上記のように，交通面でも本土から遠く離れた離島に比較すると恵まれた状況にあることを意味する。とりわけ，大根島と江島には，上記の生活インフラに加えて，郵便局や多くの医療機関，さらには干拓用護岸道路や江島大橋が作られており，実質的には島とはいえないような利便性の高い生活を実現している。

　以上のように，沖島と大根島・江島では，①の要因に加えて，②～⑤の要因が，島に住み続けようという島民の意識を生み出しているものと思われる。すなわち，湖に浮かぶ小さな島であることによるハンディキャップよりも，①～⑤の要因からもたらされる居住の誘因を優先し，「居住のサステナビリティ」

を実現していると考えることができるのである．

10.9 湖内居住島における生活の利便性と自然環境の保全との間のトレードオフ

　日本の湖内居住島（沖島と大根島・江島）において，前節で述べた①～⑤が「居住のサステナビリティ要因」となっているが，これら5つの要因のうち，④と⑤の要因から生み出される生活の利便性と環境の保全との間は，一般にトレードオフの関係がある．すなわち，④と⑤の要因を優先した行動は，自然環境を破壊することにつながり，自然環境の保全を優先した行動では，④と⑤の要因を充実の方向へと導くことができないというトレードオフである．さらに，④と⑤を優先した行動によって，もし自然環境が破壊されしまったとすると，①の要因までもが崩壊の方向に向かうことになる（鄭ら 2015）．
　こうしたトレードオフは，湖内居住島のみならず，さまざまな地域（たとえば，5章で述べた香川県の直島と豊島；山下・村山 2009，山下ら 2009，山下ら 2011，神奈川県の三浦市と横須賀市；山下・西 2006，木村ら 2009，鄭ら 2010）で生じている問題である．そして，沖島と大根島・江島は，この問題に対して，それぞれ異なる立場からの取り組みを展開してきた．すなわち，「居住のサステナビリティ」を実現するためのアプローチが大きく異なるのである．
　沖島では，常に自然環境の保全を優先し，「自動車のない島」「琵琶湖の生態系を守る島」という立場から居住のサステナビリティを追求してきたのに対して，大根島と江島では，④と⑤の要因を優先することにより，生活の利便性を高め，あたかも「島でないかのような島」「陸続きの島」をめざしてきた．そこで，こうした沖島と大根島・江島のめざす「居住のサステナビリティ」の違いを，本章のまとめとして整理していくことにしよう．
　沖島では，琵琶湖から得られる自然の恵みを大切にした生活を，古くから展開してきた．それは，戦後のモータリゼーションや大規模な観光開発といった

潮流のなかでも，決して変わることなく貫かれている。その結果として，沖島には，自動車が1台もなく，大規模な観光施設も存在しないが，その分だけ豊かな自然が現在でも残っている。また，近年の琵琶湖における外来魚（とくに，ブラックバスとブルーギル）の繁殖が，湖の生態系を崩しつつある状況を危惧して，沖島漁協は，捕獲した外来魚を原料にペットフードや「よそものコロッケ」を開発し，これを事業化している。こうした取り組みにより，沖島漁協は年間に50t～60tの外来魚を捕獲し，在来魚貝類の食害を抑制することで，琵琶湖における水産資源の維持と環境の保全に努めている。すなわち，自然環境の保全を優先しながら，①の要因の充実を図ろうとしているのである。

一方で，沖島は船でしか島に渡ることができないという大きな問題を抱えている。そのため，島民にとっての生活の利便性のみならず，観光客にとってのアクセスの利便性も低いのが現実である。沖島は，自然環境の保全を優先した「自動車のない島」であるため，対岸の近江八幡市とは至近距離にあるにもかかわらず，島に渡る橋の建設が意味をもたないのである。こうした交通面での劣位性により，④の要因を活かしきれず，また観光面でもこれが足かせとなっているものと思われる。ここに，豊かな自然環境と生活・観光の低い利便性という沖島のトレードオフ問題が存在するのである。

中海の大根島と江島では，琵琶湖の沖島とは反対に，自然環境の保全よりも生活や観光の利便性を優先した取り組みを展開してきた。とりわけ，中海の大規模な干拓事業の一環として干拓用護岸道路を建設したことで，大根島と江島は対岸と「陸続き」の島となり，その後も江島大橋が開通したため，島民や観光客にとっての交通の利便性は飛躍的に向上した。もはや，大根島と江島は，交通面に注目すると，「島」と呼べないのである。

しかしながら，上記のような大規模な干拓事業が，中海の自然を劣化させ，その水質が低下していった。これにより，湖の恵み（魚貝類）が大幅に減少し，湖の恵みを活かした沖島の漁業とは対照的に，大根島と江島の漁業は衰退化の方向に向かってしまったのである。このことは，前述のトレードオフ問題に対して，大根島と江島が，沖島とは逆に，④と⑤の要因を優先してきたことを意味する。

そこで，農林水産省は，2000年に干拓事業の中止を，また2002年には中海淡水化の中止を，それぞれ決定した。その際に，すでに建設済みの干拓用護岸道路を取り壊すことはなかったため，大根島と江島における交通の利便性は維持されたが，中海のさらなる水質悪化を食い止めるだけで，周囲の自然環境はかなり破壊されてしまった。それでは，なぜ中海の自然環境が破壊されることは明らかであるにもかかわらず，大規模な干拓事業を進めたのであろうか？
　その要因は，琵琶湖の沖島とは異なる産業構造にある。すなわち，沖島は琵琶湖での漁業に大きく依存しているため，琵琶湖の自然環境を守ることが優先されるのに対して，大根島と江島は漁業よりも農業や観光業への依存度が高いため，中海の自然環境よりも交通（生活）の利便性を優先した行動を生み出したのである。
　さらに，大根島と江島の地理的条件も，交通（生活）の利便性を優先する要因となっているものと思われる。それは，沖島に比較して規模（面積と人口）が大きく，かつ平坦な土地が多いという地理的条件である。こうした条件により，干拓用護岸道路や江島大橋が開通する前から，島内で自動車が利用されており，対岸と「陸続き」になることが大きな意味をもっていたのである。ここに，島へと渡る橋の建設があまり意味をもたない沖島との大きな違いが存在する。また，沖島が名古屋・京都・大阪から比較的近い距離にあるが，大根島と江島は大都市から遠く離れた山陰にあるという地理的条件も，「陸続き」の島となることを選択する，もう1つの要因であろう。こうして，生活・観光の高い利便性と自然環境の劣化という大根島・江島のトレードオフ問題が生じたと考えることができるのである。
　このように，沖島と大根島・江島では，生活・観光の利便性と自然環境の保全との間に，正反対のトレードオフ問題を抱えている。それでも，上記の3島は，湖内居住島であることによるハンディキャップを競争優位性の高い産業によって克服しながら「居住のサステナビリティ」を生み出してきたのである。

第10章　日本の「湖内居住島」における産業と居住のサステナビリティ要因（第2部の補論Ⅱ）

〈参考文献〉

猪股趣(1974),「離島における花卉流通：島根県八束郡八束町大根島の場合」,『島根大学農学部研究報告』, No.8, pp.121-133

卯田宗平(2001),「新・旧漁業技術の拮抗と融和：琵琶湖沖島のゴリ底曳き網漁におけるヤマアテとGPS」,『日本民俗学』, No.226, pp.70-102

大槻恵美(1991),「琵琶湖,沖島の女性労働について」,『大阪薫英女子短期大学研究報告』, No.26, pp.43-48

大西暢夫・飯田辰彦(1998),「琵琶湖・沖島伝統の湖魚食」,『農』, Vol.17, No.11, pp.3-7

木村乃・鄭年皓・山下洋史(2009),「都市化と過疎化の並存する自治体の活性化に関する研究—三浦市活性化の事例研究—」,『文部科学省オープンリサーチセンター整備事業「クォリティ志向型人材育成とスマート・ビジネス・コラボレーション」研究プロジェクト2008年度HRQ/TMQサブプロジェクト研究論文集』, pp.441-453

鄭光中(1993),「島根県八束町におけるボタンと薬用人参の生産」,『季刊地理学』, Vol.45, No.2, pp.98-110

鄭光中(1994),「地域農業と農産加工の関わりからみた薬用人参加工の存在形態—島根県八束町の事例—」,『地理誌叢』, Vol.35, No.2, pp.27-37

鄭年皓・西剛広・山下洋史・金子勝一(2010),「大都市近郊自治体における観光・経済・環境の間のトレードオフとシナジー—三浦市と横須賀市の事例研究—」,『第45回日本経営システム学会全国大会講演論文集』, pp.226-229

鄭年皓・上原衞・山下洋史(2015),「日本の湖内居住島における生活のトレードオフ問題」,『日本経営システム学会第54回全国研究発表大会講演論文集』, pp.38-41

大根島研究グループ(1975),「大根島は第四紀の火山である」,『地球科學』, Vol.29, No.6, pp.297-299

山下洋史・西剛広(2006),「大都市周辺自治体における地域活性化のジレンマに関する研究—「カレーの街よこすか」の事例研究—」,『明大商学論叢』, Vol.89, 現代GP特別号, pp.73-82

山下洋史・村山賢哉(2009),「資源循環の概念モデルに基づく豊島・直島の環境志向型行動と3R」,『工業経営研究』, Vol.23, pp.135-139

山下洋史・鄭年皓・村山賢哉・臧巍・金子勝一(2009),「環境志向型人材育成に関する研究—豊島・直島と新潟（阿賀野川）の事例研究—」,『文部科学省オープンリサーチセンター整備事業「クォリティ志向型人材育成とスマート・ビジネス・コラボレーション」研究プロジェクト2008年度HRQ/TMQサブプロジェクト研究論文集』, pp.413-428

山下洋史・村山賢哉・鄭年皓・臧巍(2011),「離島の環境問題に関する研究—豊島と直島の事例研究—」,『文部科学省オープンリサーチセンター整備事業「クォリティ志向型人材育成とスマート・ビジネス・コラボレーション」研究プロジェクト2010年度研究成果報告集』, pp.319-329

山下洋史・鄭年皓(2015a),「琵琶湖における湖内居住島のサステナビリティ要因に関する研究」,『明治大学「経営品質科学研究所」2014年度後期研究成果報告論文集』, pp.95-

104
　山下洋史・鄭年皓(2015b),「中海における湖内居住島のサステナビリティ要因に関する研究」,『明治大学「経営品質科学研究所」2014年度後期研究成果報告論文集』, pp.105-117

第3部

「国際ビジネス」編

第11章 多国籍企業のサステナビリティ

11.1 グローバリゼーションと多国籍企業

　1999年に当時の国連事務総長のアナン（Kofi Annan）氏がスイスのダボスでの世界経済フォーラムにおいて国連グローバル・コンパクトを発表した。それは，画期的なボランタリー・ベースの多国籍企業行動規範を示したものであり，今日のグローバルCSRの基本的な枠組みとなったものである。この枠組みは法的強制力のない行動規範であるが，多国籍企業をはじめ世界の多くの企業がこれを採択しており，グローバルな世界での企業の社会的正当性を表明する1つの有力な方策となっている。

　多国籍企業に対する行動規範の必要性は，すでに1970年代初めから国連の貿易開発会議（UNCTAD）の場を通じて発展途上国側から提起されていたが，米国を中心とする先進国側によって抑え込まれていた。1970年代後半には途上国の経済開発のためには多国籍企業による直接投資が必要であるという先進国側の論理が優先され，過激な多国籍企業批判はしばらくの間収まっていた。

　しかし，グローバリゼーションが大きく進展した1990年代後半には，多国籍企業が途上国で搾取的な労働を強いているといった批判や環境汚染をもたらしているといった批判が再び巻き起こった。1997年には金融グローバリゼーションの破綻の一端と見られるアジア通貨危機が起こった。また，アナン事務総長によるグローバル・コンパクトの発表の10ヵ月後には，シアトルでのWTO閣僚会議場前で大規模な反グローバリゼーション抗議活動が起こっている。このようなことを背景として，先進国対途上国という対立関係では成立がむずかしかった多国籍企業行動規範がボランタリー・ベースとはいえ，国連で定められたことは画期的な出来事であったのである（Lim 2012）。

本章では，国連のグローバル・コンパクトやトリプルボトムラインの経営思想が多国籍企業にとってどのような意味をもつものであるかを検討したい。また，そうした社会価値と企業価値とを同時に達成しようとする，近年ポーターらが提唱している戦略的CSRおよび共通価値の創造について考察したい。

11.2 多国籍企業のサステナビリティ

11.2.1 グローバル・コンパクトまでの道程

今日，サステナビリティの概念は，さまざまな観点やコンテクストで使用されている。大別すると，地球の生態系のサステナビリティ，人類の社会システムのサステナビリティ，企業のサステナビリティである（河口 2006）。グローバルなビジネス活動を行っている多国籍企業は環境や社会への影響力も大きく，それらのすべてのサステナビリティに対して責任ある行動をとらなければならないであろう。

まず，地球の生態系のサステナビリティである。サステナビリティという用語が初めて用いられたのは，1987年，国連「環境と開発に関する世界委員会」（委員長：ブルントラント・ノルウェー首相）の報告書「Our Common Future」であるといわれている。そこでは，Sustainable Developmentという用語が使用されたが，それは「将来の世代の欲求を満たしつつ，現在の世代の欲求も満足させるような開発」（外務省訳 2005）と定義された。地球環境資源の有限性を前提とした人類社会の発展（とくに人口の爆発的増加が予測される発展途上国の発展）を意識して，地球の生態系の持続可能性の議論から始まったのである。

1992年のリオデジャネイロでの「国連環境開発会議」（UNCED,「地球サミット」）での環境分野での国際的な取組みに関する行動計画である「アジェンダ21」が採択された。1997年の京都議定書は，そうした成果の一環である。

その後，地球規模での貧富の格差拡大，貧困（人権）問題の深刻化が国際社会で強く意識されるようになり，地球の生態系の持続可能性に加えて，人類の社会経済システムの持続可能性が問題視されるようになった。そうした問題意識が1999年のアナン声明，2000年に正式発足した国連グローバル・コンパクトやミレニアム宣言に反映されている。1992年の「地球サミット」開催から10年後の節目に当たる2002年には「持続可能な開発に関する世界首脳会議」（ヨハネスブルグ・サミット）が開催され，各国首脳の政治的意思を示すヨハネスブルク宣言と持続可能な開発を進めるための各国の指針となる実施計画が採択された。

多国籍企業を巡る行動規制に関しては，歴史的には，1970年代の初めから国連貿易開発会議（UNCTAD）を舞台に，途上国側から先進国側に資源搾取，分配の不公正についての抗議と法的規制の強い要請があったが実効性の高い制度は何も実現しなかった（Lim 2012）。1970年代後半から1990年代の初めまでの国連内の議論では，途上国側の規制要求よりも先進国側（とくに米国）による，途上国の経済発展にとって多国籍企業の直接投資が不可欠であるとの主張の方が優勢となった。しかし，グローバリゼーションが進展した90年代後半にはナイキ社の東南アジア諸国でのSweatshops（労働者搾取工場）問題（本章後段で詳述）をはじめとする多国籍企業による途上国労働者の搾取・人権問題の表面化や環境汚染問題の深刻化，97年アジア金融危機などを契機に，多国籍企業の行動基準の枠組みの設置が国際的に（途上国，先進国の両方から）強く要請された。当時の事務総長のアナン氏は，国連機関の過去の経験から法的強制力をともなう形式ではまとめにくいことを学習していたので，ボランタリー・ベースでの企業の社会的責任の枠組みとして，それを取りまとめる方向に転換した（Lim 2012）。この交渉過程には多国籍企業はもちろんのこと，世界の経済団体，環境保全団体，NGO，労働団体なども議論に参画した。その結果，マルチ・ステークホルダー参加型のCSR枠組みとしての国連グローバル・コンパクトが取りまとめられた。

そこでは，次のような人権，労働，環境に関して世界的に合意された普遍的価値としての9原則（その後，腐敗防止が加えられ10原則となる）が掲げられ

た。

人権
原則1：人権擁護の支持と尊重
原則2：人権侵害への非加担

労働
原則3：組合結成と団体交渉権の実効化
原則4：強制労働の排除
原則5：児童労働の実効的な排除
原則6：雇用と職業の差別撤廃

環境
原則7：環境問題の予防的アプローチ
原則8：環境に対する責任のイニシアティブ
原則9：環境にやさしい技術の開発と普及

腐敗防止
原則10：強要，賄賂等の腐敗防止の取組み

　他方，先進諸国の経済協力開発機構（OECD）は，すでに1976年には「多国籍企業行動指針」を策定している。これも法的拘束力のないガイダンスにすぎないが，これまでに5回の改定を経て，2011年に現行の行動指針が定められている。現在，OECD加盟国34か国に加えて10か国の非OECD加盟国が参加している。ここでは一般方針として，持続可能な開発の達成，人権の尊重，能力の開発，人的資源の形成，よいコーポレート・ガバナンスの維持などのために企業は行動すべきであるとしている（外務省 2014）。なお，この行動指針の実効性を高めるために，2000年の改定では各国に連絡窓口（NCP:National Contact Point：日本では外務省・厚生労働省・経済産業省の三者で構成）を設置し，2011年の改定では，NCPによる問題解決支援の機能が強化されている。

　これらのほかにも，国際的ガイドラインとしてはISO26000が存在する。これは，2010年に発行されたもので，持続可能な社会への貢献に責任があるのは企業だけではなくあらゆる組織を対象とした社会的責任のガイドラインとして

提示している。そこでも「社会的責任とは，組織活動が社会及び環境に及ぼす影響に対して組織が担う責任のこと」と定義されている。ここでは社会的責任として，説明責任，透明性，倫理的な行動，ステークホルダーの利害の尊重，法の支配の尊重，国際行動規範の尊重，人権の尊重という7項目が提示されている（経済産業省 2012）。

現在，多くの多国籍企業は国連グローバル・コンパクトを採択しており，それが今日のグローバルなCSRの考え方の根幹となっている。そのため，世界約145ヵ国で12,000を超える団体（うち，企業が約8,000社）が署名している。つまり環境，労働，人権問題への積極的な取り組みを行っていることが，今日の多国籍企業の関係各国での正当性を示す非常に重要な指標の1つとなっているのである。

先進国系の多国籍企業の多くは国連グローバル・コンパクトを採用すると同時に，OECDの多国籍企業行動指針やISO26000の遵守を約束しているわけである。たとえ，それらのガイダンスは法的拘束力がなくても，今日のような情報コネクティビティの高い世界の社会経済においては，それらからの逸脱行為は瞬時に世界中に伝わり企業経営に多大な負の影響を与えることになるので，その影響力は非常に大きくなっている。

11.2.2　トリプルボトムラインの考え方

1997年にイギリスのコンサルティング会社「サステナビリティ社」のジョン・エルキントン氏が提唱した概念であり，企業活動を決算書に記される業績などの経済面の評価だけではなく，社会面や環境面からも評価するべきであるという考え方である（Elkinton 1997）。元々，ボトムラインとは財務諸表の最終行を表すものであり，経済面では利益や損失などの最終結果を表す。これと同様に，企業活動は社会や環境への貢献や負荷をもらすものであり，それらのボトムライン，すなわち最終結果も開示すべきであるという意味で用いられている。

こうしたトリプルボトムラインの考え方は，企業によって可能なかぎり実行

され，その結果をサステナビリティ報告書ないしCSR報告書として定期的に報告されることが望ましいことはいうまでもない。これについては，国連環境計画（UNEP）の公認協力機関であるGRI（Global Reporting Initiative／1997年に米国ボストンで創設され，現在はオランダに本部をおくNGO）によるガイドライン「GRIガイドライン」が国際的に普及してきている（GRI 2015）。このガイドラインの骨格となっているのは，国連グローバル・コンパクトやトリプルボトムラインの考え方に他ならない。

11.2.3　グローバルCSRの採用企業とは

　今日までのところ，グローバルCSRという概念が明確に定義されているわけではない。前述の国連グローバル・コンパクトの採択やトリプルボトムラインの考え方をベースとするGRIの報告書の公表をもって，グローバルCSRの基本的な枠組み遵守企業と見なすことが多い（Lim 2012）。

　前述のGRIなどのガイドラインに沿ったCSRには，とくに国内企業向けと多国籍企業向けの区別があるわけではなく，普遍的な適用可能性がある。ただし，環境的，社会的な影響力とステークホルダーの構成員には大きな違いがある。すなわち，多国籍企業の場合には，ドメスティックな企業と比べると，その環境面，社会面での影響力が非常に大きく，ステークホルダーがはるかに多数であり，また多様性をもっている。

　まず，より一般的なものと認められているCSRの定義から見よう。2001年に欧州委員会はCSRを「企業が社会および環境についての問題意識を，自主的に自社の経営およびステークホルダーとの関係構築に組み入れること」と定義している。同委員会は2011年の再定義において，「CSRとは企業の社会への影響に対する責任である」と明記し，また「CSRが企業の競争力にとってますます重要となっている」ことを強調した。すなわち，それはリスク管理，コスト削減，顧客関係性，人的資源管理，イノベーション力に資するとした。そして，企業がステークホルダーとの密接な協同のもとに社会問題，環境問題，人権問題および消費者の関心事項をその事業とコア戦略に統合することを推奨してい

る（European Commission 2011, 駐日EU代表部 2013）。

　次に，多国籍企業のCSRの定義について見よう。Mohan(2006)は次のように定義して，多国籍企業にとっての主要なステークホルダーをより明確に示している。すなわち，「CSRとは主要なステークホルダーの関心事を日常のビジネス活動のなかに統合するビジネス組織の責任のことである。ここで主要なステークホルダーとは，従業員，顧客，サプライヤーのことであり，環境とコミュニティはそれが拡張されたものと考えられている」とされるのである。そして，多国籍企業のステークホルダーにはグローバルな顧客，投資家，債権者，従業員や国連，ヨーロッパ委員会，OECDなどの超国家レベルのステークホルダー，また消費者保護，環境，安全，健康，労働者の人権などの問題を扱う国際的なNGOの母国および進出先国の地域コミュニティも含まれる。さらに，グローバルレベルおよびローカルレベルの環境も声なきステークホルダー（'silent' stakeholders）であるとしている。

　近年，日本においてもトリプルボトムラインをベースにする**CSR**に関心がもたれるようになってきている。経済産業省も同様の観点から，次のように定義している。すなわち，「企業の社会的責任（CSR）とは，企業が社会や環境と共存し，持続可能な成長を図るため，その活動の影響について責任をとる企業行動であり，企業を取り巻く様々なステークホルダーからの信頼を得るための企業のあり方を指す」（経済産業省 2014）とされる。

　また，経済同友会(2014)の調査によると，東証1・2部上場企業を中心とする対象企業の74％がCSR推進体制を整備しており，45％が持続可能性報告書を発行している。CSRの取り組み分野については，70％の企業が環境関連と回答し，84％の企業がコンプライアンス推進の責任者に役員を任命している。しかし，「人権」に関連して十分な体制を構築している企業は相対的に少なく（自社グループ内で44％，サプライチェーンまで含むと21％），各種のNPO，NGOとの共同事業に取り組んでいる企業はまだそれほど多くない（45％）。

11.3 多国籍企業の戦略的CSR

11.3.1 戦略的CSR概念

　今日，国際的に要請されているCSRは法令遵守だけではない。前述のような近年の各種CSRガイドラインにおいても，企業が自発的にCSRを自らの事業やコア戦略の中に統合することが推奨されている。つまり，CSRを経営活動の事後的，追加的な行為と考えるのではなく，よりプロアクティブで積極的な環境対応，社会対応が当該企業の競争優位や革新的なビジネスチャンスにつながるという考え方である。

　たとえ，経営資源が豊富な巨大多国籍企業であっても，グローバルあるいはローカルな経営的，環境的，社会的な諸課題に対して，無限定に関与することは不可能である。企業経営にとっては，自らの持続可能な成長と環境や社会との調和を達成するために，取り組むべきビジネスの課題をどう選択し，それらをどのように事業に統合すべきかが問われなければならないであろう。こうした課題に対して，ポーターら（2006）が有用なフレームワークを提供している。

　ポーターらは，従来のほとんどの企業のCSR活動が分断的であり，競争優位への貢献度がそれほど高くなく，コストとの関係も曖昧であると見ている。たしかに，積極的なCSR活動は企業の社会的正当性を表す1つの重要な指標となっており，中長期的な企業評判の向上につながることを期待しうる。しかし，当該企業がもつコア価値との関係およびCSR活動による社会的価値の実現と企業コストのバランスが十分に考慮されていない。つまり，戦略性を欠いているという指摘である。社会的正当性プレッシャーだけでCSRに大きな投資をすれば組織にとっての不確実性が生じ，既存戦略の分離・分断化さえ起こしかねないのである（Lim 2012）。

　そこで，ポーターらはCSRの諸活動をより選択的に，つまり自社の特定ビジネスに特有の優先順位をつけて実施する必要があると指摘する。また，CSR活

動は事業戦略との統合の仕方によっては，新たなビジネス機会やイノベーション機会を提供し，長期的な競争優位を強化しうるものとの認識を示している。

　ポーターらは，ビジネスにかかわる社会的課題を3つのカテゴリーに分類している。すなわち，①一般的な社会的課題，②価値連鎖の社会的課題，③競争コンテクストにおける社会的課題の3つである。一般的な社会的課題とは，会社の操業によって重要な影響を受けず，またその長期的競争力に実質的に影響を与えない社会的課題である。価値連鎖の社会的課題とは，会社の通常のビジネス活動によって重要な影響を受ける社会的課題である。競争コンテクストの社会的次元とは，操業立地での会社の競争力の基本的な駆動要因に対して重要な影響を与えるような外的環境における社会的課題である。そのうえで，当該事業にとっての潜在的なインパクトの大きさに基づいて優先順位づけを行い，当該企業にとっての独自のCSR活動計画を立てることを提唱している。

　従来の受け身的なCSRでは，一般的な社会的課題としての良き企業市民たるさまざまな善行，そして企業の価値連鎖から生じる悪影響の軽減が中心となる。彼らが提唱する戦略的CSRにおいては，価値連鎖の次元から，自社のコア価値および戦略の強化と社会への利益供与を同時に達成しうるように価値連鎖を変換することを推奨する。また，競争コンテクストの社会的次元から，特定事業の重要領域での経済価値を高める組織能力にテコ入れするような戦略的フィランソロピーの実行を推奨する。ポーターらは，このように企業価値と社会的価値を戦略的に同時達成することを戦略的CSRと呼び，新しいビジネス機会やイノベーション機会に繋がるような企業と社会との共通価値（Shared Value）の創造を推奨している（Porter & Kramer 2006, 2011）。

　諸上（2010）は，ポーターらの上述のような主張を次のように解釈できると考えている。そもそも企業の発展やその社会貢献は，それがもつコア価値（人材，技術，製造工程，マーケティングなどの優秀さやユニークさ）があって可能となる。企業は，このコア価値を中心に構築された価値連鎖ないし事業システムをベースとして競争しているのである。従来の多くの受動的なCSRは，事業遂行後の利益の社会還元を中心としている。そこでは，CSRは事業の外で実行されていることになる。これに対して，戦略的CSRではCSRと事業の統合，それ

もコア価値を増強するような統合をめざす。そのためには，競争コンテクストにおける社会的課題（人材や技能の不足，支援産業の未発達，競争ルール変化への対応など）および一般的な社会的課題（環境問題，失業・貧困問題，人権・労働問題など／ローカルなものとグローバルなものとが存在する）のなかから，自社のコア価値を中心とする価値連鎖と直接的な関連性を有し，インパクトのより大きい課題を選択するべきである。そのうえで，自社独自のCSR目標やアジェンダを創出するべきである。その際の一番のポイントは，自社のコア価値を増強し長期的な競争優位を達成するという経営的な価値と，環境保全や雇用の維持・創出などの社会的価値とが一致し，当該企業と社会とで共有できる価値を発見することであろう。

　たとえば，多国籍企業による開発途上国市場（とくにBOP／Base of the economic Pyramid）の開拓における経営的価値と社会的価値が一致した戦略的CSRの典型的な成功事例として，①ネスレのインド法人でのミルク・ビジネス，②ユニリーバのインド法人，③ダノン・グラミン食品（仏ダノン社とグラミン銀行のバングラデシュでの合弁事業）が，世界的に認知されている。

　すなわち，事例①のネスレは，インドでの多数の小規模農家との直接契約によって牛乳を調達しているが，同時に現地の冷蔵施設，輸送インフラ，家畜医療分野への投資を行っている。これにより，現地農家の収入増加と安定をもたらした。ネスレのコア価値である長年の現地調達経験や家畜医療，栄養学，農学，品質保証などの先端知識と技術等が，現地の貧困状態の改善，地域コミュニティの発展という社会的価値と適合した共通価値となり，それをベースとしたサステナビリティの高いビジネスを生み出している（Porter & Kramer 2006）。

　事例②のユニリーバは，インドの農村地域において，洗剤やシャンプーの直接販売ネットワークを構築（村の女性をディストリビューターとして育成し起業支援）することで拡販に成功しているが，これによって村民にビジネス機会を提供し，地域コミュニティの発展にも寄与している。ここでユニリーバの技術力と途上国マーケティングの経験が活かされていることはいうまでもない。さらに，同社はインドでの知的発達障害（7千万人以上が罹患，約3億人が危

険に晒されている）の原因となっているヨード欠乏症の克服に役立つヨード添加塩を販売している。ユニリーバの食品開発の技術力を活かして、貧困層でも日常的に摂取する食塩内にヨード成分をカプセル化して添加したのである（藤井・新谷 2008）。

事例③のダノン・グラミン食品は、バングラデシュで強化ビタミン配合のヨーグルトの生産・販売を行っているが、これは貧困層の栄養改善と雇用促進という社会的価値に寄与している。ダノンの食品開発力とノーベル平和賞受賞者のムハンマド・ユヌス氏が率いるグラミン銀行の経営理念とが、コア価値となっているビジネスといってよいであろう（藤井・新谷 2008, Danone社サステナビリティ・リポート 2007）。

日系多国籍企業の事例では、住友化学のアフリカでのマラリア予防蚊帳のビジネスがあげられる。アフリカでは、年間3億人がマラリアに罹患し約100万人が死亡しているが、同社は独自技術により防虫剤を練りこんだ蚊帳を開発しアフリカ各国への販売および寄付を行っている。また、タンザニアの蚊帳メーカーに技術を無償提供し、量産体制を整えた。このビジネスによって現地の雇用創出にも貢献している（住友化学 2009）。また、トヨタ自動車の開発力と製造技術をコア価値とするハイブリッド車もCO_2の削減という社会的価値が良く適合した事例の1つであろう（Porter & Kramer 2006）。

11.3.2 CSRと経営成果との関係

基本的に企業のCSR活動は短期的な仕事ではなく、長期的な関与を要する仕事であると考えなければならないであろう。したがって、企業トップの交代や景気の落ち込みによって活動が縮小・中断するようなことがあってはならない。しかし、ポーターら（2006）が指摘するように、その戦略や根拠が不確かなCSRプログラムには、そうした危険が多分にあるといわなければならないであろう。

企業がCSR活動の継続を提案し、株主をはじめとするステークホルダーの賛同を得るためには、それが経営成果に好影響を与えることの確証を得たいところであろう。しかし、これまでのさまざまなCSRとその成果との関連の研究で

は，経営成果に対して正の影響を与えていることを必ずしも十分に実証できているとはいえない。それらの調査結果には，不一致や不整合性も見られ，両者の関係については必ずしも一般化可能な結論に達していない。

たとえば，マーゴリスとワルシュ(2003)はCSR活動と企業の財務成果との間にほとんど相関がないことを見出している。また，パヴァとクラウツ(1995)による106社の米国企業対象（1985-1991のデータ）では，両者の関係が逆U字型の関係にあることを示唆している。

それらは調査対象が違う上に，仮説の因果モデルも一様ではない。また，企業のCSR活動の多様性も反映しているものと考えられる（Husted & Allen 2006）。しかし，そのように分析結果の収斂が見られないなか，オリツキーら(2003)は，過去に行われた社会／環境的成果と財務的成果の関係についての52の分析（合計サンプル数は33,878の観察記録）についてメタ解析を試みている。その結果，社会的責任という形態の企業の善行と環境的責任という形態の投資には，相応の価値があることが確認された。メタ解析をとおして明らかにされた主要な事柄は次の3点である。すなわち，①社会／環境的成果は財務的成果と正の関係があること，②その関係性は双方向的であり，同時的であること，③評判が両者の関係性の重要な媒介変数であることである。彼らはこのメタ解析により，これまでの多くの学者が想定している以上に，社会／環境的成果と財務的成果との関係がより強固なものであることが確認されたと主張している。

グローバルな観点からは，国連グローバル・コンパクト採択やGRIのガイドラインの採用をもってグローバルCSRの推進企業と一応認定されるが（Lim 2012），同じ多国籍企業でも国によってCSRへのコミットメントがかなり異なることがある。もちろん，本国本社のそれと非常に類似したCSR活動が現地国でも遂行されることもあるが，現地の政府政策や制度，文化や習慣，競争コンテクストなどの影響を受けたCSR活動が展開されることが多いと考えられる。多国籍企業子会社は，本社のグローバル政策決定への制度的同型化（institutional isomorphism）圧力を受けているので，ローカルなCSR対応をむしろ苦手としていることを示唆している研究もある（Husted & Allen 2006）。さらに，新興国企業や政府機関のなかには，国連グローバル・コンパクトを採択していて

も，CSR実行力がともなっていないケースも少なくない（Lim 2012）。

グローバルな観点からCSRを考える場合，国連グローバル・コンパクトの10原則などは，健全な市場経済と民主主義を基盤とする国々やそれらをめざす国々にとっては普遍的な価値であり共通価値である。しかし，ローカルなレベルでの諸課題は必ずしも一致しない。国や文化によって，社会的課題についての認識や評価基準が異なるからである。また，業界によって対応すべき競争的コンテクストもさまざまである。豊かな経営資源（資金，人材，技術，世界的ネットワークなど）をもつ多国籍企業にとっても，そうしたことから起こる多様性に適切に対応することは容易なことではない。多国籍企業は，グローバルまたはローカルなレベルでの社会的正当性を維持しなければならない。今日，インターネットをはじめ世界中の情報のコネクティビティが飛躍的に高まっており，消費者をはじめとするステークホルダーの情報パワーは，過去には考えられなかったほど増大している。しかも，そうした道徳的プレッシャーは非常に多様なステークホルダーから発せられるため，多国籍企業はリスク管理の面からもより迅速で幅広い関連情報の収集・分析や，それを活用したステークホルダーとの良好な関係性の維持が求められる（Kytle & Ruggie 2005）。

11.3.3　学習による進化

ステークホルダーからの批判や要請に敏感であり，またトリプルボトムラインの経営思想を真に重視している多国籍企業のCSRは進化するはずである。

ここでは，かつて多国籍企業の社会的責任について大きな批判を受けた企業がその後にどのように経営行動を修正しているのかについて，ネスレ社とナイキ社の事例を見よう。

ネスレ社は，1977年にベビー用粉ミルクの東南アジやアフリカ諸国におけるマーケティングが，アグレッシブにすぎると激しい批判を受けた。同社によって粉ミルクがあたかも母乳より勝ると思わせるような宣伝活動が行われたこと，医療機関への大量の無料サンプルを配布されていること，使用上の衛生処置その他の注意事項の現地語化が十分に行われていないことなどが批判され，大規

模なボイコット運動に発展した。その後，WHOやUNICEFの働きかけも加わって，1984年に粉ミルクのマーケティングに関する国際行動規範が作成され，ネスレがそれを遵守することを約束したことから，ボイコット運動はいったん中止された。しかし，1988年には医療機関への大量の無料サンプルの提供などが発覚したので，ベビー食品の消費者団体やさまざまな国際的NPOによるボイコット運動が再開され，未だに明確な終息宣言が出されていないといわれている。2013年現在でも，ネスレはIBFAN（International Baby Food Action Network）などの関係団体によってモニターされ続けている。一方，ネスレ側は前述のマーケティングに関する国際行動規範に完全に従っており，WHOの行動規範に基づいた毎年の監査も実施していると主張している（European Parliament 2000; Sethi 1994; WHO 1981, 2001）。

　本件については，ネスレ社だけの責任ともいえないし，なお論争のあるところではあるが，こうした流れのなかでネスレ社が多くのことを学習し，そのCSR活動が進化してきたことは間違いないであろう。ちなみに，同社は国連グローバル・コンパクトの原則を早くから支持しており，2011年にはGRI（グローバル・レポーティング・イニシアティブ）のB＋レベル，2012年には同A＋（最高の透明性基準）をクリアしている。2013年には，国際NGOオックスファム（OXFAM）が作成した「ビハインド・ザ・ブランド」の採点表で世界の10大食品飲料メーカーの最上位にランクされている。また，同年のダウ・ジョーンズ・サステナビリティ・インデックスで業界トップのスコアを獲得している（ネスレ日本㈱ウェブサイト 2015）。

　ネスレ社と同様に，かつて消費者やNPO団体から激しい批判を受けたのがナイキ社である。ナイキ社は，1997年にそのサプライチェーンの末端の契約工場（東南アジア諸国）において児童労働，低賃金長時間労働，強制的労働が発覚して，"Sweatshop（搾取工場）"という不名誉な呼ばれ方をされ始めた。このことから米国の学生を中心に不買運動が起こり訴訟問題にも発展した。当時ナイキ社は，すでに契約工場に対して労働条件，労働環境に関する現地の法規を遵守する覚書に署名させ，その監査をスポット・ベースで会計会社に委託していた。しかし，抗議活動が続いたことから，同社は改めて労働現場情報を収

集し，また労働者の意見および種々のステークホルダーの意見を聴取して，自社の行動規範を見直した。さらに，内外からのモニタリングと監査を強化し，CSR関連情報を同社の社会的リスク管理に積極的に取り込んだ。1998年に同社は労働問題への対応について，同社のコア事業とリンクさせたCSRプログラムを開発した。これにより，同社のCSRへのコミットメントは確実に高められ，CSRが同社の5大事業成果目標の1つに掲げられた。さらに，2005年度から業界で初めてすべての契約工場（2014年11月現在，709工場）の名前と所在地をネットでも公開することに踏み切り，そのサプライチェーンの透明性をより高めている（Kytle & Ruggie 2005, Nike Inc.ホームページ 2015）。

上述のように，多国籍企業のCSR活動は，社会からの批判や要請に応じて進化していくのが理想的である。そして，企業と社会の共通価値の発見・創造をバネにして新しいCSRが事業戦略の中に統合され，また多様なステークホルダーとの継続的な協働関係を構築して初めてサステナビリティが高まるものと理解しうるのである。

〈参考文献〉

Danone社(2007)，サステナビリティ・リポート，ウェブサイト，http://danone.com/ 〔2009年8月12日最終アクセス〕

Elkington, J.(1997)，*Cannibals with Forks: Triple Bottom Line of 21st Century Business*, Capstone Publishing Ltd.

European Commission(2011)，ウェブサイト，http://ec.europa.eu/enterprise/policies/sustainable-business/corporate-social-responsibility/index_en.htm#top〔2015年1月9日最終アクセス〕

European Parliament(2000)，Press Release-November 22, 2000, European Parliament public hearing on Nestlé's baby food marketing activities

Global Reporting Initiative (GRI) (2015)，ウェブサイト，https://www.globalreporting.org/Pages/default.aspx/〔2015年1月16日最終アクセス〕

Husted, B.W. and Allen, D.B.(2006)，"Corporate Social Responsibility in the multinational enterprise: strategic and institutional approaches", *Journal of International Business Studies*, Vol.37, No.6, pp.838-849

Kytle, B. and Ruggie, J.G.(2005)，"Corporate Social Responsibility as Risk Management", Corporate Social Responsibility Initiative, *Working Paper No.10*, John F. Kennedy School of Government, Harvard University

Lim, A.Y.(2012), The Global Expansion of Corporate Social Responsibility: Emergence, Diffusion, and Reception of Global Corporate Frameworks, Doctoral dissertation, The University of Michigan

Margolis, J.D. and Walsh, J.P.(2003), "Misery Loves Companies: Rethinking Social Initiatives by Business", *Administrative Science Quarterly* Vol.48, No.2, pp.268-305

Mohan, A.(2006), "Global Corporate Social Responsibilities in MNCs", *Journal of Business Strategies,* Vol.23, Iss.1, pp.9-32

Nike, Inc.ウェブサイト, http://about.nike.com/pages/sustainability/ 〔2015年1月17日最終アクセス〕

Orlizky, M., Schumidt, F.L., Rynes, S.L. (2003), "Corporate Social and Financial Performance: A Meta-analysis", *Organization Studies,* Vol.24, No.3, pp.403-441 SAGE Publications

Pava, M.L. and Krausz, J.(1995), *Corporate Social Responsibility and Financial Performance: The Paradox of Social Cost,* Quorom Books

Porter, M.E. and Kramer, M.R.(2006), "Strategy and Society: The Link Between Competitive Advantage and Corprate Social Responsibility", *Harvard Business Review*

Porter, M.E. and Kramer, M.R.(2011), "Creating Shared Value", *Harvard Business Review*

Sethi, S.P.(1994), "Multinational Corporations and the Impact of Public Advocacy on Corporate Strategy: Nestlé and the Infant Formula Controversy", *Journal of International Business Studies,* Vol.25, No.3, pp.658-660

World Health Organization(1981), *International Code of Marketing of Breast-milk Substitutes,* ISBN92 4 154160 1World Health Organization 1981

World Health Organization(2001), *Infant and young child nutrition: Global strategy for infant and young child feeding,* EXECUTIVE BOARD EB 109/12 109th Session 24 November 2001 Provisional agenda item 3.8

外務省(2005)、ウェブサイト、外務省トップページ＞外交政策＞地球環境＞「持続可能な開発」項目、〔2015年1月7日最終アクセス〕

外務省(2014)、ウェブサイト、外務省トップページ＞外交政策＞国際的ルール作りと政策協調の推進＞企業の社会的責任＞「OECD多国籍企業行動指針」項目、〔2015年1月7日最終アクセス〕

河口真理子(2006)、「持続可能性「Sustainabilityサステナビリティ」とは何か」、『経営戦略研究』、Vol.9（夏季号）

経済産業省(2012)、「最近のCSRを巡る動向について」ウェブサイト、http://www.meti.go.jp/policy/economy/keiei_innovation/kigyoukaikei/pdf/csr_seisaku.pdf〔2015年1月7日最終アクセス〕

経済産業省(2014)、「企業会計、開示、CSR（企業の社会的責任）政策」ウェブサイト、http://www.meti.go.jp/policy/economy/keiei_innovation/kigyoukaikei/CSR/csr.

html/〔2015年1月10日最終アクセス〕
経済同友会(2014), 「日本企業のCSR: 自己評価レポート2014」
住友化学(2009), ウェブサイト, 社会貢献活動欄〔2009年8月12日最終アクセス〕
駐日EU代表部公式ウェブマガジン(2013), 「企業の競争力を強化するEUのCSR戦略」9月30日号, ウェブサイト, http://eumag.jp/feature/b0913/〔2015年1月9日最終アクセス〕
ネスレ日本株式会社ウェブサイト, 「共通価値の創造」項目参照, http://www.nestle.co.jp/〔2015年1月16日最終アクセス〕
藤井敏彦・新谷大輔(2008), 『アジアのCSRと日本のCSR』, 日科技連出版社
諸上茂登(2010), 「国際ビジネスにおける経営品質の課題—競争優位とCSRの同時追求の方向について—」, 『経営論集』, Vol.57, No.1, 2, 明治大学経営学研究所

第12章 CSV（共有価値の創造）の理論的基礎の開発―多国籍製造業を対象として―

12.1 CSV研究の問題

　11章にて確認したように，近年，ポーターとクラマー（2006, 2011）によるCSV（共有価値の創造）がCSR（企業の社会的責任論）に代わる新しい概念として登場し，実業界で注目を集めている。今のところCSVの理論的基礎は，社会的価値の創造が経済的価値の創造を促し，競争優位の獲得と維持に貢献するという推論にとどまっている。CSVでは，社会的価値と経済的価値創造の両立のうえに事業のサステナビリティが成立すると考えられている。しかし，社会的価値の創造が経済的価値の創造へ経て，競争優位の獲得と維持へ貢献するという因果ロジックは曖昧であり実証研究は皆無に等しい（岡田 2015）。競争優位の獲得と維持を従属変数とする分析フレームには検討すべき課題が残されている。理論的基礎の開発のうえに実証を積み重ねることにより，CSVは理論化する。そこで本稿では，CSV概念を再検討し，競争優位との関係を分析するための理論的基礎の開発を試みる。とくに多国籍製造業の社会的価値創造活動に着目し，社会的価値創造と経済的価値創造の因果ロジックにつき考察する。

12.2 CSRからCSVへ

　市場経済において企業は経済的価値を追求する主体である。企業群による経済的価値追求の競争は社会にイノベーションをもたらし，経済全体の成長を促す。しかし，多国籍企業のような巨大企業による激しい経済価値追求競争は，

時として社会的価値を損なう危険性をはらんでいる。地球環境の破壊，労働者の人権侵害，粗悪品の流通などが社会問題となっている。そこでCSR（企業の社会的責任）は，大規模企業の多大なパワーを背景とした社会に対する企業の責任問題を解決に導く有力な方策として，経営倫理の枠組みにおいて長らく議論されてきた（Carroll et.al. 2011, Lawrence et.al. 2011, 谷本 2004）。90年代以降，多くの多国籍企業が社内にCSR部門を設置し，自社の経営行動の法令遵守と社会的価値への貢献を推進してきた。

多国籍企業が地球と地域社会の良き市民をめざすという言説は，社会との関係構築なくして企業による経済的価値の創造がむずかしくなった現実を背景として登場してきた。この教訓としてナイキ社のインドネシア提携工場における不当な児童労働問題がよく知られている。途上国の提携工場における不当な児童労働問題は，提携工場を直接管理する立場になかったナイキ社製品の不買運動を米国で引き起こし，ナイキ社の経済的価値を著しく損ねる事態を招いた。社会的価値の毀損が経済的価値へ顕著な負の影響を与えるに至り，社会的価値と経済的価値創造の両立こそが多国籍企業の戦略課題へと格上げされた。企業は社会的価値の毀損回避と創造が経済的価値の向上へ正の影響を与える関係の認識をもって初めて，社会的（社会で共有される）価値の創造へ舵を切ったといえるのである。

その後，従来のCSRの取り組みへの批判が高まった。ポーターとクラマーによる戦略的CSRとCSV（共通価値の創造）概念の登場である（Porter & Krumer 2006, 2011）。ややもすればCSRは，企業の競争力の向上へは貢献しない単なるコストセクターとなってしまうという警鐘である。企業は社会的責任への対応と同時に競争優位の獲得を追及することが求められる（諸上 2010）。ポーターとクラマーによれば，企業は当該事業と関連性のある社会価値創造活動に優先的に取り組むことにより，経済的価値を創造し競争優位を獲得できるとされる。CSVは，企業の社会的責任を追及する従来のCSRに「競争優位」を成果変数とする分析視角をもち込んだ画期的な概念として，実業界において大いに注目を集めている。次節ではCSVと競争優位の関係分析におけるポーターとクラマーの論理を検討し，彼らの論理構造の問題点を指摘していく

ことにする。

12.3 戦略的CSRと立地（競争コンテクスト）の関係

　共通価値（shared value）の概念は，2006年のハーバード・ビジネス・レビュー誌のポーターとクラマーの論文「戦略と社会：競争優位とCSRの結合」において登場する（Porter & Kramer 2006，以下，「PK2006」）。彼らは，既存のCSRを受動的な取り組みと位置づけ，本業による市場創造活動とCSR活動の連動，すなわち戦略的CSRの必要性を強く説いた。PK2006では，ポーター（1980, 1985）による①価値連鎖フレームと②ダイヤモンドモデル（ポジショニング・アプローチ）を援用し，理論的基礎の開発を試みている。その特徴は，①企業内部の価値活動ごとに効果のあるCSR活動を検討し，②企業を取り巻く「社会」を「競争コンテクスト」と捉え，その外部環境分析を通じて取り組むべき分野を絞り込むことにある。価値連鎖分析は，個別企業の独自の取り組みを活動ごとに分析しデザインするという意味において，オリジナルの価値連鎖分析を応用できる。これはいわばオペレーショナルな組織能力の向上である。一方，②では競争コンテクスト（環境要因）として，「企業戦略と競争コンテクスト」「関連業界と支援業界」「投入要素の条件」「現地（社会）の需要要素」の4要素を示し，「競争戦略上，最大の価値をもたらす分野を一つないしは二つ選択すること」を提案している。PK2006は，競争コンテクストが企業の戦略的CSR行動の選択へ影響を与えるという因果モデルを想定している。そのうえで彼らは社会問題を3つに分類している。

①**一般的な社会問題**：社会的には重要でも企業活動から大きな影響を受けることなく，企業の長期的な競争力に影響を及ぼすこともない社会問題
②**価値連鎖の社会的インパクト**：通常の企業活動によって少なからぬ影響を及ぼす社会問題

③**競争コンテクストの社会的側面**：外部環境要因のうち，事業を展開する立地（国・地域）での企業競争力に大きな影響力を及ぼす社会問題

このうち，①と②の一部が受動的CSRであり，③と②の一部が戦略的CSRとなる。戦略的CSRとは，「競合他社とは異なる方法でコストを下げたり，特定の顧客ニーズに応える独自のポジショニングを追求し，社会と企業にユニークかつインパクトの大きいメリットをもたらす活動に集中すること」である。つまり，当該企業が属する競争コンテクストと企業が保有する経営資源（本業や関連するビジネス分野）を適合させて，社会的価値と経済的価値を同時達成する事業を立ち上げたり，活動を合理化するなどして，共通価値を追求する活動が戦略的CSRである。そこでは，独自（ユニークな）のポジショニングの獲得と維持が重視される。

PK2006の主眼は，受動的CSRからの脱却を説くことにある。本業と関係のない一般的な社会問題ではなく，企業が自ら選択する競争コンテクストと企業内部の経営資源（価値連鎖）と適合するCSR活動領域へ絞り込むべきという主張に他ならない。そして，当該競争コンテクストにおいて独自のポジション（競争優位ポジション）を獲得し維持できれば，経済的価値をさらに高めることができるという推論に基づいている。しかし，この推論には検討すべき課題が残されている。「競争コンテクストとしての社会」という分析単位は，特定の立地（たとえば国や地域クラスター）において売手と買手，競争相手そして支援機関により構成される閉ざされた（一定の均衡を前提とした）競争空間に限定する必要がある。にもかかわらず，PK2006では分析単位となる競争コンテクストを明確に定義していない。論文のタイトルには「競争優位とCSRの結合」とあるが，実は競争優位概念を詳述するには至っていない。競争コンテクストが戦略的CSR行動の絞り込みに影響を与えるという推論は，外部環境と企業内部の価値連鎖活動の重なる部分にCSR活動を展開せよいっているにすぎない。競争コンテクストが，CSVを通じて競争優位を生み出すロジックは示されていない。そもそも，ダイヤモンドモデルは国や地域（クラスターなど）を単位とする立地分析モデルである。イノベーションを誘発するような魅力的な立地の

要件を4つの要素で分析する目的で開発された。4要素間の相互関係（適合性）も立地の魅力度分析には欠かせない。ダイヤモンドモデルの分析視角を戦略的CSR分析へ適用する場合には，以下に示す点に注意が必要となる。

第一に，PK2006では競争コンテクストの定義において「社会」と「立地（location）」の2つが混在している。いうまでもなく，ダイヤモンドモデルは地理的範囲を限定した「立地」には適用できるが，「社会」は曖昧な競争コンテクストであり，範囲の限定がむずかしい。競争相手，売手，買手，支援業界の範囲が不明確なのである。多国籍企業の場合，国や地域を限定した社会問題と広く先進諸国一般における社会問題の両方に対応しなくてはならない。競争コンテクストとしての立地の限定が曖昧になればなるほど解決すべき社会問題もまた曖昧になってしまう。PK2006では4つの要素間に揺らぎが見えるのである。すなわち，需要要素と支援産業要素においては「立地（location）」を限定しているが，投入要素と企業戦略の競争コンテクストでは立地を限定していない。これでは4つの要素をバラバラにしたうえで，アドホックにいずれかの要素に適合する戦略的CSR活動を企業が主観的に選択できてしまう。「競争コンテクスト」の曖昧さはこの揺らぎを背景に生じている。

そしてこの曖昧さは，第二の問題を浮かび上がらせる。そもそも，CSVは競争コンテクストを創造していく動態的な活動であるため，ダイヤモンドの要素の事前の特定は問題とはならない。企業は主体的に接近すべき社会問題を自社の経営資源との適合関係で選択し，自ら競争コンテクスト（市場や業界）を創造していく。この場合，競争優位の獲得と維持を説明する外部環境分析のフレームとして適しているのは，立地分析のダイヤモンドモデルではなく，5フォース分析である。このとき，CSVの5フォースはすでに均衡している要素として既存の産業構造を固定しているのではなく，より動態的に構築されていくプロセスの真っ只中にある。いわば動態的な5フォース構築である。競争優位は魅力的な市場（産業）を発見あるいは創造し，自社を優位なポジションにおき維持することで達成できる。この魅力的な市場（競争コンテクスト）の動態的な創造行動こそが，CSVと競争優位の関係を分析するフレームの基礎をなす。すなわち，競争コンテクストを企業が主体的に創造する能力とポジショニング

能力こそが分析対象となる。たとえば，地域の支援機関やNGOとの排他的で緊密な関係づくりは新規参入者を阻む障壁となる。また，独自の流通網の開発と管理は，代替品の脅威と売手・買手の交渉力の上昇から企業を守る。現地顧客のニーズをよく理解し製品に改良を加える能力も，また先発者優位として機能するであろう。すなわち，自社にとって有利な競争コンテクストを構築する組織能力の解明が，CSVの理論的基礎の開発には欠かせないのである。

12.4 社会的価値と経済的価値の因果関係

　企業がコミットすべき競争コンテクストを限定したとしても，社会的価値の創造がいかなる論理で競争優位の獲得と維持に貢献するのかは不明のままである。ここではポーターとクラマー（2011，以下，「PK2011」）における共通価値の創造（CSV）の論理にさらなる検討を加える。

　ポーターとクラマーいわく，「共通価値」とは「経済的価値を創造しなながら，社会的ニーズに対応することで社会的価値も創造するというアプローチ」であり，「企業が事業を営む地域社会の経済条件や社会状況を改善しながら，自らの競争力を高める方針とその実行」である。そして，そのルーツとして「企業には健全な地域社会が必要である」とし，「地域社会は需要を生み出し，重要な公共資産や支援環境を提供してくれる」と述べている。企業による地域（立地）社会での社会的価値の創造が，回りまわって当該企業へ経済的価値を提供するという論理である。そして，政府による公共政策やNGOによる社会的ニーズの充足には限界があると指摘し，経済的価値を追求する企業こそが社会的価値の創造者となると続ける。資本主義社会において，企業が社会的価値の創造者として最も効率的な主体となるという主張である。

　これら一連の言説の背後には，企業の利潤追求の行動性向が市場では効率的に機能し，一方で公共は経済的インセンティブをもたないため市場では非効率にしか機能しないという論理がある。社会的なニーズを効率的に満たすことが

できるのは企業であり，また企業は社会的ニーズを経済的価値へ変換するケイパビリティをもつかあるいは将来構築できることを前提としている。企業が公共と比較して投下資本に対する生産性が高いことには同意できるものの，ここで問われるべきは，社会的ニーズの充足（社会的価値の創造）が経済的価値を創造するという論理が，果たして正しいか否かである。PK2011では，この論理を構築するために，CSVのための3つの方策を提示している。順に検討しよう。

①製品と市場を見直す
②バリューチェーンの生産性を再定義する
③企業が拠点を置く地域を支援する産業クラスターをつくる

「①製品と市場を見直す」とは，健康，住宅整備，栄養改善，高齢化対策，金融の安定，環境負荷軽減などの社会的ニーズを有し成長する新市場を発見し，新しい製品やサービスを開発する活動である。地域（国）によって異なるさまざまな社会的ニーズを，自社の保有する資源（技術やノウハウ）で解決するように事業を創造していく。既存の資源と社会的ニーズを結びつけることにより，新しい市場を創造できるということである。このような活動は，従来のマーケティングに含まれ，消費者が求めるニーズの種類が社会的な問題と重なった分野にターゲットを絞るというにすぎない。十分に規模が大きく，アクセス可能な市場セグメントの発見（Kotler & Lee 2004）と模倣困難な経営資源の束の開発（Barney 1991）こそが競争優位の源泉となる。いうまでもなく，この方策の実現可能性は，十分な規模と成長性をもった市場セグメントの発見能力と資源の束の再構成（リポジショニング），そして当該資源の専有ならびに模倣困難性にある。これには地域の支援機構やNGOとの排他的な関係構築も含まれる。満たすべきニーズが社会的な問題にあるだけであって，顧客への価値提供を通じた経済的価値の獲得の論理と何ら相違ない。

社会的ニーズをターゲットとした新事業の開発と経済的価値の関係分析には，以下の3つの論点の検討が求められる。第一に，企業が保有する資産の配分の効率性の問題である。今，企業が2つの事業への投資を検討していると仮定し

よう。事業Aは社会的ニーズや社会問題の解決をターゲットとしており，事業Bは社会的ニーズとは関係のない事業だとしよう。問題は，なぜ事業Aが事業Bよりも経済的価値のリターン（費用対効果）が大きいと推定できるのかという点にある。PK2011によれば，地域社会の社会問題解決への貢献が，当該地域での市場規模の持続的な成長を促し，長期的に経済的価値創造の効率性が高まると推論している。しかし，社会問題の解決は一般に地域経済と社会に大きなパワーを行使する必要があり，一企業の投資のみでは成果を上げるのがむずかしい場合もある。これは地域社会の問題の規模に依存する。さらに長期的なリターンを一企業がコントロールすることにも限界がある。PK2011では，企業は独自のポジションを構築し持続させるにも事業Aは適していると述べている。しかし，なぜ事業Bよりも事業Aの方が持続可能な競争ポジションを獲得しやすいのかに関するロジックは説明されていない。社会問題解決によって出現する大規模な新市場の開発能力の解明なくして，経済的価値創造における事業Aの相対的な効率性は確定できない。

　第二の論点は市場の定義問題に関係する。そもそも，企業が定義する社会的ニーズや社会問題の内容とその充足の基準と，政府やNGOによる社会問題の内容と解決の定義に差がある場合，共通価値の「共通」の概念に黄色信号が灯る。このような場合，社会的価値の創造の有無は，専ら社会問題自体の定義に依存する。どのような社会問題がどのような方向にどの水準まで改善した場合に，社会的価値が創造できたといえるのか，事前の定義づけが必要となる。地域政府や地域住民，そしてNGOとの協働での事前の定義づけなくして，共通価値の「共通性」は創造できない。もちろん，先の事業Aと事業Bの比較においては，事業Aの方が明らかに社会的ニーズの充足に比較的高い貢献を行うものと推測できるため，事業Aを選択すれば，共通価値の創造へより接近できると考えてよい。しかし，これらは事業オプション間の相対的な評価にすぎない。事業Aの実行過程のなかで，企業と地域ステークホルダー間の基準に埋めがたい差が生じた場合，経済的価値を損なうこともありうるであろう。ステークホルダーとの協働は，共通価値の創造による新市場開発に直結する。

　そして第三の論点は，市場の専有可能性（あるいは独占の程度）の問題であ

る。ステークホルダーとの協働を通じて開発した新市場をいかにして当該企業が競合他社からの侵食を阻み，長期にわたって専有できるのか。あるいはいかにして高い専有性を維持するのか。競争優位は競合との関係における相対的な成果であるため，優位なポジショニングの獲得と維持は競争優位の持続性にとって不可欠となる。競争コンテクストを構成する要素との関係分析が，この問題への接近の鍵となる。詳しくはのちに検討する。

「②価値連鎖の生産性の再定義」は，社会的価値創造の基準を導入すると，明確に定義しやすい。現在の生産性を達成するために生じている社会的問題の改善程度が基準となる。そこには，CO_2排出量の削減，労働環境の改善，雇用の創出，技術の移転などが含まれる。これら社会問題が改善されると同時に企業の生産性が伸びればCSVとなる。従来のCSRにおいても，企業の生産活動から生じる社会的問題をいかにして改善するかに焦点があった。時間軸での主観的な改善がCSRにとって重要であることは間違いないものの，改善レベルをいくら主観的に追求しても，競争優位の獲得と維持を説明することはできない。なぜならば，現実には企業は激しいQCD（品質，コスト，デリバリー）競争に直面しているからである。

今，価値連鎖の生産性を再構築する方法として，2つのオプションが存在するとしよう。価値連鎖Aは社会問題の改善を優先しかつ経済的価値を創造する方法であり，価値連鎖Bは社会的問題の改善を考慮しない経済的価値を創造する方法である。高い品質と徹底的な低コストそして短納期化の達成によって競争上優位なポジションを獲得するために，先進国，新興国，途上国の企業は激しい競争の真っ只中にある。競争優位の獲得と維持を成果と定める場合，どうして価値連鎖AがBよりも経済的価値創造の効率性が高いのかを説明する論理を用意しなければならない。CSVをめざす企業は，社会問題を改善しながらBよりも高い効率性を達成する独自の組織能力の開発を必要とする。PK2011では，いくつかの先進的な企業事例が紹介されている。これら企業は，総じて価値連鎖の再配置を通じて大幅なコスト削減や生産性向上を達成している。このような企業独自の組織能力に関する内容研究が求められる。しかし，競争優位を分析射程とする場合，常にわれわれは，BよりもAが相対的な経済的価値の創造

と維持に高い貢献を果たすことを説明する論理を準備しなければならない。新興国を出自とする多国籍企業との競争を射程に入れることにより，この問題の深刻さが理解できる。

「③地域の産業クラスターの開発」は，とくに途上国の経済発展に貢献するためのCSVとして捉えることができる。これは価値連鎖の再デザインと密接にかかわっている。PK2011は「これら地方圏において，教育研修，輸送サービス，関連業界などの能力が高まれば，おのずと生産性も向上する。反対に，クラスターという支援環境がなければ，生産性は低下する」と述べ，さらに「その多くが頓挫してきたのは，いつも単独で介入し，補完的な投資の重要性を見過ごしてきたからに他ならない」と指摘している。日系多国籍製造業が（とくに自動車産業），1960年代より取り組んできた海外生産拠点の設立と現地での長期的な産業化への取り組みは，まさにCSVを先取りした企業活動であったといえるであろう（たとえば，三嶋 2010を参照）。もし，途上国への長期的な直接投資と産業化の取り組みを共通価値の創造と呼ぶのであれば，この目的が当初は生産コスト削減と製品品質向上・安定の同時達成にあったとしても，経済的価値の創造と競争優位の獲得と維持を説明できる。一般に，製造業のなかでも輸送機器産業のような，より複雑な製品の生産活動の場合，部品の点数は多く，組立作業は複雑となるため，工場が立地する現地の教育，技術水準を産業レベルで漸進的に高めていくことが求められる。そうしなければ，労働コスト，原材料コストは削減できても，完成品の品質レベルを高めることはできない。また，多階層の支援産業が育たなければ，さらに複雑な先端的製品の組み立ては行えない。途上国に産業クラスターを長期的に形成する取り組みは，当該企業の競争優位（QCDの高次での達成と模倣困難性）に直結している。しかし，それは競争相手が同様の産業クラスターを利用できない場合にかぎられる。

産業クラスターへの投資と競争優位の関係を分析する場合，以下の2つの論点が存在する。第一に，クラスターへの独占的なアクセス権の問題である。この問題は，産業クラスターの開発に特定の多国籍企業が多大な投資を実施し結果として産業クラスターが形成されたとき，この産業クラスターから生じる経済的価値を当該投資企業が独占できる程度に依存する。もちろん，後発の多国

籍企業も当該産業クラスターの恩恵に授かることはできる。焦点は独占の程度にある。そして第二の論点は，産業クラスターへの負のロックイン効果である。産業クラスターは企業に特定の立地へのロックインを強要する場合がある。これにより，立地選択の柔軟性が失われる。この問題をよく示す用語に「チャイナリスク」がある。この用語は，製造業が中国へ生産拠点（と市場）を集中することにより，中国にロックインされ柔軟性を失うリスクを指す。また，ICT産業のような変化の激しい産業特性のもとでは，産業クラスターの形成と特定立地へのロックインは戦略の柔軟性を損なう可能性をもつ。

以上，PK2011の3つの方策と競争優位の関係について検討した。3つの方策に共通する課題は競争コンテクストとの関係分析の不全である。競争優位は相対的な成果指標であり，また競争優位の持続の論理も必要となる。PK2011の3つの方策は，いずれも企業による具体的なCSV行動を提示しているものの，企業がかかる行動を通じていかにして競争優位を獲得し維持できるのかに関する分析視角を備えていない。そこで明らかにすべき研究課題は，自社に有利な競争コンテクストを構築する組織能力の内容研究にある。「有利」とは，新市場の成長と当該市場の専有を促進する競争コンテクストである。競争優位の獲得と維持のために企業は，将来大きく成長する市場セグメントを先んじて捉え，成長を推進し，長期にわたって競争を制限する競争コンテクスト（5フォース）を動態的に構築しなければならない。その人的，組織的な取り組み（組織能力）が分析対象となるのである。

12.5 理論的基礎の揺らぎ：CSV分析における新しい成果変数の導入

岡田（2015）によれば，PK2011はCSVの成果変数を経済的価値から社会的価値と経済的価値の総合計値へと置き換えることを射程に入れている。この新しい成果変数は，競争優位の理論的基礎に抜本的な見直しを迫る。ここで岡田の論理を検討し，CSVと競争優位の関係分析における理論的基礎の揺らぎを確認

していくことにする。

　岡田は，ダイヤモンド・ハーバード・ビジネス・レビュー誌の2015年1月号に「CSVは企業の競争優位につながるのか」と題する論稿を発表している。岡田は，CSVを「営利企業がその本業を通じて社会的問題解決と経済的利益を共に追求し，かつ両者の間に相乗効果を生み出そうとすること」と定義している。そのうえで，PK2011に見られる「揺らぎ」を指摘している。すなわち，ポーターとクラマーは3つの異なる因果関係を示唆しているというのである。第一に，社会的価値の追求が経済的価値をもたらす原因の1つとなる因果関係であり，これはあくまでも戦略の尺度評価が経済的パフォーマンスである点において，伝統的戦略理論の範疇に収まるため理解できると述べている。第二の因果関係は，社会的価値の実現は企業利益が満たすべき「条件」であるとされる。いわく，「あくまで評価尺度は経済的価値だが，社会的価値をいくばくかでも減少させるような経済的価値は目指すべきでない，という論理であり，（中略）なんとか既存の論理の範疇に留まっている」(p.42)とされる。そして，第三の因果関係を岡田は問題視している。岡田は，ポーターらによる「共通価値とは経済的価値と社会的価値の総合計を拡大することであり，企業本来の目的は，単なる利益ではなく，共通価値の創出であると再定義すべきである」という記

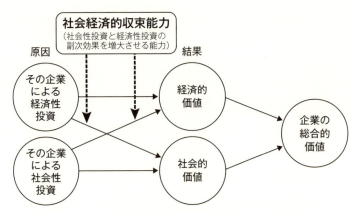

図12.1　企業の社会性を包含する新たな因果関係

出所：岡田（2015）p.43

述を引用し，評価尺度が経済的価値から変化したことにより，従来の戦略論（競争優位論）の再構築の可能性を指摘する。

　図12.1は，岡田による「企業の社会性を包含する新たな因果関係」の分析フレームである。岡田は，PK2011に基づき成果変数を企業の経済的価値と社会的価値の総合計とする新たな戦略企業観を提案している。そのうえで，2つの副次効果を推定しかつそれらの効果を増大させる媒介変数として「社会経済的収束能力」を導入する。2つの副次効果とは，R&Dや設備投資などの経済性投資が直接経済的価値を生み出すのとともに社会的価値をも副次的に生み出す効果（**図12.1**の「その企業による経済性投資」から「社会的価値」に伸びる矢印）と，社会性投資が経済的価値を副次的に押し上げる効果である（**図12.1**の「その企業による社会性投資」から「経済的価値」に伸びる矢印）。後者では，社会性投資が本業の事業環境を改善して経済的価値を生み出す可能性を指摘する。そして，この2つの副次効果に相乗効果を生み出すのが「社会経済的収束能力」である。たとえば，企業の社会的志向性が社会セクターからの有利な条件での資金調達を可能にするといった効果やNGOなどの非営利団体との提携能力が含まれる。換言すれば，社会経済的収束能力とは，社会性投資を経済的価値へ転化する組織能力に他ならない。岡田は，このフレームの利点を既存の戦略論（競争優位論）を包含してCSVを説明できる点にあるとしている。そして，CSV研究の課題として，個別企業が開発する社会経済的収束能力の内容研究をあげている。

　岡田が指摘するように，PK2011は既存の競争優位論に立脚しながらも「揺らぎ」を内包している。既存の競争優位論の成果変数は，特定産業における平均的な経済効率よりも高い経済効率を達成する優位なポジションである。PK2011が提案するように「企業の総合的価値＝経済的価値＋社会的価値」とすれば，これは既存の競争優位論の枠組みから外れてしまうといわざるを得ない。岡田は，第三の因果関係に基づく**図12.1**を既存の競争優位論（岡田は「戦略論」と記している）の枠組みに留まっていると考えているが，社会的価値なる成果変数に関する概念定義と測定具開発を経ずして，安易に経済的価値と統合して合成変数化することには同意できない。ゆえに本章では，岡田の整理に

よる第一と第二の因果関係に留まり，理論的基礎を固めることに注力する。つまり，競争優位の成果変数は相対的な経済的価値（利益額）に固定しておく。

むしろ，岡田の論理の独自性は「社会経済的収束能力」の導入にある。確かに経済性投資と社会性投資の間には，互いに社会的価値と経済的価値の創造を補完，強化する作用が存在する。とくに重要なことは，経済的投資と社会的価値の因果関係である。企業は「社会経済的収束能力」を構築することを通じて，2つの成果変数を同時に高めることができる。しかし，岡田の論理は個別企業の組織能力を競争優位のドライバーにおいており，競争コンテクストには着目していない。資源ベース論のみに立脚しているといってよい。当該企業にとって将来有利となる競争コンテクストの内容と，その環境下で企業が獲得する優位なポジションについては言及していない。近年の戦略経営論の研究蓄積に基づけば，外部環境と内部要因の動態的な相互作用を前提としたCSVケイパビリティ（組織能力）と競争優位の因果関係を分析するフレームの開発が待たれる。

12.6 CSVと競争優位の関係分析

近年の戦略経営論の研究において，競争優位の獲得と維持は，競争構造と企業の保有する経営資源の属性（資源ベース論），さらに内外の経営資源を変化する市場へ適合させるように再配置するダイナミック・ケイパビリティによる説明が試みられてきた（Teece et al. 1997）。すでに見てきたように，ポーターとクラマーのCSV概念は，従来の事業領域との関係をあまり重視しない受動的なCSRとの対比においては，競争優位への説明力を増す。しかし，CSVによって企業が競争優位を獲得し維持する論理を説明する分析フレームは用意していない。当該企業の事業領域に関連する社会的ニーズないし問題を選択し，改善や解決のための新規事業を立ち上げることを提案しているにすぎない。

一方，ポーターとクラマーを批判的に検討した岡田は，企業内部の経営資源に着目し，社会経済的収束能力なる組織能力をCSVの駆動因としている。しか

し，その論理は資源ベース論のみに立脚し，競争コンテクスト（競争構造）と組織能力の相互作用を分析の射程に含んでいない。企業は，いかにして社会的価値の追求を通じて相対的に高い経済的価値を創造し，当該市場で優位なポジションを獲得し維持できるのであろうか。この問いこそがCSVの理論フロンティアである。競争優位を成果変数とする分析フレーム構築のためには，自社に有利な競争コンテクストを創造する組織能力の解明が最優先の研究課題となる。

「5フォース分析」は静態的な競争構造を前提とし，魅力的な市場の条件を識別する分析ツールである。概ね競争相手が少なく，独占の程度の高い市場が魅力的となり収益力が高くなる。さらに，この魅力的な市場において自社を優位にポジショニングすることに成功すれば，業界平均以上の収益性（つまり経済的価値）を獲得できる。多国籍企業はCSVの構築において，このような有利な競争コンテクストを構築していく計画性と実行力を必要とする。図12.2は，動態的な競争コンテクストの構築と競争優位の関係を示している。たとえば，特定の立地（国や地域）において新事業を立ち上げる場合，地域の支援機関やNGOとの緊密な関係性を長期的に構築し社会問題に関する共通の認識をもつことで，後発企業に対して参入障壁を築くことができる。また，特定のターゲット顧客への新商品を開発する場合では，先んじて顧客のニーズを深く理解す

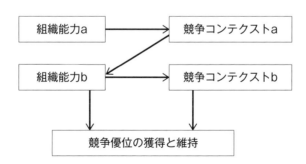

図12.2　有利な競争コンテクストの構築，組織能力と競争優位の動態的な因果関係

出所：筆者作成

るしくみを構築することを通じて，それに必要となる技術を獲得したり磨くことができる。加えて，途上国では独自の流通網の構築と管理のしくみも有効となる。現地に産業クラスターを構築する場合においても，現地サプライヤーとの長期的な取引関係に基づく支援を通じた信頼関係の構築が求められる。深い信頼で結ばれた有力な現地サプライヤーを数多く抱えることにより，地域産業クラスターから獲得できる経済的，社会的価値の専有可能性を高めることができるのである。

　企業は，すべての経営資源開発において後発者の参入と代替品の脅威から自社を守り，独占的なポジションを持続するように競争コンテクストを動態的に構築していかなければならない。有利な競争コンテクストを開発する動態的な組織能力（図12.2の組織能力aとb）こそが，当該企業の競争優位の獲得と維持へ貢献する。競争コンテクストの創造には，社会的ニーズに基づく成長市場の発見と自社資源との連結に関する組織能力も含まれる。これは，マーケティング能力といえるであろう。そして，多国籍企業全体の競争優位への貢献は，当該事業の市場規模の拡大に影響を受ける。当該国や地域において求められる社会的ニーズに基づき市場を開発し，その市場が拡大すれば，多国籍企業全体の競争優位に貢献できるのである。

　本章では，多国籍製造業を念頭におき，CSVと競争優位の関係を分析するための理論的基礎の開発を試みた。ポーターとクラマーのオリジナルのCSV概念と岡田による分析フレームを批判的に検討し，既存の競争優位論との統合をめざした。本章の結論は，「有利な競争コンテクストを動態的に構築していく組織能力」と「競争優位の獲得と維持」の因果関係の解明こそが，CSVの理論的基礎を構成することを示している。すなわち，未だ成長途上にある市場を拡大させながら，同時に新規参入から市場を守る行動に他ならない。その際に忘れてならないのは，企業が競合に先んじて共有価値の構築に着手することは，有利な競争コンテクストを構築する第一歩であるが，それは同時に第一歩にすぎないということである。市場では，常に模倣と追随が繰り返される。共有価値の創造は，相対的に高い経済価値を生み出すエンジンになるかもしれない。

第12章　CSV（共有価値の創造）の理論的基礎の開発—多国籍製造業を対象として—

　既存の戦略経営論が示唆するのは，有利な競争コンテクストと模倣困難な独自の組織能力（経営資源，ケイパビリティ）の構築なくして，魅力的な市場は守れないということである。ネスレ，GE，ユニクロなどの多国籍製造業が共通価値を創造したのちにもいかにしてCSV行動を持続的に競争優位の獲得につなげることができるのか。こうしたCSVの理論的基礎の開発なくしてわれわれはCSVの成果を科学的に分析することはできないのである。

〈参考文献〉

Barney, J.B.(1991), "Firm Resources and Sustained Competitive Advantage", *Journal of Management*, Vol.17, No.1, pp.99-120

Carroll, A.B. and Buchholtz A.K.(2011), *Business & Society: Ethics, Sustainability, and Stakeholder Management*, South-Western

Kotler, P. and Lee, N.(2004), *Corporate Social Responsibility: Doing the Most Good for Your Company and Your Cause*, Wiley（恩藏直人監訳，早稲田大学大学院恩藏研究室訳(2007)，『社会的責任のマーケティング』，東洋経済新報社）

Lawrence, A. and Weber, J.(2011), *Business & Society: Stakeholders, Ethics, Public Policy*, McGraw-Hill/Irwin.

Porter, M.E.(1980), *Competitive Strategy*, The Free Press（土岐坤・中辻萬治・服部照夫訳(1982)，『競争の戦略』，ダイヤモンド社）

Porter, M.E.(1985), *Competitive Advantage*, The Free Press（土岐坤・中辻萬治・小野寺武夫訳(1985)，『競争優位の戦略』，ダイヤモンド社）

Porter, M.E. and Kramer, M.R.(2006), "Strategy and Society: The Link Between Competitive Advantage and Corprate Social Responsibility", *Harvard Business Review*.

Porter, M.E. and Kramer, M.R.(2011), "Creating Shared Value", *Harvard Business Review*

Teece, D.J., Pisano, G. and Shuen, A.(1997), "Dynamic capabilities and strategic management", *Strategic Management Journal*, Vol.18, pp.509-533

岡田正大(2015)，「CSVは企業の競争優位につながるのか」，『ダイヤモンド・ハーバード・ビジネス・レビュー』，1月号

谷本寛治編著(2004)，『CSR経営—企業の社会的責任とステイクホルダー』，中央経済社

三嶋恒平(2010)，『東南アジアのオートバイ産業—日系企業による途上国産業の形成』，ミネルヴァ書房

諸上茂登(2010)，「国際ビジネスにおける経営品質の課題—競争優位とCSRの同時追求の方向について—」，『経営論集』Vol.57, No.1・2, pp.121-140

第13章 多国籍小売企業のサステナビリティ ―CSR活動を中心に―

13.1 小売企業の「国際展開」研究

　日米欧を中心とした大手小売企業の海外進出が2000年代から活発化している。受入国の外資系小売企業に対する規制緩和や市場の成長にともない，近代的小売企業のソーシャルニーズが高まり，一方で進出元の出自国では市場の成熟化という要因が小売企業の海外進出を後押している。日系小売企業においては，スーパーマーケット，ショッピング・モール，コンビニエンス・ストアをはじめ，近年では外食チェーンの海外出店も見受けられる。

　これまで，小売企業の国際展開に関する研究の多くは，小売技術移転，国際物流構築などの，本国で培った事業システムをいかにして進出先国で実現するかに焦点を当てていた。たとえば，こうした小売システムの実現に関する研究では，Goldman（1981）やKacker（1988）の小売技術移転における阻害要因，とりわけ本国で築いたインフラシステムを進出国でいかに構築するのかといった問題の解明から始まった。近年では，さまざまな業態の小売業の国際化プロセス研究が蓄積され，矢作（2007）による業態別国際化プロセス研究，また川端（2000）によるフランチャイジング業態の小売企業の成否を検討した研究がなされている。

　そもそも，小売企業の製造企業と小売企業の国際化にあたっては，①立地の際に重要な因子，②国際立地の特徴，③市場空間規模，④内部化の度合，⑤移転技術の性質，にそれぞれ相違がある（川端 2000）。製造企業とは異なり，かぎられた市場空間規模（商圏）で活動する小売企業では，ローカルなステークホルダー（メーカー，サプライヤー，消費者）との良好な関係が事業成功の一因となる可能性がある。

本章では，小売企業のサステナビリティについて検討してみたい。**13.2**節では，日本における対小売店の法規制について遡り，また小売国際化撤退研究の事例から，小売企業に求められる社会的課題を明らかにしたい。さらに**13.3**節では，小売企業のCSR活動についての取り組みについて，企業事例を検討し，終章では今後の研究の方向性について述べる。なお，本項で扱う小売企業は，食料品やコモディティ商品を扱う多品種品揃え型の小売企業を念頭にしている。

13.2 小売企業にとってのサステナビリティ

　本節では，小売企業にとってのサステナビリティについて検討してみたい。かつて，日本では大規模小売店舗に対する規制が行われていた。まず始めに規制されたのが百貨店であった（1956年百貨店法）。その後，大量生産大量消費に裏打ちされて急成長する食品スーパーの台頭とともに，1973年に「大規模小売店舗における小売業の事業活動の調整に関わる法律」，いわゆる大店法が制定された。開店日，閉店時刻，売場面積，休業日数など店舗面積に応じて各種規制がかけられたのである。しかし，1989年に日米間の貿易摩擦を解消する目的で日米構造協議が行われ，米国の大型専門店の出店を規制する大店法は廃止されることとなる。これを契機に，1994年には売り場面積1000平米未満の店舗は原則出店自由となり，この時期に大型玩具専門店のトイザらすが日本に出店を遂げた。現在では，1998年から都市計画法，大店立地法，中心市街地活性化法からなる「まちづくり3法」が施行されており，生活環境面から大型店がチェックされ，健全な地域社会を目指し，大型店と地域小売商との協調路線で法整備されている。

　いわゆる大型店の出店に関する問題として有名な事例は，世界最大小売企業である米国のウォルマートの事例であろう。環境保全活動をほとんど行わず，地域社会との協調にもほとんど手をつけないうえに，出店地域の小規模小売商は圧倒的低価格戦略により廃業に追い込まれてしまう事例が米国国内で散見さ

れ，世界各地で出店拒否運動が起きた。また，CMではアメリカ産製品の取扱いと謳っていながらも，多くの製品は中国労働者への過剰労働を強いた結果で生まれた製品を取り扱っていたなど，健全なサプライチェーン構築の面も多くの批判を浴びた。

　このように，国内における地域社会との共生と理解は小売企業にとって重要な要素となると考えられる。これまでの小売企業の国際化撤退事例においても，社会的課題やローカルなステークホルダーとの関係性構築の失敗要因が指摘されている。たとえば，デュプイとプリム(1996)の研究によると，フランス小売企業によるハイパーマーケットのアメリカ市場への移転の失敗要因として，ロジスティクスや商品調達のシステムを確立できなかったことや，法的な側面では市場機会を確保することができたが，パブリック・オピニオンや現地の地域当局から否定的な圧力がおよんだことが明らかにされている。また，ビアンキとアーノルド(2004)によるアメリカのホームデポのチリ市場での失敗要因として，現地のマネジメント・チームがチリの幅広い社会的ネットワークに加わろうとしなかったことが指摘されている。そして，エトガーとムーア(2007)による，イスラエル市場に参入してきた国際小売チェーンの失敗要因の1つとして，国際小売チェーンと現地法人との協力関係をあげており，短期的な視点に基づく，小売ミックスの標準化─適応化といった戦術的側面よりも，長期的視点に基づく戦略や取引関係における意思決定の欠如が失敗の根本的な原因であると指摘されている。バートら(2004a，b)は，1970年から2003年までの世界の食料品小売企業の国際化の撤退に関する量的分析を行っている(**表13.1および表13.2**)。

　参入モード別の撤退率をみてみると，提携については約7割，フランチャイズについては6割近くの企業が撤退している。現地企業との関係性構築や長期契約のマネジメントが困難であると思われる。最近では，ファミリーマートの韓国からの撤退の事例が記憶に新しい。1990年にファミリーマートは韓国に，自動販売機運営などを手掛ける晋光グループとフランチャイズチェーン契約を結んで事業展開してきた。撤退時には，セブンイレブン（2013年12月末で7085店）を上回る同国首位のチェーンとなっていたが，2012年6月に現地法人が店名を従来の「ファミリーマート」から「CU」へと変更され，ファミリーマー

表13.1　1970年～2003年の食料品小売企業の参入モード別の撤退率

参入モード	部分撤退	全体比（%）	完全撤退	撤退率（%）
買収	52	29.4	112	46.4
合併	60	33.9	113	53.1
直接投資	39	22.0	133	29.1
フランチャイズ	8	4.5	13	61.5
提携	10	5.7	14	71.4
その他	8	4.5	13	61.3
合計	177	100	398	44.5

出所：Burt et al.(2004)

表13.2　1970年～2003年の食料品小売企業の参入地域別の撤退率

地域	参入行動	撤退行動	撤退率（%）
北ヨーロッパ	69	26	37.7
南ヨーロッパ	86	49	57.0
中央ヨーロッパ	87	30	34.5
東ヨーロッパ	11	3	27.3
西ヨーロッパ	27	14	51.9
アジア	38	15	39.5
南アメリカ	22	9	40.9
北アメリカ	22	15	68.2
その他	36	16	44.4
合計	398	177	44.5

出所：Burt et al.(2004)

トはロイヤルティー収入を得てはいるが，商品や出店戦略は独立志向が高いとされる現地パートナー主導で進んでいたという。ファミリーマートは，韓国撤退の理由について「出店や営業時間などフランチャイズビジネスに関する規制が強まっているため」としている（日本経済新聞，2014年3月28日付）。

かぎられた市場空間規模（商圏）で活動する小売企業は，製造業以上に，ローカルなステークホルダー（メーカー，サプライヤー，消費者）との良好な関

係を構築し，ソーシャルニーズに適合していくことが必要なのではないかと思われる。かつて，日本にコンビニエンス・ストア業態が導入されたときにも，フランチャイズ・システムと会計システムのみ米国から導入し，その後は小売店舗システム，物流システムについては日本市場にあわせて独自の発展を遂げてきた（川辺　2003, 2004）。また，導入時には前述の大店法が施行されており，大手スーパーの成長はむずかしい状況にあった。セブンイレブンは，地域との共存共栄を謳い，既存の中小小売商を業態転換させるとともに，店舗数を拡大していった。高度経済成長を経て，多忙化するライフスタイルに合致した形でコンビニエンス・ストアは成長したのである。近年では，日系コンビニエンス・ストア企業が東南アジアに展開しているが，公用語が英語のため，世界のサポートセンターが集まり昼夜を問わずここで従事するスタッフが多いフィリピンではとりわけ24時間営業スタイルのコンビニエンス・ストアがソーシャルニーズに応え事業拡大している。次章では，小売企業によるCSR活動に関する取り組みについて企業事例を検討したい。

13.3 小売企業のCSR活動に関する企業事例

　イトーヨーカ堂の中国展開は，1996年4月，中華人民共和国国務院から外資系小売業としては初めて中国でのチェーンストア展開を許可され，1997年9月に合弁会社「華糖ヨーカ堂有限公司」を設立，1998年4月には第1号店となる「華糖ヨーカ堂　十里堡店」を北京市にオープンし，次いで，四川省成都市政府からの要請を受け，1996年12月に成都市に「成都イトーヨーカ堂有限公司」として設立された。翌1997年11月には「春熙店」を成都市中心街にもオープンし，2014年9月末現在，6店舗を展開している。
　近年，中国では，急激な経済発展にともない環境問題，労働問題が顕在化し，さらに中国政府の方針のもと，CSRの取り組みガイドラインや評価指標の策定，CSR評価ランキングの公表など，CSRへの関心が急速に高まっていることを受

け，CSR活動を組織的，包括的に取り組んでいくために，2014年2月にはセブン-イレブン（中国）投資公司，イトーヨーカ堂（中国）投資公司および両社傘下の子会社に，日本の事業会社におけるCSR体制と同じ体制を構築している。こうした体制の構築に当たり，2013年12月，セブン＆アイHLDGS.のCSR責任者が中国を訪問し，CSRに関する基本的な考え方，日本のCSR推進体制と具体的な活動に関して，董事長を含む日本人・中国人の幹部社員と共有している。

中国国内でのCSR活動としては，顧客，取引先，地域社会，従業員の4本柱で行われている（**図13.1**）。顧客への約束としては，中国で問題となっている食の安全性への配慮が大きい。たとえば，安全・安心な商品を提供するための仕組みづくりでは，国内で培った品質管理を活用し，各店舗では食品統括マネジャーが鮮度管理責任者を兼務して鮮度管理を担当している。また，各店舗で従業員への品質管理・衛生管理に関する教育を実施しており，2013年度には5回の研修を行っている。また，工場の原材料管理，生産の流れ，衛生管理など，生産履歴についても行っている。商品開発においては有機食品の取扱いを開始し，残留農薬が一定以下の食品「緑色食品」（中国政府が基準以下の食品を認定）の販売も実施している。このほかにも多様な顧客への配慮として，各種バリアフリー対応設備も積極的に導入されている。こうした改善の取り組みは，開店以来，全店舗にお客様の声ボックスを設置し，お客様相談室担当を集めた会議を継続的に開催している。

次に，取引先へのCSR活動であるが，商品の現地調達を基本としており，華糖ヨーカ堂では衣料品で96％，住居関連商品で85％，食品で92％を国内で調達している。取引にあたって，公正な取引を徹底させるため，取引を担当するバイヤーやディストリビューター約200人を対象に，契約などに関する教育を行っている（2013年度）。

地域社会に対するCSR活動に関しては，災害発生時の寄付のほか，店舗周辺の道路やガードレールの清掃，高齢者の血圧測定やメガネ修理，靴磨きなど従業員によるボランティア活動が実施されている。

社員へのCSR活動としては現地従業員の積極的登用と能力向上支援を推進している。毎年，各種コンクールを行っており，優秀社員表彰制度，販売技能コ

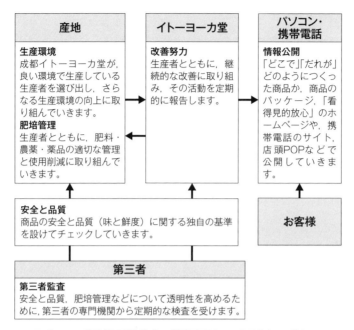

図13.1　「看得見的放心（顔が見える食品）」の仕組み

出所：『イトーヨーカ堂CSR活動報告書』(2014)

ンテスト，業務改善提案発表会などを行い，従業員がやりがいをもって仕事に取り組めるような制度を設けている。

　中国では，政治状況によって反日感情が噴出し，営業活動に支障を来すことも多い。まずは，顧客や従業員という身近なステークホルダーとの信頼感を高め，現地での店舗プレゼンスを高めている事例であるといえよう。

　先述したように，世界最大手であるウォルマートも，2005年末から自社が取り組む社会課題としてサステナビリティ目標を掲げている。ウォルマート，ザ・サステナビリティ・コンソーシアムのホームページによると，①クリーンエネルギー（100％再生可能なエネルギーによる店舗運営），②ゼロ・ウェイスト（廃棄物ゼロ），③サステナブル・プロダクト（人々や環境にとって持続可能な商品の販売）の3つのポイントで目標をかかげている。これらは，環境問題への対応が起点となっている取り組みであるが，世界10万社の取引先を巻き込んだ

プログラムであり，ウォルマートをはじめ大手小売企業が扱う全製品の膨大なサステナビリティ情報の収集と分析を可能にしている。このコンソーシアムにより製品ごとのライフサイクル別かつ環境影響要素別の影響度を可視化することが可能となっている。2017年度までには，このサステナブルインデックス対応比率を70％まで高めることを宣言しており，サプライヤーを巻き込んだ壮大な取り組みを行っている。

これは，圧倒的な販売量に裏打ちされたサプライヤーへの交渉力により盤石なサプライチェーンを構築する事例といえよう。残念ながら，日本企業ではこうした取り組みへの企業間連携はいまだ積極的ではないのが現状である。

13.4 今後の研究の方向性

11章と**12章**で言及されているとおり，CSR概念はその後，戦略的CSR概念へ，そして近年ではCSV概念が企業の経済的価値と社会的価値の双方を実現するものとして注目を浴びている（Porter & Kramer 2006, 2011）。ポーターとクラマー(2006)では，まず社会的課題について類型化されている。

① 一般的な社会問題：社会的には重要でも，企業活動から大きな影響を受けることなく，企業の長期的な競争力に影響を及ぼすこともない社会問題，
② 価値連鎖の社会的インパクト：通常の企業活動によって少なからぬ影響を及ぼす社会問題，
③ 競争コンテクストの社会的側面：外部環境要因のうち，事業を展開する立地（国・地域）での企業競争力に大きな影響力を及ぼす社会問題

の3つである。企業は，まず戦略的に自社が競争力に大きく影響力を及ぼす社会問題を抽出し取り組んでいくべきである。そのうえで，自社が取り組み可能な領域において，以下の経営アプローチで社会的課題と経済的課題に取り組んでいくことが必要とされよう（赤池・水上 2013）。

1．社会・環境問題を解決する製品・サービスの提供（製品・サービスのCSV）

社会問題，環境問題を事業機会と捉え，自社の製品・サービスでいかに問題を解決するかの探索を通じた新規事業創発・推進

2．バリューチェーンの競争力強化と社会への貢献の両立（バリューチェーンのCSV）

効率化を通じたコスト削減，サプライヤー育成を通じた高品質原料の安定供給など，バリューチェーンを（新たな視点で）最適化しつつ社会・環境問題を解決

3．事業展開地域の競争基盤／クラスターの強化と地域への貢献の両立（競争基盤／クラスターのCSV）。

事業展開地域における人材，周辺産業，輸送インフラ，市場の透明性などを自ら強化することを通じ，地域に貢献しつつ，自社の競争力を向上

〈参考文献〉

Bianchi, C.C. and Arnold, S.J.(2004), "An institutional perspective on retail internationalization success: Home Depot in Chile", *The International Review for Retail, Distribution and Consumer Research*, Vol.14, No.2, pp.149-169

Burt, S., Dawson, J. and Sparks, I.(2004a), "Failure in international retailing research propositions", *The international Review of Retail, Distribution and Consumer Research*, Vol.13, No.4, pp.355-373

Burt, S., Dawson, J. and Sparks, I.(2004b), "The international divestment activities of European grocery retailers", *European Management Journal*, Vol.22, No.5, pp.483-492

Dupuis, M. and Prime, N.(1996), "Business distance and global retailing a model for analysis of kye success/failure factors", *International Journal of Retail & Distribution Management*, Vol.24, No.1, pp.79-100

Etgar, M. and Rachman-Moore, D.(2007), "Determinant factors of failures of international retailers in foreign market", *The International Review of Retail, Distribution and Consumer Research*, Vol.17, No.1, pp.79-100

Goldman, A.(1981), "Transfer of a Retailing Technology into the less Developed Countries: the Supermarket Case", *Journal of Retailing*, Vol.57, No.2, pp.5-26

Kacker, M.P.(1988), "International Flow of Retailing Know-how : Bridging the Technology Gap in Distribution", *Journal of Retailing*, Vol.64, No.1, pp.41-67

Porter, M.E. and Kramer, M.R.(2006), "Strategy and Society: The Link Between Competitive Advantage and Corprate Social Responsibility", *Harvard Business Review,* December, pp.78-92.

Porter, M.E. and Kramer, M.R.(2011), "Creating Shared Value", *Harvard Business Review,* January-February, pp.62-77.

赤池学・水上武彦(2013),『CSV経営―社会的課題の解決と事業を両立する』,NTT出版

イトーヨーカ堂,CSR活動報告書2014,ウェブサイト,http://www.itoyokado.co.jp/company/iycsr/csr.html〔2016年12月20日最終アクセス〕

ウォルマートサステナブルインデックス,ウェブサイト,http://corporate.walmart.com/global-responsibility/environment-sustainability/sustainability-index〔2015年7月20日最終アクセス〕

川端基夫(2000),『小売業の海外進出と戦略―国際立地の理論と実態―』,新評論

川辺信雄(2003),『セブン―イレブンの経営史』,有斐閣

川辺信雄(2004),「コンビニエンス・ストアの経営史―日本におけるコンビニエンス・ストアの30年―」,『早稲田商学』No.400,pp.1-59

日本経済新聞(2014年3月28日付け朝刊),日経テレコン。

矢作敏行(2007),『小売国際化プロセス』,有斐閣

第14章 韓国多国籍企業における経営品質とサステナビリティ

14.1 韓国多国籍企業の台頭

　1990年代以後，アングロ・サクソン型経営を特徴とするグローバル化が急激に進展している。このような動向は韓国経済にも導入を余儀なくされ，制度面での改正などさまざまな変化が見られている。とくに，1997年に勃発した通貨危機以後の変化は，従来のものとは明らかに異なる様相を見せている。これは具体的に会社法の改正や外国人の投資制限規制の緩和などの形で現れ，その結果，企業間または個人間の経済的格差を生み出した。

　一方，このような動向のなか，1990年代以降に相次いで発生した企業不祥事は，韓国国民の「反企業感情」（anti-corporation sentiments）を引き起こす主な原因となったが，韓国多国籍企業は，それを和らげる手段として社会貢献活動が有効であることを過去の経験から学習した。これが，韓国多国籍企業のCSR展開を始めさせたきっかけとなったという認識が支配的である。さらに，GDPのなかで輸出の占める割合が50％に達する状況から，輸出先，とくに欧米市場の環境・労働規制への対応の手段として，CSRを取り入れた経営戦略が重要であることを認識した。経済のグローバル化の動向とともに，グローバルな次元で事業を展開する多国籍企業も徐々に現れ，2013年の時点でフォーチュン誌が毎年発表する「グローバル企業500社」に14社が名乗りをしている。

　さらに，グローバルな非営利組織である世界経済フォーラム（World Economic Forum）が2015年に発表した「国際競争力指数（Global Competiveness overall Index）」ではグローバル順位が26位にランクされている。近年では韓国が若干順位が下がる傾向にある。

　実際に，1990年代からグローバルな人材育成戦略を進めているサムスンの場

合，2003年6月に新経営10周年記念式典で「創造的な人材」と「天才人材」の必要性を強調し，「S級人材」，「A級人材」などコア人材および優秀な人材の確保と育成に力を注いできた。その結果，2012年現在，国内事業場だけで，日本人220名，ロシア人90名，インド人70名，中国人60名，米国人40名など約500名の外国人がサムスンのなかで活躍している。さらに，地域専門家制度派遣先数は過去の約20年間にかけて64カ国，700都市に約3,500名の社員を派遣している。地域専門家一人当りの平均支出費用が1億ウォンになるため，今まで3,000億ウォン以上を費やした結果となっている。その効果として，地域ごとの事情に詳しい「地域専門家」を育て上げたため，投資に対する効果は大きいと自負している。近年，その威力を発揮している分野が，現地化に必要不可欠な地域情報収集に有効に活用されていることなどがあげられる。

このような観点に立ち，本章ではグローバル化とCSR，グローバル化と韓国の多国籍企業，多国籍企業のCSRパースペクティブ，そして韓国多国籍企業における経営品質とサステナビリティについて明らかにする。

14.2 グローバル化とCSR

近年，経済のグローバル化の進展とともに，その重要性がますます問われているCSRをめぐるイシューとして以下のような課題が確認できる。

①多国籍企業が活動する地域で様々な葛藤が増大する中，それらを緩和するためのCSR体制づくりの重要性（Jamali & Mirshak 2010）

②サプライチェーン・ガバナンスにおける正当性確保のためには環境的かつ社会的規準がある程度の貢献をすること（Mueller et al. 2009）

③グローバルなサプライチェーン・マネジメントを行う現場では女性労働者のコンテクストは重要なイシューであるが，実際の状況では無視されている傾向がある点（Prieto-Carron 2008）

などがしばしば指摘されている。

さらに，これらの課題と関連して，とくに新興国におけるCSRをめぐるイシ

ューも以下のように存在している。

①新興国におけるCSRの議論は，従来の先進国が主張した論理を中心とした考えから脱皮し，新興国の多国籍企業の国際競争力と関連して進めるべきである（Gugler & Shi 2008）

②新興国でのグローバルCSRの拡散がいくつかのパターンで見られるが，これは新興国に拡散されている主要なマーケット特性（host market character）を弱化させる傾向がある（Jamali 2010）

③新興国のサプライヤーに対して行った倫理監査の結果には，監査プロセス上の問題が発覚され，監査制度を保障するための強力なコンプライアンス体制を構築するべきである（Egels-Zanden 2007）

このような見地から，グローバル化の進展とともに，その課題解決の主体である多国籍企業において「サプライヤー行動憲章」の重要性がしばしば問われている（文 2011, 2012, 2013）。

これは，サプライチェーンにおいて，CSR政策から得られる雇用面での有益性，メディアへの対応，ステークホルダーとの良好な関係の構築などが取り上げられている（Welford & Frost 2006, Russo & Fouts 1997, Korten 2001, Strike et al. 2006）。

しかし，法的要求と同一の強制力がない点，最初からすべての状況に適用可能な行動憲章を策定するのは不可能である点，将来，サプライチェーンのなかの企業間で起こりうるコンフリクトやCSRイニシアチブを移行させるための費用を想定しなければならない点などのように，サプライヤー行動憲章が有する限界も見られる（Pedersen & Andersen, 2006）。

実際に，近年はこれらのサプライヤー行動憲章の制定と導入をめぐって，日韓多国籍企業の比較がなされている（Moon 2012）。日韓の主要な多国籍企業は，2000年代以後，両国ともにサプライヤー行動憲章の制度的な導入が見られているが，第3者による倫理監査の実施，管轄機関の主導的な役割などの面で相違点があった。

14.3 多国籍企業のCSRパースペクティブ

　多国籍企業に関するCSR研究のパースペクティブとしての類型は，戦略的パースペクティブ，制度的パースペクティブ，ステークホルダー・パースペクティブという3つに類型化することができる。

　第1に，戦略的パースペクティブについてであるが，これは多国籍企業の組織戦略にはCSRに配慮したグローバルな統合（global integration）と，ローカルな即応性（local responsiveness）が必要な要素である（Gnyawali 1996, Husted & Allen 2006）。これはさらに，グローバルCSRとローカルCSRをいかに折衝するのかの問題を発生させる。このグローバルCSRとして有益な理論的基盤を提供したのが，「統合社会契約論」（Donaldson & Dunfee 1992）である。そこでは，すべての社会に展開することのできるCSRにおいて一連の標準を反映している「ハイパー規範」（hypernorms）の必要性が主張されている。

　具体的には，グローバルCSRの事例として国連グローバル・コンパクト原則，OECD多国籍企業行動指針，SA8000などがある（Arevalo & Fallon 2008）。しかし，近年では，経営の複雑化の現象により，多国籍企業の調整行動に失敗する可能性が高まっているなどの新たな課題が発生している（Sutton 2007）。

　さらに，ローカルCSRの課題も存在している。このローカルCSRの実現のためにはローカルコミュニティ形成に必要な「自己規定的な」（self-defined），「自己制限的な」（self circumscribed）グループが必要である。ローカルCSRは，ローカル・コミュニティの標準をベースとした会社が果たすべき義務について取り扱っている（Husted & Allen 2006）。

　第2に，制度的パースペクティブについてであるが，この制度的パースペクティブは，「国の規制」，「企業の政策や構造における組織フィールド（organizational field）の影響」，「組織内で政策や慣行を生み出す組織内部の特質」という3つの要因が，多国籍企業における政策決定や構造づくりに圧力をかけるというものである（Fligstein 1991）。他のユニットに対するCSR機能

への依存性，手段と目的間の関係の不確実性，目標の曖昧さなどの課題解決のためには，企業の市場志向分野ですでに確立したパターンを模倣する傾向があるが，これはCSR機能に役立つ（Dimagio & Powell 1983）。多国籍企業がグローバル経営に慣れているグローバル政策決定という制度的同型化（institutional isomorphism）の圧力を受けているため，ローカルなCSR対応を苦手としている（Husted & Allen 2006）。

多国籍企業に見られるCSR政策の差異は，経済的な発展水準と関連性が高い（Welford 2005）。これは結果的に，先進国でCSR分野において必要とされる政策の要求が多い（high incidence）のに対し，中国のような新興国では始まって間もない状態であるため，その切実性が弱いことも現実の問題として，しばしば指摘されている。

第3に，ステークホルダー・パースペクティブについてであるが，このパースペクティブは，CSRはステークホルダーに向けての企業の戦略的アプローチとイニシアチブが必要なことを意味する（McWilliams & Siegel 2001, Schermerhorn 2002）。これは具体的に，経済的・法的・倫理的・裁量的（慈善的）要素（Carroll 1991）という4つのパートモデルでのアプローチが必要である。

さらに，多国籍企業の子会社の進出先（host country）と原籍国（home country）の異なるステークホルダーへの異なる対応に迫ると，異なる国にわたって行うCSRの管理と指針（orientation）には顕著な差異がある（Welford 2005）。実際に，ヨーロッパ，アジア，北米など15カ国を比較分析した結果，ヨーロッパや北米地域と比較すると，アジア地域が労働時間，労働超過許容時間，公正な賃金構造，結社の自由，教育訓練プログラムなどの面においてCSR政策が劣っていた。ステークホルダーが会社の資源の流れを止める「撤退戦略」と，会社が資源の使用を制限する「利用戦略」をとおして会社のCSR体制と慣行に影響を及ぼしている（Frooman 1999）のである。

14.4 韓国多国籍企業における経営品質とサステナビリティ

1990年代以後，サプライチェーンを行動単位として，グローバルな競争はますますその激しさを増している。このような状況のなかで，多国籍企業のCSRの展開も高まっており，その実践は企業ごとに異なる形で行われている。具体的には，「協力会社倫理行動規範（supplier code of conduct）」「サムスン・サプライヤーの倫理綱領遵守宣言（Declaration of compliance with Samsung supplier code of conduct）」などのような形で実現されている。これは，CSRのガイドラインとして近年，制定・公表されているISO26000からの影響が大きいことを示唆している。多国籍企業のサプライヤー行動憲章（supplier code of conduct）の2000年代以後の制定と運用に見られるなど制度上の導入は，日米よりは若干後れをとっているが，その展開は迅速に行われている。

本章では，韓国の多国籍企業としてグローバルな事業展開をしている2社を事例として取り上げることにする。この2社は，興味深い事実として日本で事業展開の歴史が長く，現在も日本での活発な事業活動を行っている。さらに，A社の場合，米国の電子産業業界がサプライヤー行動憲章を制定し，その遵守を促しているEICC（Electronic Industry Citizenship Coalition）を導入している（文 2012）。

ここでは，近年ポーターらが提唱しているCSV（Creating Shared Value）の概念をベースに，日本国内で実践している動向について検討する。以下の2社については，日本で電子とディスプレイの事業展開を行っている企業であるが，調査は2014年8月と2015年1月の2度に渡って行われた。今回の調査の特徴は，サステナビリティとCSVの戦略として展開しているものに限定したことである。

14.4.1 A社の事例

まず，現地化戦略の課題への対応についてであるが，2000年以後，A社の掲

げたグローバル化戦略の方針に従い，日本での積極的な事業展開を進めているA社は，現地化戦略の一環として，日本での独立した法人設立とともに日本国内での法人の長を日本人から採用している。これは，近年CSRの課題として大きく取り上げられている人材の現地化の面において，いっそうの進展が見られている。さらに，日本で採用されている総社員の250人のなかで本国から派遣されている駐在員数が，20名程度に留まっていることは非常に興味深い。さらに，韓国国内とは異なり，早期退職や希望退職などのような不安定な職場環境ではなく，日本国内企業と同様に終身雇用の環境が整っている。

　第2に，このような動向のなか，社内にCSVを浸透させるための政策が，部品性能の効率化による省電力化に置かれていることがあげられる。とくに，近年高性能のスマートフォンやパソコンの使用増加による電力使用量増加，すなわちビッグ・データに対していかに対応するかが社会問題として注目されている。たとえば，大容量のフラッシュメモリーで構成されたディスクドライブであるSSD（solid state disk）の開発に力を入れている。

　これは，電源を入れて立ち上がるまでの時間が従来の1/10に削減できるなどの長所がある。そこで，初期に投資する費用と，コンピュータシステムの導入，維持・管理などにかかる費用を意味するTCO（total cost ownership）の観点から，新たに評価の基準が変わっており，ビッグ・データへの対応策としてSSDの開発に力を注いでいる。米国の場合，2014年現在ビッグテータに使用する電力が2％に肉薄している程度であり，それへの適格な対応を迫られている。A社の場合，普段パソコンを立ち上げてから完全に起動するまでの時間が2分程度であるのに対し，自社の製品を使用する場合はその1/10で済むため，電力使用量の削減は勿論，時間的なロスが抑制するなどの効果を期待することができる。

　先述したように，これは近年ハーバード大学のポーターらによって提唱されたCSVに立脚しているものであるが，とくにビッグ・データへの戦略的対応については，企業のモノづくりをとおして社会全体の利益に貢献するという基本的な認識をベースにしている。具体的には，ビッグ・データの処理に見られるように，電力使用量が最も多いCPUやメモリー素子の質を高めることが重要な課題となっている。これは結果的に低電力化や情報処理のスピードアップを

実現することによって，近年の社会現象として登場しているビッグ・データへ対応することが可能になる。

　第3に，コンプライアンスの強化についてであるが，これは系列企業への情報供与などの理由でアップル社との間での訴訟が発生したことをきっかけに談合禁止への動きが生じたことを意味する。すなわち，日本メーカーとの取引上入手した情報を系列会社などの会社に提供することを禁止したのである。これが社内で方針として決まったのは，いくら同グループのなかの企業間でもあっても，訴訟によって経済的な損失および評判が悪くなるなどの被害を避けるという長期的な目で見た危機認識に起因する。実際に，その方針が決まった後に，グループ内部の企業間で情報提供がなされた場合には，コンプライアンス・チームによって罰せられるなどのルールが導入されている。

14.4.2　B社の事例

　日本でディスプレイ事業を展開しているB社の場合，2014年度の売上高が約22億ドルに達するなど年々日本での事業展開を増やしている状況にある。「顧客のための価値創造」と「人間尊重の経営」を経営理念として掲げているB社は「正道経営」を規準とした倫理規範を制定し，企業経営全般にCSRの浸透を図っている企業として知られている。

　東京と大阪に法人をおいているB社では3.11の大震災以後，発生した多くの駐在員急遽帰国の問題を契機に，人材の現地化の比率を高めようとしている。人材のグローバル化の面においては，A社ほど急進的に進めている状況ではないが，その必要性については実感しているということである。**表14.1**は，B社が日本の企業と取引を行っている企業の現況である。

　ここではA社と同様，CSVという観点から同社の2つの事例について検討していくことにする。

　まず，消費電力を画期的に減らす「M＋」プロジェクトについてであるが，従来の技術では部分画素としてRGBを使っているのに対し，同社では「RGBW」の技術を使っていることが明らかになった。すなわち，画素1つに赤（red），緑（green），青（blue）の部分画素が使用されるのに対し，同社では白

表14.1　B社における日本の取引企業の現況

分野	取引企業	分野	取引企業
TV	SONY	MNT	FUJITSU
	TOSHIBA		SONY
	PANASONIC		NEC
	SHARP		NEC DS
	FUNAI		I-O DATA
NBPC	FUJITSU	Auto/Industrial	AIS
	NEC		ALPINE
	PANASONIC		CLARION
	SONY		EIZO
	TOSHIBA		FUJITSU
	FORTE		FUJITSU TEN
	MAGIC		HONDA
			PANASONIC
			SONY
			TYCO

出所：B社の内部資料による

表14.2　B社における低視力児童招待改善キャンプの推移

年度	低視力体験		低視力キャンプ	
	回数	参加人員	回数	参加人員
2008	—	—	2	161
2009	1	27	1	88
2010	2	62	2	190
2011	2	81	2	181
2012	1	43	1	94
2013	—	—	1	82
2014	—	—	1	112
合計	6	213	10	908

出所：B社の内部資料による

（white）の部分画素が追加されることになっている。この技術の利用によって，同一の電力を使用する状況では照明度が60％改善され，消費電力を30％ほど削減できるということである。現行放送の1080i（2K）に比べ，映像・動画の解像度（画素数）が高い規格として知られているUHD TV（Ultra High Definition Television, 超高精細テレビ）の開発を可能にした。

　次に，目に障害をもっている人のためのディスプレイ提供のプロジェクトについてであるが，このプロジェクトはとりわけ視力の改善の余地がある幼い子どもを対象にしたものであり，部分的には目の治療を目的としたものもあるとのことである。実際に，視覚障害の93.2％が，予防可能な疾患や事故などによる原因であることが明らかになっている。したがって，失明する前での予防教育の重要性が問われている。低視力になってしまった場合は，眼科の治療がほとんど不可能であるため，残存視力を回復する試みの方が重要である。**表14.2**は，低視力児童招待改善キャンプの推移について示したものである。

以上のように，本章では多国籍企業のCSR展開についての理論と，韓国多国籍企業の経営品質とサステナビリティについて概観した。また，本章における議論の特徴ともいえる日本での現地化戦略に関して，人材の現地化の課題や消費電力の削減をめざす2社の取り組みの実態についても取り上げることができた。

 とくに，サステナビリティの課題として，地球環境問題への対応策と，社会問題ともいえるビッグ・データへの対応策に注目すると，A社のSSDの開発やB社の「M＋」技術開発の事例は興味深い事例であった。これは，サステナビリティの3段階の最終段階に当たるものとして，また企業価値と社会価値を同時に追求するものとして，今後さらなる発展を期待することができる。

 さらに，事例として取り上げた2社が抱えている課題として取り上げられているダイバシティについては，長期的な戦略や持続的な問題解決の姿勢が必要とされることを示唆した。

〈参考文献〉

Amaeshi, K.M., and Osuji. O.K. and Nnodim, P.(2007), "Corporate Social Responsibility in Supply Chains of Global Brands: A Boundaryless Responsibility? Clarifications, Exceptions and Implications", *Journal of Business Ethics*, Vol.81, pp.223-234

Amaeshi, K.M. and Osuji, O.K. and Nndim, P.(2008), "Corporate Social Responsibility in Supply Chains of Global Brands: A Boundaryless Responsibility? Clarifications, Exceptions and Implications", *Journal of Business Ethics*, Vol.81, pp.223-234

Angular, F.J.(1994), *Managing Corporate Ethics: Learning from America's Ethical Companies How to Supercharge Business Performance*（水谷雅一監訳，高橋浩夫・大山泰一郎訳(1997),『企業の経営倫理と成長戦略』，産能大学出版部）

Arevalo, J.A. and Fallon, F.T.(2008), "Assessing corporate responsibility as a contribution to global governance: the case of the UN Global Compact", *Corporate Governance International Journal of Business in Society*, Vol.8, No.4, pp.456-470

Blowfield, M.(2005), "Corporate Social Responsibility: reinventing the meaning of development?", *International Affairs*, Vol.81, No.3, pp.515-524

Carroll, A.B.(1991), "The pyramid of corporate social responsibility: Toward the moral management of organizational stakeholders", *Business Horizons*, Vol.34, Iss.4, pp.39-48

Dimagio, P.J. and Powell, W.W.(1983), "The Iron Cage Revisited: Institutional Isomorphism and Collective Rationality in Organizational Fields", *American Sociological Review*, Vol.48, No.2, pp.147-160

Egels-Zanden, N.(2007), "Supplier's Compliance with MNC's Codes of Conduct: Behind

the Scenes at China Toy Suppliers", *Journal of Business Ethics*, Vol.75, pp.45-62
Emmett, S. and Crocker, B.(2006), *The Relationship-driven Supply Chain: Creating a Culture of Collaboration throughout the Chain*, Gower Publishing
Fligstein, N.(1991), "The structural transformation of American industry: An institutional account of the causes of diversification in the largest firms,1919-1979", In Powel, W.W. and DiMaggio, P.J. (Eds.), *The new institutionalism in organizational analysis*, pp.311-336, Chicago, IL: University of Chicago Press
Friedman, L.T.(2005), *The World is Flat: A Brief History of the Twenty-first Century Further Updated and Expanded Edition*, International Creative management, Inc.（伏見威蕃訳(2008),『フラット化する世界（上・下）』, 日本経済新聞出版社）
Frooman, J.(1999), "Stakeholder Influence Strategies", *The Academy of Management Review*, Vol.24, No.2, pp.191-205
Gnywali, D.R. (1996) "Corporate social performance: An international perspective", *Advances in international comparative management*, Vol.11, pp.251-273
Gugler, P. and Shi, J.(2008), "Corporate Social Responsibility for Developing Country Multinational Corporations: Lost War in Pertaining Global Competitiveness?", *Journal of Business Ethics*, Vol.87, pp.3-24
Husted, B.W. and Allen, D.B.(2006), "Corporate Social Responsibility in the multinational enterprise: strategic and institutional approaches", Journal of International Business Studies, Vol.37, No.6, pp.838-849
Hutton, W.D.(2000), *From Baldridge to Bottom line*, Amer Society for Quality（井手重輔監訳(2002),『経営品質アセスメント』, 生産性出版）
Jamali, D.(2010), "The CSR of MNC Subsidiaries in Developing Countries: Global, Local, Substantive or Diluted?", *Journal of Business Ethics*, Vol.93, Supplement 2, pp.181-200
Jamali, D. and Mirshak, R.(2010), "Business-Conflict Linkages: Revisiting MNCs, CSR, and Conflict", *Journal of Business Ethics*, Vol.93, Iss.3, pp.443–464
Jones, T.M. and Felps, W. and Gregory, A.B.(2007), "Ethical Theory and Stakeholder-Related Decisions: The Role of Stakeholder Culture", *Academy of Management Review*, Vol.32, No.1, pp.137-155
Korten, D.C.(2001), *When Corporations Rule the World*, Kumarian Press.
Maloni, J.M and Brown, M.E.(2006), "Corporate Social Responsibility in the Supply Chain: An Application in the Food Industry", *Journal of Business Ethics*, Vol.68, pp.35-52
McWilliams, A. and Siegel, D.(2001), "Corporate Social Responsibility: a Theory of the Firm Perspective", *Academy of Management Review*, Vol.26, No.1, pp.117-127
Moon, J.(2012), *Current and Future Issues for the Supplier Code of Conduct in Japanese MNCs*, 2012 JOINT CONFERENCE OF KABE & JABES (Kookmin University in Seoul) proceeding.

Mueller, M., Santos, V.G., and Seuring, S. (2009) "The Contribution of Environmental and Social Standards Towards Ensuring Legitimacy in Supply Chain Governance", *Journal of Business Ethics*, Vol.89, Iss.4, pp.509-523

Nijfof, A., Cludts, S., Fisscher, O. and Lann, A.A.(2003), "Measuring the Implementation of Codes of Conduct. An Assessment Method Based on a Process Approach of the Responsible Organization", *Journal of Business Ethics*, Vol.45, pp.65-78

Pedersen, E.R.(2005), "Expanding the concept of quality management to global supply chains", *The Asian Journal of Quality*, Vol.6, No.1, pp.98-108

Pedersen, E.R. and Andersen, M.(2006), "Safegararding corporate social responsibility in global supply chains: how codes of conduct are managed in buyer-supplier relationships", *Journal of Public Affairs*, No.6, pp.228-240

Porter, M.E. and Kramer, M.R.(2006), "Strategy and Society: The Rink Between Competitive Advantage and Corporate Social Responsibility", *Harvard Business Review*, December, pp.78-92

Prieto-Cawon, M.(2008), "Women workers, industrialization, global supply chains and corporate codes of conduct", *Journal of Business Ethics*, Vol.83, No.1, pp.5-17.

Russo, M.V. and Fouts, P.A.(1997), "A Resource-Based Perspective on Corporate Environmental Performance and Profitability", *The Academy of Management Journal*, Vol.40, No. 3, pp.534-559

Schermerhorn, J.R.(2002), *Management*, Wiley

Scherer, A.G. Palazzo, G. and Matten, D.(2009), "Globalization as a Challenge for Business Responsibilities", *Business Ethics Quarterly*, Vol.19, No.3, pp.327-347

Strike, V.M., Gao, J. and Bansal, P.(2006), "Being good while being bad: social responsibility and the international diversification of US firms", *Journal of International Business Studies*, Vol.37, Iss.6, pp.850-862

Welford, R.(2005), "Corporate social responsibility in Europe. North America and Asia. 2004 survey results", *Journal of Corporate Citizenship*, No.17, pp.33-52

Welford, R. and Frost, S.(2006), "Corporate social responsibility in Asian supply chains", *Corporate Social Responsibility and Environmental Management*, Vol.13, Iss.3, pp.166-176

文載皓(2011),「グローバルSCMにおけるCSRの展開」,『工業経営研究』, Vol.2, pp.95-101

文載皓(2012),「日本のグローバル企業におけるサプライヤー行動憲章の現状と課題」,『国際経商教育研究』, Vol.9, No.2, pp.89-103

文載皓(2013),「韓国におけるグローバル企業の経営倫理とCSR」小林俊治・高橋浩夫編著『グローバル企業の経営倫理・CSR』, 白桃書房

諸上茂登(2012),『国際マーケティング論の系譜と新展開』, 同文舘出版

諸上茂登(2013),『国際マーケティング講義』, 同文舘出版

結章 本書のまとめ

　本書では，これまで商学・経営学の領域で論じられてきた「経営品質」と，工学の領域で論じられてきた「品質管理」を，主として「サステナビリティ」の観点から融合させるべく，「経営品質科学」の試論を展開してきた。すなわち，企業活動のクォリティとサステナビリティに焦点を当てた「経営品質科学」の構築をめざし，筆者らが地道に積み上げてきた文理融合型研究の成果を，**第1部〜第3部**の計14章の構成で紹介してきたのである。

　ここでは，本書の結章として，各章における研究成果を整理するとともに，「経営品質科学」という文理融合型研究の構築に向けた本書の意義を明らかにしたい。

　まず，**第1部**（1章〜4章）の「経営品質」編では，本書の文理融合型研究の基盤となる既存概念を概説するとともに，筆者らによる「クォリティ」研究の新たな分析視座を提示した。

　1章の「企業活動のクォリティとサステナビリティ」では，経営品質の概念構造を明らかにし，米国から導入された品質管理（QC）やTQCが，日本におけるQCサークル活動により，独自の発展を遂げていったプロセスを概説した。また，既存研究ではほとんど論じられてこなかった日本の雇用システムとQCの関係に関して，両者が相乗効果を発揮してきたとする独自の視点を提示した。さらに，経営品質科学のめざすマネジメントを概念的に定式化したうえで，現在はPDCAが管理サイクルの主流となっているが，PDSの管理サイクルの方が「優れた知識」であるという研究視座を提示した。

　2章の「企業活動のサステナビリティとCSR」では，経営学において「ゴーイング・コンサーン」と「サステナビリティ」の概念が注目されるようになった社会的背景を考察することにより，両者の相違点を明らかにした。そのうえで，CSR概念の変遷を，企業倫理や企業市民の概念と対応づけながら，独自の視点から整理することにより，CSRに注目したサステナビリティの議論という

新たな研究視座を提示した。これにより，本書全体の社会科学的基盤を固めた。

3章の「柔らかい組織（loosely coupled system）のサステナビリティ」では，主としてゴミ箱モデルのアプローチにより，能動的問題解決や環境の変化に対する柔軟性，そして予期せぬ成功の源泉が，固い組織（tightly coupled system）ではなく，柔らかい組織（loosely coupled system）にあることを指摘した。そのうえで，こうした柔らかい組織の典型例としてネットワーク型組織を位置づけ，形式論的ネットワーク（数理的・統計的アプローチ）と意味論的ネットワーク（経営学的・組織論的アプローチ）との対比を試みることにより，文理融合型の「ネットワーク論」を展開した。これにより，1章で提示した文理融合型研究の基盤を補強した。

4章の「企業活動の低エネルギー化と高エントロピー化の調和によるサステナビリティ」では，情報理論におけるシャノン・エントロピー（情報エントロピー）を社会科学の領域へと拡張することにより，さまざまな社会現象の不確実性・多様性・複雑性を工学的アプローチで捉えるという本書の研究視座を明らかにした。そのうえで，企業活動における効率性を重視した低エネルギー化の方向性と，多様性・個性化を重視した高エントロピー化の方向性が，一般にトレードオフの関係にあることを指摘し，こうしたトレードオフに対抗するための調和モデル（山下 2010）に基づき，本書における文理融合型研究の核となる分析枠組みを提示した。

第2部（5章～8章＋補論の9章・10章）の「サステナビリティ戦略」編では，環境問題やマーケティング論・組織論の各領域における，筆者らの研究グループの成果を紹介した。また，サステナビリティ戦略の補論として，それぞれ非常に厳しい経営環境と居住環境におかれたローカル鉄道路線と湖内居住島のサステナビリティ要因を明らかにした。

5章の「地球環境のサステナビリティに焦点を当てた資源循環の概念モデルと3R」では，従来の物理的クォリティから環境志向型クォリティへのプロセスと要因を概観したうえで，筆者らの提示している「資源循環における領域推移の分析モデル」（山下・鄭 2010）と「3R行列を用いた資源循環の領域推移確率モデル」（山下・村山 2011）に基づき，さまざまな地球環境問題を，自然

空間における資源領域と排出物領域のバランスが崩れることという統一的な枠組みで捉えることにより，資源領域・生産領域・消費領域・排出物領域の間での領域推移確率から将来の状態ベクトルを推定するための定量的分析アプローチを提示した。さらに，瀬戸内海の豊島と直島における現地調査に基づき，当該地域（島）の経済的発展よりも豊かな自然環境をそのまま残そうとする豊島型環境志向型行動と，局所的には自然を破壊しても経済と自然環境の両立を図ろうとする直島型環境志向型行動が存在すること（環境志向型行動の二面性；5.6節を参照）を指摘した。

6章の「店舗における顧客の高温度適温・低温度適温とサステナビリティ戦略」では，マーケティング論の研究領域に，組織論における「体感温度」の研究視座（高橋 1993）を導入することにより店舗のサステナビリティに関する新たな研究アプローチを提示した。その際，サービス・ドミナント・ロジック（Vargo & Lusch 2008）における顧客との関係性重視の視点と，顧客の高温度適温・低温度適温（権・栗原・山下 2012）の分析モデルに基づき，顧客の体温に適合した店舗のシステム温こそが，店舗のサステナビリティを生み出す最も重要な要因であることを示唆した。

7章の「組織の集権性・分権性とアメーバ組織のサステナビリティ」では，まずアメーバ組織のフレキシビリティとサステナビリティを，「半権限委譲―半コントロール」（7.1節を参照）の視点から考察した。そのうえで，MRPシステムの米国型組織特性とJITシステムの日本型組織特性，およびBPRのめざす組織特性を，「代替的双対モデル」（山下 1996）に基づき比較するとともに，日本のSEIKOグループを「大規模アメーバ組織」（村山・山下・金子 2014）として位置づけることにより，大規模アメーバ組織のTree型ネットワーク（金子・山下 2009）における「協調」と「競争」の調和こそが，SEIKOグループの競争優位性を生み出す源泉となってきたことを示唆した。

8章の「情報の非対称性に注目した競争優位のサステナビリティと情報引力モデル」では，情報の非対称性によって生じる二者間の優位性・劣位性を，情報の内容的価値と占有的価値に分解して捉えることにより，情報はモノとは異なり，相手に提供しても，失う価値は情報の占有的価値のみで，その内容的価

値は維持されるという特徴を概念的に定式化した。一方で，人間関係を重視する日本では，情報優位（情報の非対称性における「正の非対称性」）の状態にある行動主体が，自身のもつ優位性をあえて放棄し，相手のためにその情報を積極的に提供しようとする行動が多く見られることを指摘した。さらに，モノに働く万有引力と同様に，情報にはあたかも「情報引力」が働くかのように，社会において価値の高い情報が他の人間へと流出していくことに注目し，学習・調査エネルギーから生み出される情報の内容的価値と占有的価値の関係，およびその位置エネルギー・占有的価値と情報遮断エネルギーとの関係を概念的に定式化した。これにより，情報の非対称性において高い占有的価値をもつ情報の位置エネルギーが，放っておくと（情報遮断エネルギーを投入しないと）運動エネルギーに置き換わり，低い位置（その情報をもたない「負の非対称性」に直面する行動主体）へと流出してしまうプロセスを記述した。

9章の「ローカル鉄道路線のサステナビリティとBRT化のジレンマ」（**第2部の補論Ⅰ**）では，日本において常に存廃問題に直面しながらも，何とか存続しているローカル鉄道路線のサステナビリティ要因について，筆者らによるこれまでの継続的な調査・研究の成果を紹介した。これにより，ローカル鉄道路線と同様，非常に厳しい経営環境におかれた多くの企業に対しても，自社の存続（サステナビリティ）を図るためのアプローチと戦略を示唆した。

10章の「日本の「湖内居住島」における産業と居住のサステナビリティ要因」（**第2部の補論Ⅱ**）では，これまで研究の焦点がほとんど当てられてこなかった「湖内居住島」に注目し，そこでの産業と居住のサステナビリティ要因を，独自の視点から明らかにした。これにより，日本に3島（琵琶湖の沖島と中海の大根島・江島）しか存在しない「湖内居住島」に，古くから人が住み続け，独自の産業を発展させてきた「サステナビリティ要因」を明らかにするとともに，過疎化と高齢化に苦しむ多くの地域に対して，その地域に適合したサステナビリティ戦略を策定することの重要性を示唆した。こうした**第2部の補論（9章と10章）**は，本書の中心的研究テーマからは少し外れるが，多くの企業や地域に対して，自身をサステナビリティの方向へと導くための戦略を示唆する役割を果たしうる。

以上のように，本書の**第1部**と**第2部**では，基本的に日本あるいは日本企業を前提とした議論を展開したが，**第3部**（11章～14章）の「国際ビジネス」編では，日本国内のみならず海外にも視野を広げ，多国籍企業のCSRとサステナビリティを以下のような多面的観点から論じた。

11章の「多国籍企業のサステナビリティ」では，グローバル・コンパクトとトリプルボトムラインの考え方を踏まえ，多国籍企業のCSR活動が社会からの要請に応じて常に進化していく必要があることを指摘するとともに，企業と社会の間での共通価値の発見・創造をバネにして，新しいCSRが事業戦略の中に統合されるべきであるとする研究視座を提示した。そのうえで，いくつかの多国籍企業の事例を基に，多様なステークホルダーとの継続的な協働関係を構築してこそ初めて経営のサステナビリティが高まるという，多国籍企業のCSR活動とサステナビリティの関係性を明らかにした。

12章の「CSV（共有価値の創造）の理論的基礎の開発 ―多国籍製造業を対象として―」では，多国籍企業のなかでも，とくに製造業の多国籍企業を念頭におき，CSV（Porter & Kramer 2006, 2011）と競争優位の関係を分析するための理論的基礎の構築を試みた。これにより，「有利な競争コンテクストを動態的に構築していく組織能力」と「競争優位の獲得と維持」との因果関係の解明こそが，CSVにおける理論的基礎の中核に位置づけられることを示した。その際に注意すべき点として，企業が競合に先んじて共有価値の構築に着手することが，有利な競争コンテクストを構築する第一歩ではあるが，それは同時に第一歩にすぎず，市場では常に模倣と追随が繰り返されていることを指摘した。これにより，CSVの理論的基礎の開発なくしては，CSVの成果を科学的に分析することはできないというCSV研究の課題を示唆した。

13章の「多国籍小売企業のサステナビリティ ―CSR活動を中心に―」では，小売企業の「国際展開」研究の動向を踏まえながら，食料品やコモディティ商品を扱う多品種品揃え型の小売企業を中心に，そこでのサステナビリティ戦略を論じた。その際，Porter & Kramer（2006）と赤池・水上（2013）を基に，多国籍小売企業を取り巻く社会的課題と経済的課題に対して，①社会・環境問題を解決する製品・サービスの提供（製品・サービスのCSV），②バリューチェー

ンの競争力強化と社会への貢献の両立（バリューチェーンのCSV），③事業展開地域の競争基盤／クラスターの強化と地域への貢献の両立（競争基盤／クラスターのCSV）という３つのアプローチで取り組んでいくべきことを明らかにした。

14章の「韓国多国籍企業における経営品質とサステナビリティ」では，多国籍企業のCSR展開についての理論（とくに，多国籍企業のCSRパースペクティブ）と，韓国多国籍企業の経営品質・サステナビリティについて概観するとともに，日本で現地化戦略を進める韓国多国籍企業２社の取り組みについて，その実態を明らかにした。そのうえで，地球環境問題への対応策とビッグ・データへの対応策が，サステナビリティの重要な課題として位置づけられるという視点を提示した。

以上のように，本書はこれまで社会科学の領域で論じられてきた「経営品質」と「サステナビリティ」の研究課題に対して，工学的アプローチを導入した文理融合型研究を展開することにより，「経営品質科学」という新たな研究の扉を開く役割を果たしている。しかしながら，それは経営品質科学の扉を開くだけの役割にすぎず，その理論構築に向けた課題は山積している。そこで，今後もこうした文理融合型研究，すなわち経営品質科学の体系化をめざして，継続的な調査・研究を展開していきたい。

〈参考文献〉

Porter, M.E. and Kramer M.R.(2006), "Strategy and Society: The Link Between Competitive Advantage and Corprate Social Responsibility", *Harvard Business Review*.

Porter, M.E. and Kramer M.R.(2011), "Creating Shared Value", *Harvard Business Review*.

Vargo, S.L., & Lusch, R.F.(2008), "Service-Dominant Logic: Continuing the Evolution", *Journal of the Academy of marketing Science*, Vol.36, No.1, pp.1-10

赤池学・水上武彦(2013),『CSV経営―社会的課題の解決と事業を両立する』，NTT出版

大野高裕・葛山康典・山下洋史(1992),「コスト尺度に基づく新たな企業評価の視点」,『日本経営工学会春季大会予稿集』, pp.49-52

金子勝一・山下洋史(2009),「SEIKOグループの柔らかい結合」,『工業経営研究』, Vol.23, pp.117-120

権善喜・栗原剛・山下洋史(2012),「店舗のシステム温と顧客の体温に関する統計的分析モデル」,『第49回日本経営システム学会全国研究発表大会講演論文集』, pp.68-69
高橋伸夫(1993),『ぬるま湯的経営の研究』, 東洋経済新報社, pp.5-29
村山誠・山下洋史・金子勝一(2014),「大規模アメーバ組織としてのSEIKOグループ」,『日本経営システム学会誌』, Vol.31, No.2, pp.195-200
山下洋史(1996),『人的資源管理の理論と実際』, 東京経済情報出版
山下洋史(2010),「企業活動における低エネルギーと高エントロピーの調和モデル」,『明大商学論叢』, Vol.92, No.3. pp.17-30
山下洋史・村山賢哉(2011),「3R行列を用いた資源循環の領域推移確率モデル」,『日本経営倫理学会誌』, Vol.18, pp.117-123
山下洋史・鄭年皓(2010),「資源循環における領域推移の分析モデル」,『明大商学論叢』, Vol.92, No.4, pp.25-39

索 引

英数

3M＋I（Man, Money, Material, Information；ヒト・カネ・モノ・情報） 10
3R（Reduce, Reuse, Recycle） 77
3R行列 79
5フォース分析 209, 219
bit 56
BPR（Business Process Reengineering） 116, 124
BRT（Bus Rapid Transit；バス高速輸送システム） 160
BRT化のジレンマ 162
CSR（Corporate Social Responsibility；企業の社会的責任） i, 206, 227, 235, 238
CSRのメインストリーム化 33
CSV（共通価値の創造） 35, 205, 206, 208, 213, 216, 219, 220, 230, 239
GRIガイドライン 192
ICT（Information & Communicaiton Technology；情報通信技術） i
ISO26000 190, 238
IT（Information Technology；情報技術） i
JITシステム（Just In Time） 46, 52, 111, 124
LAN（Local Area Network） i
loose coupling 42, 43, 51
LRT（Light Rail Transit；軽量軌道交通） 160
MOS（Management of Sustainability）指標 37
MRPシステム（Materials Requirements Planning；資材所要量計画） 45, 52, 111
off JT（off the Job Training；職場外教育訓練） 45
OJT（On the Job Training；職場内教育訓練） 45
Our Common Future 188
PDCA 11, 12
PDS 11, 12
QC7つ道具 6
QCD（品質，コスト，デリバリー） 213
QCサークル 6
SRI（社会的責任投資；socially responsible investment） 36
TQC（Total Quality Control；総合的品質管理） 6
Tree型ネットワーク 122
Tree構造 47, 49
Win-Win 159

あ

熱湯（あつゆ） 88, 91
アメーバ経営 109, 119
アメーバ組織 124

位置エネルギー 135, 136
移動安全性 145
移動制約者 144, 161
イノベーション 44
意味論的アプローチ 47
因果モデル 207

雲州人参 175

江島大橋 176

か

海跡湖 167
外部環境の活発さ 66
学習・調査エネルギー 134, 137, 140
拡大推論 63
堅い結合 49

253

堅い組織(tightly coupled system) ····· 53, 121
価値共創 ································· 93
価値連鎖 ······················· 195, 207, 213
価値連鎖フレーム ························· 207
カテゴリー・ウェイト ······················ 97
カロリー ································· 57
環境サステナビリティ ···················· 82
環境志向型クォリティ ················· 18, 73
環境志向型行動 ··························· 80
環境の外部化 ························· 75, 77
環境の内部化 ························· 74, 77
環境負荷低減性 ·························· 145
干拓事業 ································ 176
干拓用護岸道路 ············ 172, 176, 179, 181
かんばん ··························· 113, 115
管理サイクル ····························· 11

気後れ ·································· 101
企業市民(Corporate/Global Citizenship)
······································ 28
企業の社会的受託責任(Corporate Social
  Stewardship) ·························· 25
企業の社会的責任(CSR; Corporate Social
  Responsibility) ···················· 17, 193
企業倫理(Corporate Ethics/Business Ethics)
  ···································· 27
技術革新 ································· 41
技術力係数 ··························· 57, 65
基準生産計画(MPS; Master Production
  Schedule) ······················· 112, 113
汽水湖 ······························ 169, 171
木と森のアナロジー ······················· 21
狂牛病問題 ······························· 14
競争コンテクスト ······· 195, 207, 208, 210, 213,
  215, 219, 220
競争優位 ·············· 206, 214, 216, 219, 220
競争優位のサステナビリティ
  ·························· 127, 129, 131
共通価値(Shared Value)
  ······················ 195, 208, 210, 212, 216

協力会社倫理行動規範(supplier code of
  conduct) ···························· 238
行列のランク落ち ························· 98
極小な連結グラフ ························· 48
局所最適化 ··························· 117-119
居住のサステナビリティ要因 ·········· 165, 178

グッズ・ドミナント・ロジック ············· 91
クライアント／サーバ型システム ··········· 51
グローバルCSR ················· 192, 198, 236

経営品質 ······················· i, 3, 4, 245
経営品質科学 ················ ii, 5, 9, 10, 245, 250
経済協力開発機構(OECD) ················· 190
経済性投資 ······························ 217
経済的価値 ············ 206, 208, 212, 214, 216
経済的責任 ······························· 30
形式論的アプローチ ······················· 47
係数パラメータ ·························· 102
継続企業の公準 ··························· 22
研究開発(R&D; Research & Development)
  ···································· 41
権限委譲 ······················ 110, 119, 121

コア価値 ································ 195
高エントロピー ······················ 60, 67
高温度適温 ··························· 89, 106
高システム温 ···························· 106
高頻度運転 ······························ 154
小売技術移転 ···························· 225
効率性係数 ······························ 136
声なきステークホルダー('silent' stakeholder)
  ···································· 193
ゴーイング・コンサーン(going concern)
  ···································· 21
顧客満足(CS; Customer Satisfaction)
  ································· 4, 116
国際競争力指数(Global Competiveness
  overall Index) ······················ 233
国連環境開発会議 ························ 188

索　引

国連グローバル・コンパクト
　　　　　　　　　　187, 189, 191, 198
国連貿易開発会議（UNCTAD）　　　　189
古紙含有率偽装事件　　　　　　　　　18
湖内居住島　　　　　　　　　　165, 166
ゴミ箱モデル　　　　　　　　　　42, 43
固有値問題　　　　　　　　　　　77, 79
コントロール　　　　　　　　　110, 112
コンプライアンス　　　　　　　　28, 240

さ

サービシィーズ　　　　　　　　　　　92
サービス・ドミナント・ロジック（S-Dロジック）　　　　　　　　　　　　　　　91
サービスの束　　　　　　　　　　　　92
最小相対情報量原理　　　　　　　　　64
最小平均エネルギー原理　　　　　　　63
最大エントロピー原理　　　　　　63, 65
搾取工場（労働者搾取工場，Sweatshops）問題　　　　　　　　　　　　　　189, 200
サステナビリティ　　i, 9, 22, 24, 62, 124, 229, 242, 245
サステナビリティ監査　　　　　　　　39
サステナビリティ戦略　　　　　　　246
サプライチェーン・ガバナンス　　　234
サプライヤー行動憲章（supplier code of conduct）　　　　　　　　　235, 238
産業クラスター　　　　　　　　214, 220

支援　　　　　　　　　　　　　　　　7
資源領域　　　　　　　　　　　　　　74
市場セグメント　　　　　　　　　　211
市場の専有可能性　　　　　　　　　212
システム温　　　　　　　　　87, 95, 102
次世代型路面電車　　　　　　　　　153
次世代交通システム　　　　　　　　160
自然空間　　　　　　　　　　　　　　74
自働化（ニンベンのついたジドウカ）　　114
社会空間　　　　　　　　　　　　　　74
社会経済的収束能力　　　　　　217, 218

社会貢献責任　　　　　　　　　　　　31
社会最適　　　　　　　　　　　　　　5
社会全体最適　　　　　　　　　　　　10
社会的価値　　　　　　　　206, 208, 216
社会的正当性　　　　　　　　　　　194
社会的責任投資　　　　　　　　　　　33
社会的即応性（Corporate Social Responsiveness）　　　　　　　　　　　　　　26
社会的ネットワーク　　　　　　　　225
社会的パラダイム・シフト　　　　　　19
シャッター街　　　　　　　　　　　158
シャノン・エントロピー　　　　　　　56
自由エネルギー　　　　　　　　　　　68
集権的組織　　　　　　　　　　　　　55
終身雇用　　　　　　　　　　　　　　8
重相関係数　　　　　　　　　　100, 103
従属需要品目　　　　　　　　　　　112
ジュール　　　　　　　　　　　57, 69
循環型社会　　　　　　　　　　　　　82
状態ベクトル　　　　　　　　　　　　76
消費領域　　　　　　　　　　　　　　74
情報引力　　　　　　　　　　　134, 141
情報引力モデル　　　　　　　　　　135
情報エントロピー　　　　　　　　　　55
情報獲得願望係数　　　　　　　　　133
情報共有化　　　　　　　　　　118, 120
情報遮断エネルギー　　　　　130, 136-138
情報提供の閾値　　　　　　　　　　132
情報の限定共有　　　　　　　　　　128
情報の占有的価値　　　129, 134, 136, 139, 141
情報の内容的価値　　　　　129, 134, 139, 141
情報の非限定共有　　　　　　　　　128
情報の非対称性　　　　　　　　　　127
情報の非排除性　　　　　　　　　　128
情報の非排除性の排除　　　　　　　129
情報流出　　　　　　　　　　　127, 134
情報量　　　　　　　　　　　　　　　56
所有と経営の分離　　　　　　　　　　22

推移確率行列（通信路行列）　　　　　　77

255

垂直的ヒエラルキー・コントロール		淡水湖	169
	52, 113, 115, 117	断層湖	167
水平的コーディネーション	46, 52, 117		
ステークホルダー	192, 199, 225	地球サミット	188
ステークホルダー・パースペクティブ	237	地球の生態系のサステナビリティ	188
スピンアウト	90, 107	直交配列	95
棲み分けと協調	158		
		低エネルギー	60, 67
生産管理システム	111	低温度適温	89, 106
生産領域	74	低システム温	106
制度的同型化(institutional isomorphism)		定常状態ベクトル	77, 79
	237	ディマンド・プル	41
制度的パースペクティブ	236	テクノロジー・プッシュ	41
積載量効率性	145	豊島型の環境志向型行動	82
全数検査	14	豊島問題	79, 80
全体最適	5, 118	撤退戦略	237
戦略的CSR	35, 195, 206, 208	鉄道廃止リスク	162
戦略的パースペクティブ	236	鉄道利用志向性	153
先験情報	64	店舗のサステナビリティ	105, 107
相互乗り入れ	159	同期化(シンクロナイゼーション)	
ソーシャル・マーケティング	34		111, 113, 114
組織能力	219, 220	トータル・クォリティ	9
存続要因(サステナビリティ要因)	151	トータル・マネジメント・クォリティ(TMQ;	
		Total Management Quality)	10
た		独立採算	110, 119, 122
体温	87, 95, 102	独立需要品目	112
体感温度	88, 95, 97	トリプルボトムライン	23, 191
大規模アメーバ組織	121, 124	トレードオフ問題	
第三セクター	155		58, 87, 162, 181, 182
代替の2段階双対性フレームワーク	119	ドロップアウト	91, 107
代替の双対モデル	118		
大店法	224	**な**	
ダイバシティ・マネジメント	53	内部エネルギー	68
タイム・バケット	114	直島型の環境志向型行動	82
ダイヤモンドモデル	207, 208		
多角化	124	二重に垂直的	113
多国籍企業	187	二重ループ	14
多国籍企業行動指針	190	日本型QC	15
淡水化事業	176	(人間の)自働化	115

抜き取り検査 ……………………………… 14
ぬるま湯 ……………………………… 88, 90

ネットワーク型組織 ……………………… 50
ネットワークらしさ ……………………… 47

は

排出物領域 ……………………………… 74
バリューチェーン …………………… 231
反企業感情(anti-corporation sentiments)
 …………………………………………… 233
半権限委譲―半コントロール …… 110, 119
判別係数 ………………………………… 148

ヒエラルキー構造 ………………………… 45
非競合性(non-rivalry) ………………… 128
ビッグ・データ ………………………… 239
非連結グラフ ……………………………… 47
品質管理(QC; Quality Control)
 ……………………………… i, 3, 6, 228, 245

不確実性吸収エネルギー ……………… 135
副業可能性 …………………………… 144
物理的クォリティ ………………… 18, 73
鮒寿し ………………………………… 174
負のロックイン効果 ………………… 215
部分最適 …………………………………… 5
部門別採算 …………………………… 110
フランチャイズ ……………………… 225
分権的組織 ……………………………… 55
文脈価値 ………………………………… 94
分離の誤謬 ……………………… 29, 36

米国型QC ………………………… 14, 15
平準化生産 …………………………… 114
変化性向 ………………………………… 88
法的責任 ………………………………… 30
ホスト・コンピュータ ………………… 51

ボトム・アップ ………………………… 50

ま

マイレール意識 ………… 146, 150, 153, 157
マイレール意識の二面性 …………… 152
まちづくり3法 ………………………… 224
松江ブランド牡丹 ……………………… 175

見返り ………………………… 130, 132, 133
未来最適 ………………………………… 5
未来全体最適 …………………………… 10

無政府状態 ……………………………… 55
無秩序さ ………………………………… 55

目で見る管理 ………………………… 114

目的の先与性 …………………………… 41

や

柔らかい結合 …………………… 44, 49
柔らかい組織(loosely coupled system) …52, 53, ,121

余剰エネルギー ………………………… 68

ら

ラムサール条約 ……………………… 171

利害関係者 ……………………………… 29
利己的行動モデル …………………… 132
利他的行動モデル …………………… 132
領域推移確率行列 ……………………… 76
利用戦略 ……………………………… 237
リレーションシップ・マーケティング …… 93
倫理的責任 ……………………………… 30

路面電車のサステナビリティ ……… 154

〈執筆者紹介〉

出見世信之（でみせ・のぶゆき）〔2章〕
　明治大学商学部教授，博士（商学）

鄭年皓（じょん・にょんほ）〔3・5・10章（共著）〕
　愛知淑徳大学ビジネス学部准教授，博士（商学）

金子勝一（かねこ・しょういち）〔3・7・9章（共著）〕
　山梨学院大学経営情報学部教授

村山賢哉（むらやま・けんや）〔5章（共著）〕
　共愛学園前橋国際大学国際社会学部准教授，博士（商学）

齋藤典晃（さいとう・のりあき）〔6章（共著）〕
　共愛学園前橋国際大学国際社会学部非常勤講師

臼井哲也（うすい・てつや）〔12章〕
　日本大学法学部教授，博士（商学）

深澤琢也（ふかざわ・たくや）〔13章〕
　東京富士大学経営学部准教授

文載皓（むん・ちぇほー）〔14章〕
　常葉大学経営学部准教授，博士（商学）

〈編著者紹介〉

山下　洋史（やました・ひろし）
〔はじめに・1・4・6（共著）・7（共著）・8・9（共著）・10（共著）・結章〕
明治大学商学部教授，博士（工学），博士（商学）
《主要著書》
『経営情報のネットワーキング戦略と情報管理』，同文舘出版，2014年
『情報管理の基礎』，東京経済情報出版，2007年
『スマート・シンクロナイゼーション ―eビジネスとSCMによる二重の情報共有―』
（共編著），同文舘出版，2006年
『情報化時代の人的資源管理』，東京経済情報出版，2006年
『情報・知識共有を基礎としたマネジメント・モデル』，東京経済情報出版，2005年
『グローバルSCM ―サプライチェーン・マネジメントの新しい潮流―』（共編著），
有斐閣，2003年

諸上　茂登（もろかみ・しげと）〔11章〕
明治大学商学部教授。博士（商学）。
《主要著書》
『国際ビジネスの新機軸―セミ・グローバリゼーションの現実の下で―』（共編著），
同文舘出版，2015年
『国際マーケティング講義』，同文舘出版，2013年
『国際マーケティング論の系譜と新展開』，同文舘出版，2012年
『多国籍企業と新興国市場』（共著），文眞堂，2012年
『グローバル・マーケティング・イノベーション』（共著），同文舘出版，2012年
『グローバル・ビジネス戦略の革新』（共編著），同文舘出版，2007年
『戦略的SCMケイパビリティ』（共編著），同文舘出版，2007年

（検印省略）

平成29年2月28日　初版発行　　　　　　略称：ビジネスクォリティ

明治大学社会科学研究所叢書
企業のサステナビリティ戦略と
ビジネス・クォリティ

編著者　　ⓒ　山下　洋史
　　　　　　　諸上　茂登
発行者　　　　中島　治久

発行所　同文舘出版株式会社
東京都千代田区神田神保町1-41　〒101-0051
営業（03）3294-1801　　編集（03）3294-1803
振替 00100-8-42935　http://www.dobunkan.co.jp

Printed in Japan 2017　　　　　　　　　　　製版　一企画
　　　　　　　　　　　　　　　　　　　印刷・製本　萩原印刷

ISBN978-4-495-38761-7

JCOPY〈出版者著作権管理機構 委託出版物〉
本書の無断複製は著作権法上での例外を除き禁じられています。複製される
場合は，そのつど事前に，出版者著作権管理機構（電話 03-3513-6969，FAX
03-3513-6979，e-mail : info@jcopy.or.jp）の許諾を得てください。